PROFESSIONAL
COMPOSITION TECHNIQUE

AUTHOR SEGAWA EISHI

SRMUSIC

머리말

여러분이 악기를 처음 시작했을 때에는 뭔가 비장한 각오를 하지 않았을지도 모릅니다. '후~' 하고 불거나 '따라란~' 하고 연주한 '노이즈'가 점점 '음악'이 되어가는 과정을 보며 즐거워했을 것입니다. 작곡도 악기와 마찬가지입니다. 연습하면 연습한 만큼 실력이 향상됩니다. 악기와 마찬가지로 작곡을 잘 하고 싶으면 열심히 연습을 해야 합니다.

작곡은 말을 배우는 것처럼 코드와 리듬, 멜로디의 어휘를 늘려서 상대방에게 잘 통하는 형태로 배열하면 됩니다. 영어 단어를 아무리 많이 알고 있더라도 문장으로 만들 수 없다면 상대에게 전달이 되지 않는 것과 마찬가지입니다. 이 책에서 다루는 99가지 테크닉 하나하나를 단어라고 생각하고 조금씩 어휘를 늘려가길 바랍니다. 각각의 테크닉은 카테고리로 나뉘어있어 읽고 싶은 곳만 읽어도 됩니다.

이 책은 다양한 항목을 넓고 얕게 다루고 있습니다. 각각의 항목을 완벽하게 이해하기 위해서는 이 책에 모자란 부분이 많습니다. 설명도 일부분에서는 간단히 해놓았습니다. 예를 들어 정식 화성학 이론에서 더블 플랫을 붙여야 하는 곳에서는 초보자도 이해하기 쉽도록 심플하게 표기를 하기도 했습니다. 이론보다 '울림'의 파악을 우선시했기 때문입니다.

독학을 하는 경우에는 이 책 이외의 교재도 함께 읽기를 권합니다. 일반적인 팝스의 이론에 이해하기 어려운 내용은 거의 없으며, 어떻게 배우고 가르치느냐에 따라서 지금까지 어려웠던 내용을 단 5분 만에 이해시킬 수 있는 경우도 있습니다. 많은 곡을 쓰면서 생기는 의문이 당신을 성장시키는 최고의 영양분이 될 것입니다.

작곡가 세가와 에이시

CONTENTS

PART3 코드를 다루는 방법

> CONTENTS

APPENDIX

작곡가 10인 10색 – Q&A로 알아보는 작곡가의 마음

음원 INDEX

※음원 파일은 www.srmusic.co.kr → '파일 다운로드' 메뉴에서 다운로드 받으실 수 있습니다.

〈일러두기〉

■부록 '🔊 음원 TRACK'에는 본문에서 설명하는 사운드 예가 수록되어 있습니다.

■각 항목 마지막의 '⏩' 마크로 이어지는 항목은 그 항목과 관련된 페이지입니다.

PART 1

작곡 준비

이번 파트에서는 실제 작곡 작업에 들어가기 전에 필요한 지식과 효율적인 작곡을 위한 노하우를 소개하겠다. 조금 어려운 부분이 있더라도 일단 머릿속에 넣어두기 바란다. 작곡을 하면서 조금씩 이해가 되거나 도움이 될 때가 반드시 올 것이다.

작곡은 몸으로 생각한다
머리보다 몸을 사용하자!

작곡가의 공통점

'작곡'은 머리로 한다는 이미지가 강하다. 게다가 '작곡가'에게는 선생님과 같은 이미지가 있다.

이처럼 거리감이 있고 딱딱하게 느껴지는 이유는 오래된 작곡가의 초상화 때문에 동서고금의 작곡가 이미지가 딱딱하게 박혀있기 때문일 수도 있다. 하지만 그런 '위대한 작곡가'들도 (베토벤은 제외하고), 모차르트의 경우에는 아버지에게 '악기가 없어서 작곡을 할 수 없습니다'라는 편지를 썼으며, 절대음감이 아니었던 것으로 여겨지는 슈만은 악기도 없고 귀가 들리지 않아도 작곡을 할 수 있었던 베토벤에 대해 강한 콤플렉스를 가지고 평생을 살았다고 한다.

하지만 여기에는 한 가지 공통점이 있다. 그것은 악기를 연주할 수 있었고 노래도 할 수 있었다는 것이다. 몸을 사용해서 음악을 표현할 수 있었던 것이다. 지금은 몸 대신 컴퓨터와 그 밖의 디바이스가 보완을 해줄 수 있다. 하지만 장비와 레코딩 환경은 기술의 발전에 따라 계속 달라진다. 음악의 본질인 '작곡가가 있고, 노래와 연주를 하는 사람이 있고, 그 음악을 듣는 사람이 있다'는 점에는 변함이 없다. 하지만 장비와 작업 환경에 관한 노하우는 축적이 되어도 시대와 상황이 바뀜에 따라서 무의미해지기도 한다.

육체와 정신

신서사이저 매니퓰레이터라는 직업은 내가 음악업계에 발을 들여 놓는 계기가 되었지만, 지금은 사라져 버렸다. MD와 DAT라는 미디어도 찾아보기 힘들다. 이러한 흐름을 보면 역시 '음악에는 몸이 중요하다'는 생각이 든다. 따라서 음악에 들이는 시간 중, 가능한 많은 부분을 몸에 할애하기 바란다. 또한 작곡과 연주는 같은 의미라고 생각하기 바란다. 여러분이 어떤 스타일의 곡을 만들고 싶은가에 따라서 달라지겠지만, 평생 음악과 함께하며 깊은 관계가 되고자 한다면 항상 악기를 곁에 두는 것이 좋다. 실제로 작곡을 생업으로 하는 사람 중에 악기를 연주할 수 없는 경우는 매우 드물다.

'작곡을 위해 좋은 악기는?'이라고 묻는다면 코드를 연주할 수 있는 악기(대중음악이므로 이 책에서는 피아노와 기타를 중심으로 설명한다)는 뭐든지 좋다고 말할 수 있다.

피아노는 음악을 시각적으로 이해할 수 있으며, 규격도 전 세계 공통이므로 음악을 배우는 사람에게 가장 적합한 악기다. 잘 연주하려면 끝이 없지만 정확한 피치로 남에게 연주를 들려줄 수 있다는 면에서는 입문하기 어렵지 않다.

▲그림① 모차르트도 슈만도 우리와 같은 사람이다.

기타는 레귤러 튜닝의 경우 음악을 시각적으로 이해할 수 있는 악기다. 하나의 코드 포지션을 기억해 두면 모든 키에서 응용을 할 수 있다는 것도 기타의 장점이다.

나는 잘 알려지지 않은 악기를 찾아 연주하는 것을 좋아한다. 다양한 악기를 연주할 수 있는 사람을 '멀티 플레이어'라고 하며, 미국 뮤지션 중에는 멀티 플레이어가 많다. 색소폰 하나만 잘 연주하겠다는 선택도 좋다. 하지만 작곡을 할 것이라면 음악 전체를 보기 위해서 다양한 악기를 연주하는 것이 효과적이다.

악기를 배우는 것에는 육체적인 고통도 따른다. F 코드를 잡을 수 없어서 기타를 포기하기도 했던 내가 할 말은 아니지만, 이 정도의 어려움을 극복할 수 없다면 악기를 바꿔도 실력이 늘기는 힘들다.

작곡에는 정신적인 고통도 따른다. 이미 경험했을지도 모르겠지만, 내가 만든 곡을 남에게 들려줄 때의 '긴장감'이라는 고통, 그리고 혹평을 받았을 때에는 '좌절과 패배'라는 고통을 느끼게 된다. 이 고통들은 음악을 듣는 사람에게는 상상조차 하기 힘든 것으로 3대에 걸쳐 유전자에 남을 정도로 충격이 크다(농담입니다).

악기와 작곡에는 몸이 중요하다. 머리가 아닌 몸으로 익혀야 한다.

▶▶ 멀티플레이어가 되자　　　　　　　　　P184

어떻게 시작할 것인가?

DTM으로 곡의 뼈대를 만드는 방법

악기를 연주하지 않는 사람의 작곡순서

이 페이지는 초보자를 위한 것이다. 따라서 중급 이상의 실력을 가지고 있다면 다른 페이지로 넘어가기 바란다.

어떻게 작곡을 시작할 것인가? 이것은 각자의 스킬과 밀접한 관계가 있다. 따라서 현실적으로는 개인 레슨을 받아야 하는 것이다. 악기를 연주할 수 있으면 누구나 작곡을 할 수 있는가? 그렇지도 않다. 만약 악기를 연주할 수 있다고 해서 모두 작곡을 할 수 있다면 매년 음대에서는 수많은 작곡가들이 배출될 것이다. 하지만 현실은 다르다. 무엇보다 작곡을 하고 싶어 하는 마음이 중요하다.

악기를 연주할 수 없다면 다음 순서로 작곡을 하는 것이 좋다.

❶멜로디를 DAW로 녹음한다(MIDI 데이터도 가능).

❷떠올린 이미지에 잘 맞는 루프(Loop) 또는 드럼 패턴을 임포트한다.

❸베이스 라인을 만든다(코드진행을 파악하는 연습도 된다).

❹머릿속에서 울리고 있는 코드를 찾는다.

이러한 흐름으로 뼈대를 만드는 것부터 시작하는 것이 좋다. 베이스를 MIDI로 연주하면 도중에 손쉽게 곡의 구성과 키를 변경시킬 수 있다. 초보자라면 음이 충돌하는 경우가 많을 것이다. 예를 들어 템포가 BPM=160이라면 그 절반인 BPM=80으로 재생을 해본다. 이런 방법으로 충돌하는 음을 쉽게 찾아낼 수 있을 것이다.

작곡 작업의 주의할 점

❶~❹의 작업에서 주의할 점을 설명하겠다.

❶멜로디가 완성되면 임시표를 보고 키를 찾는다. 예를 들어 멜로디에 샤프가 3개 나오면 A메이저 또는 F#마이너일 가능성이 높다.

❷베이스음이 반드시 코드의 루트음은 아니다. 코드가 C라면 당신이 몸으로 느끼는 음은 '도(C), 미(E), 솔(G)'이 있으며, 그 외에도 라(A)(연주하는 코드가 C라도 머릿속에서 울리는 소리는 Am일 수도 있다), 시♭(B♭음)(C7의 전개형일 수도 있다), 파(F)(F△9가 울리고 있을 수 있다)도 가능하다.

이처럼 머릿속에서 울리고 있는 '울림'을 찾아보자.

❸울림에 어울리는 코드를 찾았으면 코드 네임으로 기록한다.

❹코드진행이 완성되면 로마숫자로 바꿔서 생각하

▲그림① 위와 같은 흐름으로 작곡을 진행해보자.

고, 코드진행의 패턴을 살펴본다.

　코드진행을 만든 후에 멜로디를 만드는 방법도 있다. 사운드 중심의 음악을 만들고 싶을 때에는 작곡가도 멜로디를 나중에 생각하는 경우가 있다. 실제로 80년대 후반에 활약한 듀란듀란도 '사운드를 먼저 만들어 놓지 않으면 멋진 음악이 나오지 않는다. 따라서 멜로디는 나중에 생각한다'라고 했다. 특히 지금은 이 순서가 그다지 중요하지 않다. 어떤 루프 소재에서 영감을 받아 하나의 곡을 만드는 일은 온 세상에서 일어난다.

▶ DTM과 DAW의 필요성　　　　　P176

인터벌을 느끼자(완전1도~완전5도)
상대음감을 익히자!

인터벌을 몸으로 익힌다

인터벌이란 음과 음의 높이 차이, 음정이다. 즉, 2음 사이의 거리를 '도수'로 나타내고 2도, 3도, 6도, 7도에는 '단', '장'을, 1도, 4도, 5도, 8도에는 '감', '완전', '증'을 붙여서 음정의 차이를 나타낸다.

그렇다면 왜 인터벌이 중요할까? 코드는 '울림'이 중요하다. 울림을 내 몸에 익히려면 여러 번 연주해보고 각각의 인터벌이 어느 정도인지 분석해야만 한다. 코드의 캐릭터를 나타내는 '메이저 세븐스', '어그먼트', '디미니시'는 루트로부터의 거리를 나타낸다. 그러므로 인터벌을 정확하게 알고 있으면 코드 네임의 의미를 절반 이상 이해할 수 있다.

'도와 솔#'이 증5도니 어그먼트5th로군. 이해됐어~'라며 다음으로 넘어가더라도 이것은 몸으로 생각한 것이 아니다. 노래를 해보고 자신의 목소리로 음과 음 사이의 거리를 확인하는 것이 가장 좋은 방법이다. 나이가 어느 정도 들면 절대음감은 익히기 힘들다. 하지만, 상대음감은 일종의 트레이닝이므로 연습을 통해서 익힐 수 있다. 조금씩 훈련을 해서 자신의 것으로 만들어보자.

완전1도~완전5도

여기서는 완전1도~완전5도까지 살펴보겠다(**악보 예 ①/TRACK01**). 아래에는 각 인터벌을 사용한 예제곡을 소개한다. 스탠더드곡 중에서 고른 이유는 작곡에 뜻을 두었다면 이런 곡들은 반드시 들어보는 것이 좋기 때문이다.

■완전1도(유니즌)

1도는 같은 높이의 음이다.

■단2도(마이너2nd)

예제곡: 델로니어스 몽크 'Blue Monk'

이것은 크로매틱한 멜로디가 이어지는 독특한 곡이다. 델로니어스 몽크는 이렇듯 신비한 멜로디의 곡을 많이 만들었다.

■장2도(메이저2nd)

예제곡: 리처드 로저스 'The Sound of Music'

명곡의 보물창고인 뮤지컬 영화의 거장 리처드 로저스의 곡 중에서 골라보았다. 종종 2도 위를 1도 위로 착각하는 경우도 있다. 1도는 '유니즌'이다!

▲악보 예① 인터벌(1도~완전5도).

■단3도(마이너3rd)

예제곡: 폴 사이먼 'The Sound of Silence'
사이먼&가펑클의 곡이다. 시작 부분의 '레레파파
라라'는 전형적인 Dm 코드 톤이다.

■장3도(메이저3rd)

예제곡❶: 스티비 원더 'I Just Called to Say I
Love You'(상행)

예제곡❷: 에릭 클랩튼 'Change the World'(하행)

스티비 원더의 곡도 독특한 코드진행의 보물창고
다. 70년대 스티비 원더의 곡은 반드시 들어보자.

■완전4도(퍼펙트4th)

예제곡: 더 비틀즈 'I'll Be Back'

작곡가가 되고 싶다면 비틀즈의 곡은 모두 들어봐
야 한다.

■증4도(#4th/트라이톤/어그먼트4th)

애드리브에서는 들을 수 있지만 이 인터벌로 시작
되는 멜로디는 거의 없다. 증4도를 부르는 명칭에는
몇 가지가 있다. 4도가 반음 올라갔으므로 '#4th'(영
어로는 rised 4th라고 하는 경우도 있다). 트라이톤
은 '3온음'이라고 하며, 온음(장2도) 3개 차이의 음정
이라는 의미다. 어그먼트(영어로는 Augmented)는
'증가된'이라는 의미다.

■완전5도(퍼펙트5th)

예제곡: 리처드 로저스 'My Favorite Things'

이 곡은 광고음악으로도 자주 사용되었다.

예제곡의 멜로디를 들어보았다면, 이번에는 그 인
터벌을 몸에 익히자. 인터벌은 반드시 상행과 하행
모두를 연습해야 한다.

🔊 음원 TRACK

01 완전1도~완전5도의 사운드

▶▶ 인터벌을 느끼자(증5도~완전8도)　　　　　　P016

인터벌을 느끼자(증5도~완전8도)
인터벌의 개성을 편리하게 이용해보자

증5도~완전8도

인터벌 해설의 후반부로 증5도~완전8도를 살펴보자(**악보 예①/TRACK02**). 예제로 소개된 곡들은 우리 귀에 익숙한 클래식 스탠더드다. 잘 들어보면 힌트를 발견할 수 있을 것이다.

■증5도/단6도(어그먼트5th/마이너6th)
예제곡❶: 쇼팽 'Waltz No.7 OP.64'(상행)
예제곡❷: 프란시스 레이 '러브스토리'
프란시스 레이의 곡에는 같은 음형(인터벌)의 프레이즈가 코드진행에 따라 변화하는 경우가 많다.

■장6도(메이저6th)
예제곡: 마돈나 'Like a Virgin'
장6도는 이외에도 다양한 곡이 있다. 잘 들으면서 찾아보자.

■단7도(마이너7th)
예제곡: 허비 행콕 'Watermelon Man'
단7도 위에서 시작하는 멜로디는 매우 드물다. 이 곡은 단7도 아래에서 시작하는 멜로디다.

■장7도(메이저7th)
장7도는 좀처럼 예제곡을 찾기가 쉽지 않다. 중세

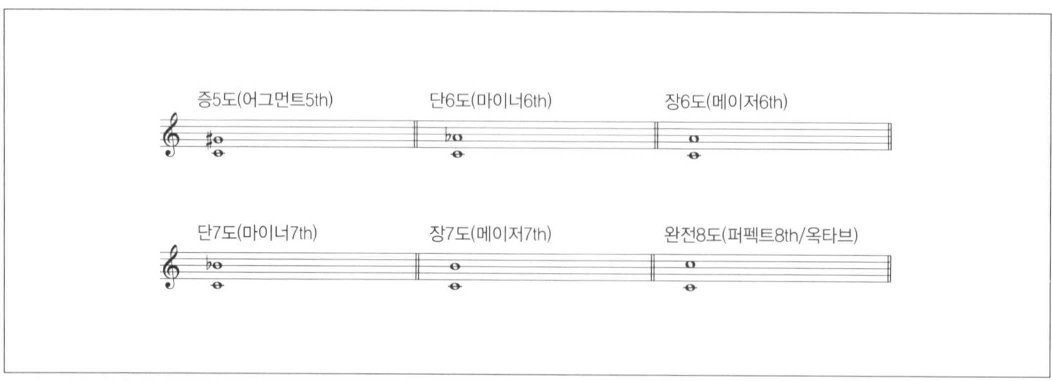

▲악보 예① 인터벌(증5도~완전8도).

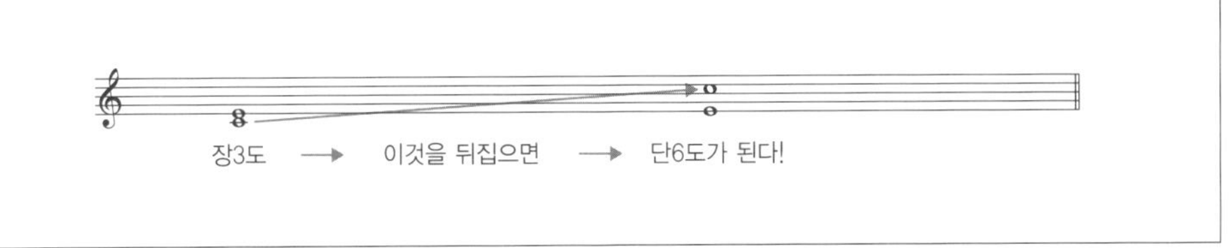

▲악보 예② '장'을 뒤집으면 '단'이 되고 '단'을 뒤집으면 '장'이 된다.

에는 불협화음정(현대에는 해석을 통해)으로 C△7에서는 기분 좋게 울리지만, 도(C)와 시(B)만 연주하면 불안정하다. 이 인터벌을 정확하게 노래하기란 쉽지 않다.

■완전8도(옥타브)

예제곡: 해럴드 알렌 'Over the Rainbow'

이처럼 옥타브를 올려서 시작하는 멜로디도 많다.

우선은 귀에 들어온 멜로디에 3도 아래의 하모니를 붙이는 연습을 해보자. 잘 된다면 이번에는 3도 위의 하모니를 붙여보자. 이것은 인터벌 감각을 기를 때 효과적이다.

뒤집기 법칙

인터벌은 '장'이 붙은 것을 뒤집으면 '단'이 된다. 예를 들어 장3도의 아래 음을 옥타브 올리면, 단6도가 된다(**악보 예②**). 마찬가지로 단3도를 뒤집으면 장6도가 된다. 장2도를 뒤집으면 단7도, 장7도를 뒤집으면 단2도. '완전'이 붙어있는 것은 뒤집어도 '완전'이다.

코드의 전개를 생각할 때 이 법칙은 편리하게 사용할 수 있다.

음역이 넓은 악기(피아노, 기타)라면 큰 상관이 없지만 보컬처럼 어느 정도 한정된 음역에서 하모니 어레인지를 하는 경우에는 인터벌을 뒤집을 일이 많다. 실제로도 이런 경우가 많다. '이것보다 높게는 낼 수 없으니 3도 위의 하모니가 아닌 6도 아래로 해보자'라는 식이다.

'테트라콜드'라는 말을 들어본 적이 있는가? '도레미파'까지의 인터벌을 보면 도에서 레, 레에서 미까지는 장2도다. 미에서 파까지는 단2도다. 이와 같은 장, 장, 단의 배열을 '테트라콜드'라고 한다. '솔라시도'도 도레미파와 마찬가지인 장, 장, 단의 배열이다. 이와 같은 인터벌의 음열인 테트라콜드가 2층 구조를 이루어 '도레미파솔라시도'를 구성하고 있다. 기억해두면 쓸모가 있을 것이다.

🔊 **음원 TRACK**

02 증5도~완전8도의 사운드

▶️ 인터벌을 느끼자(완전1도~완전5도) *P014*

장르는 리듬 그 자체
리듬의 특징을 파악한다

편식이 아닌 잡식을 하자

음악의 장르는 다양하다. 내 세대에서 록은 비틀즈와 롤링 스톤즈를, 하드록은 레드 제플린과 딥 퍼플을 들으면 '내가 음악은 좀 알지!'라고 할 수 있었다. 하지만 지금은 '좀 더 록의 느낌을 내봅시다'라고 하면 막연해하는 경우가 많다.

CD숍과 다운로드 사이트도 장르에 따라 나뉘어져 있다. 그 장르는 음악적인 요소 중에서 특히 리듬으로 분류된다. 재즈, 라틴, 힙합, 댄스, 블루스… 이름만 들어도 리듬이 먼저 떠오를 것이다. 잘 떠오르지 않는다면 더욱 많은 음악을 들어야한다.

편식을 하는 것은 개인 취향이지만 일단 전부를 들어본 후에 편식을 해도 늦지 않는다. 특히 이 책의 테마가 작곡이므로 어떤 장르의 곡을 듣더라도 참고가 될 것이다.

리듬이 먼저! 베이스는 그 다음

이번 테마는 장르와 리듬이다. 코드진행과 멜로디는 나중에 생각하기로 하고 일단은 리듬이다. DAW를 가지고 있다면 좋아하는 장르의 리듬을 데이터로 입력해서 드럼 패턴을 카피해보자. 예를 들어 라틴이라면 드럼으로 시작해서 콩가, 마라카스, 쉐이커, 팀발레스, 아고고 등으로 리듬을 만든다. 라틴의 드럼 패턴은 어렵기 때문에 한 곡 전체가 아닌 4소절이나 8소절이면 된다.

기본 리듬 패턴은 물론이고 어떤 장르든 필인을 카피하는 것은 좋다. 필인이란 인트로에서 A멜로디로 들어갈 때의 드럼과 퍼커션의 통칭이다. 라틴은 드럼과 팀발레스로 필인을 연주한다.

사용할 수 있는 필인 패턴을 많이 알고 있으면 데모 트랙을 더욱 음악적으로 만들 수 있다. 기본적인 4소절의 리듬 패턴을 1번 반복하고 8소절째의 마지막에 필인을 넣는다. 그 8소절을 다시 반복해서 16소절째 끝에 다시 필인을 넣는다. 이렇게만 해도 울림이 상당히 자연스러워진다.

음악을 장르로 살필 때, 리듬 다음으로 주의해야 할 것이 베이스다. 더블 베이스(우드 베이스)인지, 신서사이저 베이스인지? 신서사이저라면 Moog인지 TB-303인지? 일렉트릭 베이스라면 손가락으로 연주하는지? 피크 연주인지? 뮤트를 했는지, 하지 않았는지? 베이스 라인은 어렵지 않게 카피할 수 있을지 모르지만 베이스음의 길이는 장르에 따라 특징이 있다. 레게에서는 오른손 바닥으로 뮤트를 한 듀레이션

▲악보 예① 베이스의 패턴.

이 짧은 베이스가 많고, 재즈의 4비트는 음이 길다. 재즈의 워킹 베이스는 곳곳에 악센트를 주고 8분음표 뒤에 고스트 노트가 들어가 있다. DAW로 트랙을 만들 때 고스트 노트를 넣으면 그것만으로도 느낌이 좋아진다(**악보 예①**/TRACK03)!

템포도 중요하다

탭이 가능한 전자 메트로놈이나 스톱워치를 사용해서 템포를 확인하자! 특히 댄스 음악에서 템포는 중요한 요소다. '4박 연주'를 하는 하우스 음악은 템포의 변화 폭이 크지 않지만, 재즈는 BPM=200이 넘는 곡도 흔하다. 록의 8비트는 의외로 까다로워서 빠른

것 같지만 실제로 측정해보면 그리 빠르지 않은 경우도 있다. 스네어를 히트하는 타이밍을 잠시 늦추느냐 마느냐 하는 문제는 악보로 표현할 수 없는 부분이지만 '장르'의 시점에서 보면 중요한 요소다.

'내 곡이 장르로 분류되는 건 싫다!'는 마음가짐은 좋다. '그렇다면 네 음악은 무슨 장르냐?'라는 질문을 받을 수 있다. 하지만 이런 점에 연연하지 않기를 바란다!

🔊 **음원 TRACK**

03 **레게와 재즈의 베이스 패턴**

⏩ 리듬으로 베리에이션을 준다　　　　　　　*P058*

06 트랜스크라이브(카피)를 한다
음악을 신체의 일부로 만드는 방법

작곡≠언어습득

음악을 만드는 것은 언어를 배우는 것과 비슷하다. 단어(코드 또는 4소절 정도의 멜로디)를 외워서 문장(코드진행, A멜로디, 후렴구 등의 멜로디)이 되도록 배열하여 여러 번 연습한다. 어학에서도 발음이 중요하듯이 음악에서도 발음(아티큘레이션)은 매우 중요하다. 작곡의 최종목표를 회화로 비유하면 '나만의 말투로 유창하게 상대에게 이야기를 하는 것'이다.

　말을 잘 하게 되는 과정과 마찬가지로 귀로 들어온(인풋) 말을 직접 이야기해보는 것(아웃풋)이 가장 자연스러운 방법이다. 따라서 작곡에서 귀카피는 매우 효과적이다.

귀카피의 순서

귀카피 하는 곡은 수십 번 듣게 되므로 좋아하는 곡을 선택하자. 처음부터 끝까지 카피하는 것도 좋고(언젠가는 작곡을 하면서 곡 구성 때문에 벽에 반드시 부딪히게 된다. 그때를 위해서 구성을 써두는 것도 좋은 연습방법이다), 마음에 드는 곳만 카피해도 좋다. 카피한 내용을 악보에 기록할 것인가는 선택사항이다. 하지만, 자신이 만든 곡을 악보로 기록할 것이라면 연습을 위해서라도 기록해두자. 내가 학생 때 카피를 한 순서는 아래와 같다.

❶노트에 소절수를 포함한 구성을 써본다. 인트로(16소절)→A멜로디(16소절)(드럼 필인)→B멜로디(8소절)→브레이크(1소절)→후렴구(16소절)과 같은 방법으로 전체의 구성을 파악한다.

❷정하기 쉬운 곳부터 코드를 찾는다. 인트로부터 코드를 정하는 것이 효율적이지만 만약 도중에 막히면 코드가 명확한 곳부터 찾아본다.

❸멜로디를 오선지에 쓴다. 창법이 어려운 부분은 일단 간단하게 쓴다. 재즈 애드리브의 잘 들리지 않는 부분은 나중으로 미루고 음악적 스킬이 향상되면 다시 도전한다.

❹사용된 악기를 기록한다. 같은 악기가 여러 대 사용된 경우에는 그것에 대해서도 표기한다. 기타의 경우는 '크런치+점8분 딜레이, 리듬 기타+디스토션(스테레오로 좌우 패닝)'이라든지 '신서사이저 패드(보이스 계열), 신서사이저 패드(소프트 브라스)' 등.

❺곡이 제작된 과정을 상상한다. 스튜디오에서 만들어진 것인지, 처음부터 끝까지 DTM 안에서 작업한 것인지. 대략적이어도 좋으니 기자재에 대한 지식도 배워두자.

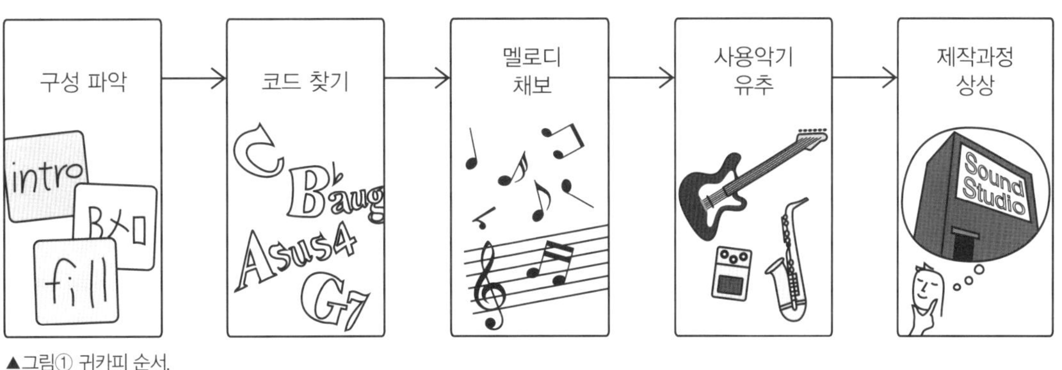

▲그림① 귀카피 순서.

멜로디 이외에도 귀카피한다

예전에는 오선지에 음표를 기입할 수 있으면 귀카피는 끝났다. 하지만 이제는 그것만으로는 불완전하다. DAW시대에는 음색 선택도 작곡의 일부다. 같은 음색이라도 사용된 이펙트 종류를 구분할 수 있는가도 어레인지의 성공을 좌우한다. 이런 부분도 귀카피를 해야 한다. 사운드는 악기가 없어도 귀카피를 할 수 있다.

카피한 것이 맞는지 궁금하다면 악보나 스코어로 확인해보는 것도 좋다. 코드는 엔하모닉에 의한 표기 차이가 있으므로(예를 들어 Fm7/C#과 Db△9는 같은 코드지만 앞뒤의 코드 관계와 조성에 따라 표기가 달라진다) 단순히 코드기호를 보고 틀렸다고 생각하지 말고 악기를 이용해 확인하자.

100년 전에는 음악을 유통하는 주요 방법이 악보였다. 하지만 지금, 그리고 앞으로도 메인은 음원일 것이다. 악보 문화를 부정하는 것이 아니다. 신서사이저의 음색과 데이터 입력을 통한 작곡에 대한 지식 없이는 '사운드'를 포함한 음악 제작이 힘든 시대가 되었다.

'귀카피'와 '흉내'의 차이는 자신의 신체적인 단련에 달려있다. 꾸준히 반복하자. 이렇게 해서 드디어 자신의 일부가 되는 경우가 음악에는 많이 있다. 이를 위해서는 몸을 사용하는 방법을 배워야 한다.

▶ 엔하모닉(이명동음)　　　　　　　　　　　　　*P030*

곡의 구성을 생각한다

카피를 하면서 연구한다

구성은 멜로디의 중요한 요소다

구성은 직접 음과 코드를 다루는 기술이 아니므로 아마추어 뮤지션이 경시하는 경향이 많다. 데모곡을 듣고 '아마추어 수준'인지 바로 판단할 수 있는 요소도 구성이다.

프로 프로듀서 중에는 사운드에 그다지 신경 쓰지 않는 경우도 있다. 프로 프로듀서에게는 우수한 엔지니어와 어레인저가 있기 때문이다. 반대로 프로 플레이어와 엔지니어를 아무리 모아도 해결이 되지 않는 문제가 바로 가사와 멜로디다. 그리고 그 멜로디를 살려주는 것이 '구성'이다.

구성&길이&템포를 확인한다

구성력 향상에는 '카피'가 효과적이다. 카피를 할 때에는 구성도 적어두자. 악보나 스코어가 아닌 블록으로 적어도 충분하다. 곡의 길이도 중요하며, 템포도 적어두자.

구성을 카피해보자. 오래된 곡인 엘비스 프레슬리의 'Hound Dog'. 이 곡은 블루스의 일반적인 코드진행(12소절)을 하므로 1코러스가 15초 정도로 짧고, 템포가 BPM=176, 곡 전체는 2분 13초다. 8코러스로 매우 심플하다. 인트로 없이 바로 노래를 시작하고 1번, 2번, 3번을 노래한 후 기타 솔로가 나온다.

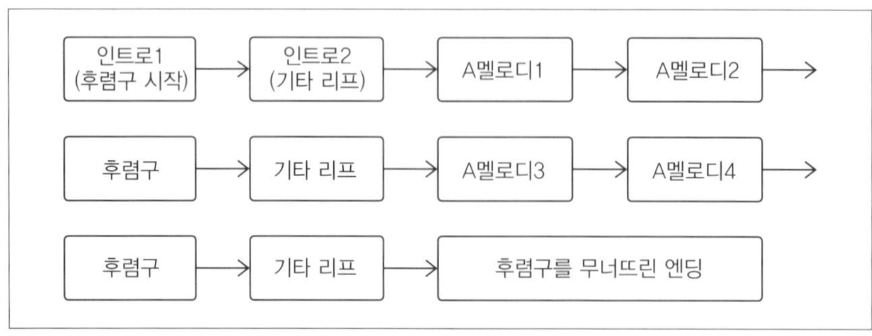

▲그림① 'Paperback Writer' 구성도.

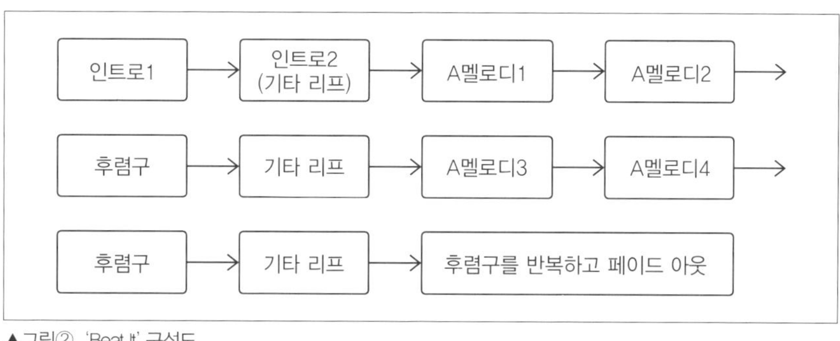

▲그림② 'Beat It' 구성도.

가사는 6번까지 있고 엔딩 마무리는 마지막 코러스 안에서 완결된다. 옛날 곡이 짧은 이유는 미디어의 수록 시간이 짧았고, 긴 곡은 라디오에서 틀기 힘들었기 때문이다. 또한 곡이 짧아야 레코딩도 짧은 시간에 하고 대량생산을 하는 등의 다양한 요인이 있었다.

10년 후인 1966년 비틀즈의 히트곡 'Paperback Writer'를 들어보자. 시작 부분을 후렴구라고 하기는 애매하지만 **그림①**같은 느낌의 알기 쉬운 구성이다.

1983년 마이클 잭슨의 'Beat It'(**그림②**)의 구성도 살펴보도록 하자.

몇 가지 히트곡의 구성을 체크해보면 알 수 있듯이 인트로가 긴 곡은 없다. 아마추어 데모곡에서는 의외로 인트로가 너무 긴 경우를 자주 찾아볼 수 있다.

인트로가 너무 길면 오디션 때 좋지 않다고 판단해버릴 수 있으므로 오디션을 위한 데모는 이 점에 주의해야 한다.

히트곡은 구성이 어렵지 않은 경우가 많다. 하지만 70년대 이후의 싱어송라이터의 히트곡을 들어보면 구성 안에 뭔가가 더 들어있는 경우가 많아졌다. 다음의 2곡은 구성과 멜로디를 확인하면서 들어보기 바란다.

· 길버트 오셜리반 'Alone Again'
· 사이먼&가펑클 'Bridge Over Troubled Water'

▶▶ 트랜스크라이브(카피)를 한다　　　　　*P020*

반드시 들어보자!(비틀즈)
록의 규격을 만든 전설의 밴드

특징적인 코드진행

비틀즈의 곡은 모두 들어보자. 발표된 지 50년이 넘었지만 지금 들어도 신선하다. 사운드는 현재의 플러그인형 음악보다 개성적이고, 이론적으로도 다이어토닉에서 조금씩 벗어나 있어 새로운 것을 배우기에 좋다.

비틀즈 초기의 음악은 로큰롤을 기반으로 하면서 부각되는 코드진행, 독특한 구성, 라이브 밴드의 특징이 담긴 멋진 엔딩, 그리고 무엇보다 절로 몸이 움직여지는 리듬이 매력적이다.

■비틀즈 스타일의 로큰롤(앨범 〈With The Beatles〉)

예를 들어 E메이저 곡. A멜로디 부분의 코드진행이 E에서 시작해서 2소절째에서 C로 진행된다. 하지만 일반적으로 다이어토닉으로 오가면 코드는 C#m, 멜로디는 도#(C#음)로 가는 것이 자연스럽다. 실제로 인트로는 C#m와 E를 오간다. 노래로 들어가기 직전에 A에서 A(b9)로 가고 E로 해결된다. A는 서브도미넌트라 불리는 코드다. 일반적인 진행은 B7의 도미넌트에서 E의 토닉으로 돌아가지만, 이렇게 서브도미넌트에서 토닉으로 돌아가는 것은 이 시대의 경우 흑인 음악의 영향일 것이다(이 진행은 가스펠의 특징).

A에서 E로 갈 때 b9(시b(Bb음))이 들어간다. 이것

▲그림① 인트로와 B멜로디 진행을 살펴보자.

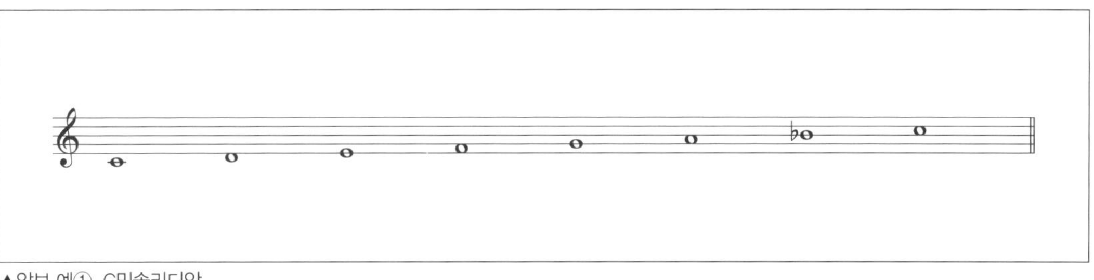

▲악보 예① C믹솔리디안.

은 '라~시b~시'의 흐름을 감각적으로 만들고 싶었기 때문이다(**그림①ⓐ**). A멜로디의 코드진행은 E에서 C로 평행이동을 하고, 멜로디는 C내추럴로 간다. 일종의 조바꿈이다. 이 형식에 대해서는 114페이지 '록의 금형'에서 해설을 하므로 일단은 '록의 bⅥ(플랫6th 코드)'로 기억해두자.

　B멜로디에서 어그먼트가 나오는 진행도 당시의 로큰롤에서 완전히 벗어난 것이다(**그림①ⓑ**). 이 코드진행으로 정한 이유는 멜로디의 뒤에서 움직이는 솔#(G#음/E메이저의 장3도)부터 미b(Eb음)까지 반음으로 움직이는 흐름을 만들기 위해서다.

모드는 해결되지 않는다

비틀즈는 1966년 〈Revolver〉부터 실험적인 시도를 했다. 그 중에서도 사이키델릭한 모드 수법의 곡을 분석해보자.

■비틀즈 스타일 모드(앨범 〈Revolver〉에서)
비틀즈의 곡 중에는 모드수법이 사용된 곡이 몇 가

지 있다. 그 모드에서 특히 유명한 것이 C믹솔리디안(**악보 예①/TRACK04**)으로 만든 곡이다. 시대적으로는 이 곡이 만들어지기 약 8년 전부터 재즈계에서 모드를 사용하기 시작했으며, 마일스 데이비스가 모드 재즈를 완성시켰다고 하는 〈Kind Of Blue〉가 발표된 것은 1959년이다.

　C믹솔리디안을 보고 있으면 C7으로 보이므로 (시가 플랫을 했으므로) 기능화성적인 감각으로는 C7→F로 갈 것 같다. 하지만 모드는 해결되지 않는 것이 포인트다.

§

　록 코드진행의 바탕이 되는 대부분의 규격이 비틀즈에 의해 만들어졌다고 해도 과언이 아니다. 음악 역사상 처음으로 치밀하게 다중녹음을 했고, 애비로드 스튜디오를 집처럼 사용하면서 레코딩을 했다.

🔊 음원 TRACK

04　**C믹솔리디안 사운드**

⏩　**록의 금형**　　　　　　　　　　　　　　*P114*

반드시 들어보자!(60~70년대)
작곡에 참고가 되는 음악들

희대의 송라이터 풍작의 시대

60~70년대에는 뛰어난 송라이터가 많았다. 내 취향에 상관없이 작곡에 참고가 될 수 있는 곡들을 골라 보았다.

■조니 미첼 〈Blue〉

1971년 앨범. 내가 처음 들은 조니의 앨범은 〈Shadows and Light〉라는 라이브 음반으로 팻 매스니, 라일 메이즈, 마이클 브레커, 자코 파스토리우스, 돈 알리아스라는 최강의 멤버가 참여했다. 크레딧에 재즈 뮤지션이 많다고 해서 어려워할 필요는 없다. 송라이터가 되고 싶다면 조니 미첼의 앨범을 다양하게 들어보기 바란다.

■버트 배커랙 / 모든 히트곡!

모든 작곡가가 존경한다고 해도 과언이 아니다. 멜로디, 구성, 코드진행 모두가 훌륭하다. 60년대에 작곡된 곡과 영화 〈카지노 로얄〉(1967년)의 음악을 들어보면 '버트 배커랙 음악의 바탕은 재즈가 아닐까' 하는 생각이 든다. 어려운 멜로디가 많다. 노래를 잘하는 사람만이 가수가 될 수 있었던 시대였기 때문일 것이다. 'Arthur's Theme'도 버트 배커랙의 작품이다.

■안토니오 카를로스 조빔 / 모든 히트곡!

보사노바를 탄생시킨 작곡자 중 한 명이다. 멜로디가 심플하지만 하모니가 뛰어난 곡이 많다. 조빔의 커버곡은 정말 많다. 하지만 우선은 오리지널을 찾아서 들어보기 바란다. 공기감이 담기지 않은 보사노바는 보사노바가 아니다. 브라질이 낳은 음악은 정말 흥미롭다.

■아라이 유미 / 초기 작품 전부

유미의 초기작품에는 호소노 하루오미가 베이스로 참가했으며, 일본 음악계를 리드한 뮤지션들이 집결해있다. 곡과 연주 모두 훌륭하다. 마츠토야 유미가 된 후의 곡도 훌륭하지만 젊은 작곡가들을 위해서라면 시대적으로 오래된 음원을 추천한다.

■YMO / 모든 작품

테크노 초기의 작품이라서가 아니다. 곡이 좋아서 지금도 많이 듣고 있다. YMO는 MIDI로 곡을 만든다는 이미지가 있어서 연주는 그다지 하지 않는다고 생각할 수 있다. 하지만 지금 들어보면 역시 연주력이 바탕에 깔려있다.

조니 미첼
〈Blue〉

마일즈 데이비스
〈On The Corner〉

프랭크 자파
〈Jazz From Hell〉

곡의 질이 명확히 들리는 인스트루먼트

여기서부터는 인스트루먼트 곡을 소개하겠다.

■마일즈 데이비스 / 〈'Round About Midnight〉부터 〈On The Corner〉까지

마일즈의 하모니는 세련됐다. 따라서 작곡을 위한 귀를 기르는 데 좋다. 마일즈는 멜로디를 정말 잘 연주한다. 오리지널 멜로디를 어떻게 변형시켰는지 잘 들어보기 바란다. 만약 여러분의 귀가 좋다면 마일즈가 평균율에서 미묘하게 피치를 변화시켜 연주한다는 것을 알 수 있을 것이다. 그는 '울림'을 위해 평생을 바친 거인이다. 특히 웨인 쇼터가 작곡한 곡이 매우 좋다.

■프랭크 자파 〈Jazz From Hell〉

자파의 곡도 다양하게 들어보는 것이 좋다. 하지만 작품이 너무 많아서 구체적으로 하나를 정해서 추천한다. 자파는 이 앨범으로 그래미상을 수상했다. 앨범 전체를 싱클라비어라는 요즘으로 치면 워크스테이션 계열 신서사이저의 원조격의 악기로 만들었다.

이 앨범은 자파의 작품 중에서 가장 록에서 멀다. 또한 보컬이 들어간 록도 있고 퓨전도 있어서 짧은 글로는 설명하기 힘들다. 흥미가 있다면 피엘 불레즈가 지휘한 〈The Perfect Stranger〉 앨범도 들어보기 바란다.

■르로이 앤더슨

클래식도 아니고 재즈도 아니다. 장난스런 음악이라고 보기에는 정말 세련된 작품이 르로이 앤더슨의 음악이다. CM음악 작곡가가 되고 싶다면 반드시 들어보기 바란다. 대표곡은 'The Typewriter', 'Plink Plank Plunk', 'Syncopated Clock'이다.

§

이밖에도 귀재라 할 수 있는 작곡가는 너무나도 많다. 음악계에서 유명하다는 것은 그만큼 듣는 이를 즐겁게 한다는 것이다. 친구가 '그 곡은 정말 별로야'라고 하더라도 일단 들어보기 바란다. '싫어하는 것은 알고 보면 내 자신'이라는 말이 있다. 자신의 자질을 자기 자신이 알기는 힘들다.

▶ 반드시 들어보자!(80년대)　　　　　*P028*

반드시 들어보자!(80년대)
실험적인 작품의 보물창고

음악의 변혁기 80년대

1980년대는 레코드 회사의 A&R, 프로듀서라는 포지션의 시스템화가 진행되었으며, '레코드 산업'이라 불리는 1990년대를 향해서 음악시장이 크게 확대된 시기였다.

해외에서는 1970년대에 비해 음악의 다양성, 특히 사운드가 크게 변화된 10년이다. 여기에는 작곡의 스킬보다 기자재의 변화에 의한 면이 크게 작용되었다. 아직은 아날로그 멀티 녹음이었지만 '슬레이브'라고 해서 24트랙 멀티 2대를 싱크시켜 돌리고, 몇 트랙으로 정리해서 다른 멀티에 카피하는 더빙작업이 가능해진 것도 이 무렵이다.

■버글스 'Video Killed The Radio Star'
정확히는 1979년에 발표되었지만 80년대의 '뉴웨이브'는 이 곡에서 시작되었다고 할 수 있다. 80년대를 대표하는 프로듀서 트레버 혼을 중심으로 할리우드 영화음악계의 거인이 된 한스 짐머가 키보드로 참가하기도 했다. 트레버는 이후 ZTT라는 레이블을 설립해 80년대 이후 히트곡을 연속해서 내놓았다.

■예스 〈90125〉
트레버 혼이 프로듀스했으며, 80년대 사운드의 대명사 같은 작품이다. '인더스트리얼 록'이라는 말이 사용되었던 시기지만 막 찍어내는 작업으로 만든 사운드는 아니다. 지금 들어도 곡의 구성과 어레인지는 많은 참고가 된다.

■소울II소울 〈Keep On Movin'〉
클럽에서는 아직 4박자 연주가 범람하기 전이었으며 그라운드 비트라 불리는 리듬이 유행하던 시대의 작품이다. Roland TR-909와 808이 현역으로 활약했으며, 요즘의 DAW를 사용한 데이터 입력과는 그루브가 다르다. 작곡수법에는 특별한 것이 없다. 하지만 보컬의 그루브를 중시한 스페이스를 만드는 방법은 큰 참고가 된다. 이밖에도 리사 스탠스필드의 〈Affection〉도 Good!

■마이클 잭슨 〈Thriller〉
팝스 곡을 만들고 싶다면 반드시 들어보기 바란다. 마이클의 강력한 브레스는 퍼커션 역할을 하고 있으며, 전체적인 그루브도 마이클의 노래가 지배하고 있다. 멜로디를 채보하는 것도 재미있지만, 음표와 오선지에 기록할 수 없는 요소가 많다.

소울 ll 소울
〈Keep On Movin'〉

토킹 헤즈
〈Remain in Light〉

도날드 페이건
〈The Nightfly〉

■토킹 헤즈 〈Remain in Light〉

지금의 20대가 이 음악을 들어보았다면 음악에 정통했다는 증거다. 이것은 1980년에 발표된 앨범이다. 프로듀서는 브라이언 이노. 이런 음악은 데이비드 번 같은 보컬리스트가 없으면 성립할 수 없으며, 아프리카의 리듬을 록에 접목시킨 점이 당시로서는 혁신적이었다. 다양한 리듬이 원 코드의 록 위에 얽혀있으며, 미니멀한 부분과 록의 파워를 함께 가지고 있다. '월드 뮤직'이라는 말도 이 무렵에 정착되었다. 1983년에 발표된 토킹 헤즈의 콘서트 필름 〈스톱 메이킹 센스〉(감독은 〈양들의 침묵〉의 조나단 드미)도 꼭 들어보기 바란다. 데이비드와 이노의 밴드 이외의 활동으로 만들어진 〈My Life in The Bush of Ghosts〉는 나의 애청 앨범이다.

■허비 행콕 〈Future Shock〉

'Rockit'은 힙합이 히트 차트에서 메이저가 된 계기라 할 수 있다. 곡 타이틀과는 달리 샘플링과 스크래치가 대담하게 도입되어있다. 허비의 경력을 살펴보면 마이클 데이비스와의 활동이 유명하다. '재즈 피아니스트'로 알려져 있지만, 허비가 참여한 다른 아티스트의 앨범을 찾아 듣기만 해도 상당히 충실한 라이브러리를 만들 수 있을 것이다.

■도날드 페이건 〈The Nightfly〉

좋은 곡, 훌륭한 뮤지션들의 연주, 완벽한 믹스(지금도 이 앨범을 스튜디오의 레퍼런스CD로 사용하는 엔지니어는 상당히 많다. 엔지니어라면 모두 이 CD를 가지고 있을 정도다). 세월이 흘러도 전혀 빛이 바래지 않는 음악의 대명사다.

§

지면 관계상 이 정도만 소개하겠다. 80년대는 장르가 정형화되기 전으로 다양한 리듬, 악기가 섞인 실험적인 앨범이 많이 발표되었다. 작곡 아이디어가 부족하다고 느껴지면 80년대의 음악을 들어보기 바란다. 새로운 아이디어를 만날 수 있을 것이다.

⏩ 반드시 들어보자!(60〜70년대)　　　P026

엔하모닉(이명동음)

중요한 것은 '울림'이다

엔하모닉이란?

엔하모닉은 '이명동음'이다. 예를 들어 라(A음)의 반음 위는 라#(A#음), 시(B음)의 반음 아래는 시b(Bb)이다(**악보 예①**). 라#과 시b은 같은 음이다. 같은 음이지만 이름은 다르다.

이것을 어떻게 선택해서 사용할 것인가가 이번에 다루는 주제다. 일단 초보자는 '같은 음이지만 이름은 2가지'라는 것만 알아두면 된다. 다만 이것은 평균율에서의 이야기다. 평균율 이외에서 라#과 시b은 단 몇 헤르츠이지만 미묘하게 다르다(현대에는 약간 특수한 예). 추가로 음정이 올라갈 때는 샤프, 내려갈 때는 플랫을 붙이는 법칙도 기억해두자(**악보 예②**)

엔하모닉과 키의 관계

예를 들어 자신이 만드는 곡이 F메이저다. 하지만 보컬리스트가 반음을 올려달라고 했다. 원래 코드가 F△7이니까, 반음을 올리면 F#△7 아니면 Gb△7? 이 경우에는 Gb△7이 정답이다. 이유는 변화기호가 적게 붙기 때문이다(**악보 예③**). 이것도 엔하모닉이다.

엔하모닉은 키(조성)와도 관계가 있다. **악보 예④**를

▲악보 예① 이름은 다르지만 같은 음.

▲악보 예② 같은 소절 안에서 샤프와 플랫은 함께 사용하지 않는다.

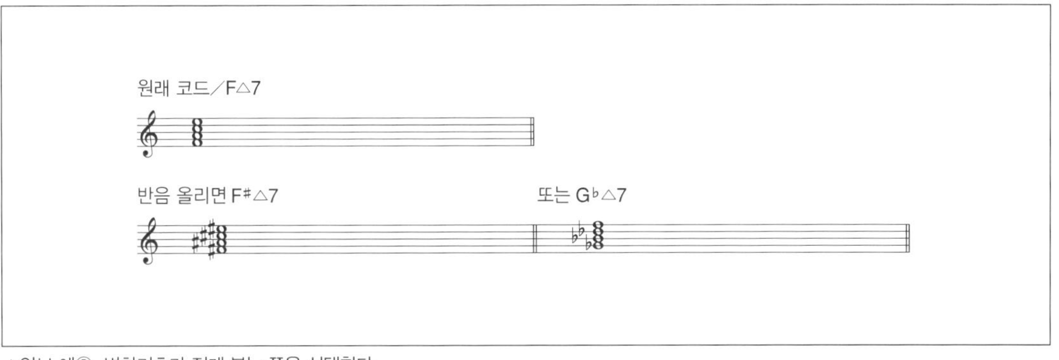

▲악보 예③ 변화기호가 적게 붙는 쪽을 선택한다.

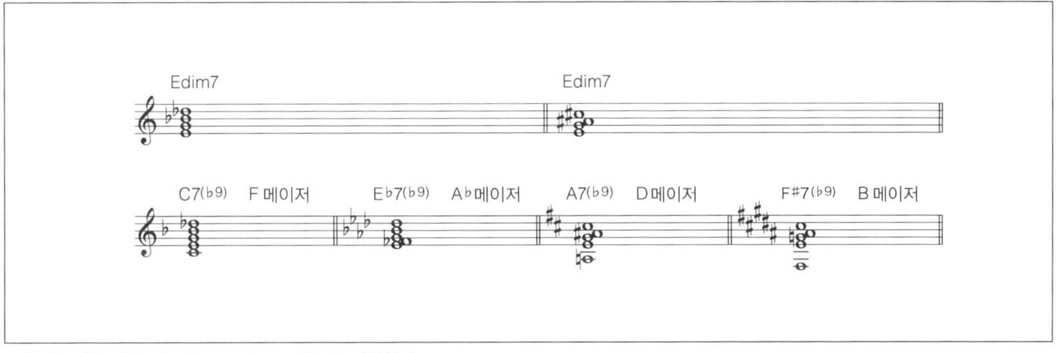

▲악보 예④ 키를 고려해서 플랫 또는 샤프를 결정한다.

보자.

상단 왼쪽의 Edim7은 미(E음)에서 단3도씩 3번 쌓으면 완성된다. 디미니시 코드 자체에는 조성을 시사하는 울림이 없기 때문에 플랫을 사용해도 샤프를 사용해도 상관없다. 문제는 다음이다. Edim7은 C7(♭9)의 루트를 이동시킨 것과 구조가 같다. 도미넌트 세븐스가 나오면 세븐스 코드는 구체적인 키가 된다. 하단 왼쪽이 C7이므로 키는 F메이저 또는 F마이너(여기서는 메이저로 썼다). 키가 F이므로 플랫을 사용한다. 다음은 루트를 미♭(E♭음)으로 하면 A♭키 안에서 E♭7으로 울린다. 이 경우도 플랫을 사용

한다. 다음은 루트를 라(A음)로 하면 A7(♭9)이 되고, 이것은 D키이므로 샤프를 사용한다. 이때까지 시♭이었던 것이 라#이 되고, 레♭(D♭음)이 도#(C#)이 된다. B메이저도 마찬가지로 샤프를 사용한다.

특히 클래식은 평균율의 확립과 역사를 함께 했다. 조성 그 자체가 해석의 기초이며 엔하모닉으로 표기하는 것이 재즈, 록/팝스보다 훨씬 중요시된다.

이야기를 다양하게 했지만 중요한 것은 '울림'이다. 그리고 그것을 어떻게 느끼고 싶은가다.

▶▶ 도미넌트 세븐스의 특성　　　　　*P090*

5도권(사이클 오브 피프스)

시각적으로 외워서 활용한다

팝스&록 계열은 시계 반대방향

작곡책이나 이론책을 본 적이 있다면 **그림①**(TRACK05)도 본 적이 있을 것이다. 이것을 '5도권(사이클 오브 피프스)'이라고 하며 조성과 조표의 관계를 정리한 그림이다. 위쪽은 심플하지만 아래쪽은 복잡하다.

그림①에는 일부러 진행 화살표를 넣지 않았다. 클래식을 배우는 학생은 시계 방향으로 배우지만 시계 방향, 시계 반대방향 모두 가능하다. 여러분이 작곡하려고 하는 팝스, 록, 재즈는 압도적으로 시계 반대방향으로 사용하는 경우가 많을 것이다. 예를 들어 일반적인 노래의 경우, 마지막에서 토닉으로 돌아갈 때는 토닉의 하나 오른쪽의 7th에서 돌아간다(G7→C). G7의 앞은 Dm7인 경우가 많으며, 이것도 역시 하나 오른쪽이다. 'Dm7→G7→C'의 루트를 이 사이클로 따라가보면 시계 반대방향이다. 즉 '조성의 #이 늘어날' 때에는 시계 방향, 'b이 늘어날' 때에는

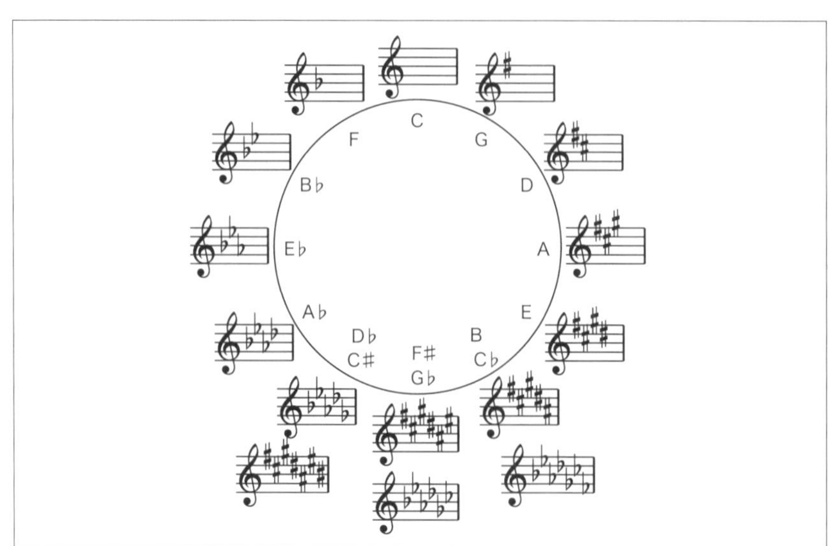

▲그림① 5도권은 외워두어야 한다.

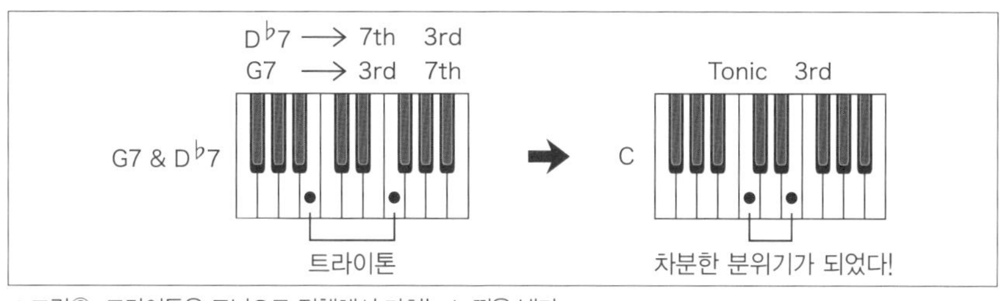

▲그림② 트라이톤은 토닉으로 진행해서 마치는 느낌을 낸다.

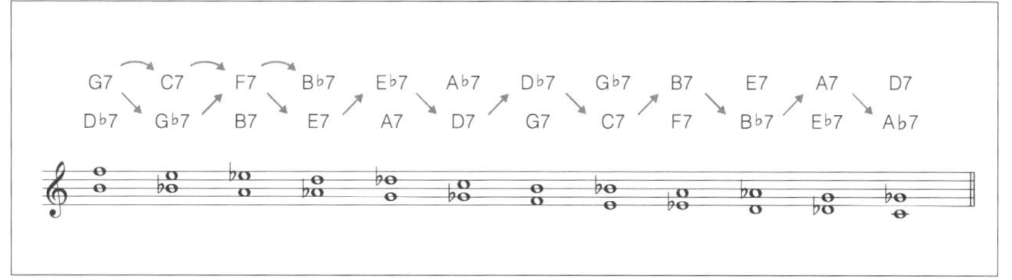

▲악보 예① 5도권에서 왼쪽의 세븐스 코드와 그 서브스티튜트(substitute) 도미넌트를 위아래 세트로 두면 규칙적인 룰이 보인다. 코드진행을 쫓아갈 때에는 시계 반대방향으로 기억해두자.

시계 반대방향이다.

5도권으로 코드진행을 분석한다

이후에 나오는 코드진행과 5도권을 종종 대조해보면서 그림으로 외우자. 세븐스 코드에 관해서는 나중에 상세히 설명하겠지만 'G7의 서브스티튜트 도미넌트는 D♭7(C#7)이고 5도권에서 보면 반대쪽에 위치한다'라든지, C메이저의 곡에서 Fm7→B♭7이 나오면 7th의 왼쪽 E♭에 주목해서 '일시적으로 E♭으로 전조한다'라는 식으로 사용할 수 있다.

G7과 D♭7은 공통된 트라이톤(3온음)을 가지고 있다(**그림②**). 이것이 C메이저로 해결하고 싶은 이유

다. G7 왼쪽의 C를 C7으로 생각하면, C7의 서브스티튜트 도미넌트는 G♭7이다. 이것을 **악보 예①**처럼 정리해서 생각해(트라이톤만 빼내서 음표로 만들었다) 교차로 오가면 반음씩 세븐스 코드가 슬립한다(TRACK06). 이런 진행도 사이클 오브 피프스를 따라간다. 수학 느낌이 나지만 코드 보이싱에 소수점은 없으므로 안심해도 좋다.

◀)) 음원 TRACK

05 **5도권의 사운드**

06 **세븐스 코드의 슬립**

▶▶ 도미넌트 세븐스의 특성　　　　　　　P090

피치

록 음악의 피치는?

기준 피치의 과거와 현재

현재 DTM과 신서사이저 초기상태의 기준피치는 A=440Hz의 설정이다. 이것은 1953년에 국제기준협회가 'A=440으로 전 세계가 통일하자'라고 해서 정해진 것이다. 미국에서는 20세기 초부터 미국음악협회에서 이 수치를 채용했다.

17세기의 소리굽쇠는 A=380~500Hz라는 연구보고가 있을 정도로 상당한 차이가 있었다. 클래식 음악을 참고로 검증해보면 베토벤 시절에는 A=433Hz이었다고 하니, 현재보다 반음의 1/3~1/4 정도가 낮았던 것이다.

20세기 후반까지 조금씩 피치가 올라가 A=440Hz로 정착되는 듯 했다. 하지만 그 후에도 특히 유럽의 오케스트라에서는 피치를 계속 올려 카라얀이 베를린 필하모니를 지휘했을 때에는 A=446Hz였다고 한다.

역사 이야기는 이정도로 하고, 현재 우리의 상황을 살펴보자.

■시판되고 있는 DAW소프트웨어, 하드웨어 신서사이서의 초기 세팅은 A=440Hz.

■해외의 레코딩(특히 미국)의 경우 A=440Hz로 준비한다.

■레코딩 스튜디오의 피아노는 별도의 요구가 없는 경우 A=441Hz.

■어떤 음대의 교내 피아노는 모두 A=442Hz로 조율되어 있다.

■유럽의 오케스트라에서 활동을 하고 온 연주가는 A=443Hz가 가장 좋다고 한다.

극단적인 경우지만, 내가 일하는 상황에서도 피치는 이 정도로 다르다. 위와 같은 상황은 기악곡과 연주곡에서 실제로 벌어지는 일들이다.

록 음악의 피치

록을 살펴보자. 록뿐만 아니라 해외 오페라 공연에서도 일어날 수 있는 일로 '기준 피치를 가수에게 맞추는' 선택이 있다.

반 헤일런은 A=440Hz보다 낮았다. 밴드의 멤버는 '보컬의 키에 맞추고 있을 뿐이다'라고 인터뷰를 했다. 키보드가 없다면 기준 피치는 그 자리에서 어떻게든 정할 수 있다.

90년대의 오아시스도 A=440Hz에서 상당히 동떨어

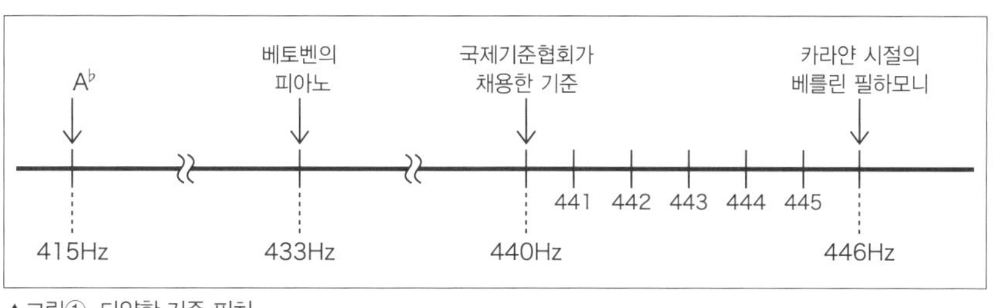

▲그림① 다양한 기준 피치.

진 경우가 있었다. 다만 피아노가 들어간 곡은 비교적 A=440Hz이었다. 내 생각에는 모두들 그렇게 심각하게 생각하지 않는 듯하다(웃음).

70~80년대 미국의 록/팝스에는 A=440Hz보다 약간 높은 음원(레코드나 CD)이 있다. 이런 경우는 믹스를 마친 후, 마스터링 작업 때에 마스터 테이프의 스피드를 올려서 처리했기 때문이다. 아날로그 테이프이므로 피치를 올리면(테이프 스피드가 빨라진다)→밀도가 높아진다→사운드에 탄력이 생긴다는 논리다. 이 방법은 마스터링에서의 수법으로 기준 피치와는 근본적으로 다르다. 하지만 지금의 DAW 세대는 테이프 미디어를 접해본 적이 없는 경우가 많으므로 지식으로 알아두기 바란다.

절대음감의 유무도 실제 작업과 깊은 관계가 있다. 절대음악이 없는 사람은 베를린 필하모니의 연주를 들은 후에 오아시스의 곡을 들어도 금방 익숙해진다. 하지만, 어릴 때부터 튜닝된 피아노로 음감교육을 받아 절대음감을 가진 사람에게는 기분이 좋지 않은 상태다.

이에 대해서는 결정적인 해답은 없지만 나는 다음과 같이 대응하고 있다. 여러분은 자신의 음감과 밴드 멤버의 구성, 함께 세션을 하는 뮤지션의 음악적인 배경을 바탕으로 '기준 피치'를 생각하기 바란다.

■스튜디오의 레코딩에서도 클래식 악기의 앙상블이 배경음악인 경우에는 A=443Hz로 하고 있다. 441Hz 또는 442Hz로 트레이닝이 되어있더라도 '더 높은 기준'에 맞추는 것이 좋다.

■록, 팝스, 일렉트로니카의 경우, A=440Hz로 작업한다. 이것은 취향의 문제이므로 마음에 드는 것을 선택하면 된다.

■피아노 솔로를 녹음하는 경우 A=441Hz로 조율이 되어있다면 그것에 맞춰 조율한다. 경험상 당일 A=440Hz로 내리거나 A=443Hz로 올리면 튜닝이 틀어지는 경우가 많다.

⏩ 음률　　　　　　　　　　　　　　　　　　　*P038*

배음열

배음과 음색, 코드진행의 관계

배음이란?

어쿠스틱 악기 중에서 배음과 관계가 없는 악기는 없다. 배음의 과학적인 배경은 작곡과 직접적인 관계는 없다. 따라서 여기서는 설명하지 않겠다.

루트를 기준으로 그 정수배의 음을 순서대로 배열한 것을 배음열이라고 한다(**악보 예①**). 배음은 음색과 밀접하게 관계가 있으며, 배음열은 악기가 음계를 만드는 구조와 작곡에 사용되는 스케일, 악기끼리의 피치를 잡는 방법과 관계가 있다. 이런 점이 혼란의 근원이 되므로 둘은 나눠서 생각하기로 한다.

①음색과 배음: 아날로그 신서사이저의 발상으로 설명을 하면 '톱니파에는 모든 배음이 포함되어있다. 트럼펫과 바이올린의 파형은 톱니파다. 클라리넷 음색에서 사용되는 펄스파와 플루트에서 사용되는 트라이앵글파는 근음과 홀수배음만 포함되어있기 때문에 톱니파와 다르게 들린다. 그밖에도 FM음원은 발음방식에서 다르지만, 기본적인 발상은 어떻게 배음을 조절할 것인가에서 나온다.

②배음열: 배음열을 체감하기 위해서는 역시 어쿠스틱 악기가 필요하다. 피아노의 가온다(MIDI건반의 C3)를 소리가 나지 않을 정도로 약하게 누른 후, 그대로 2옥타브 아래의 도(C1)를 강하게 연주하고 바로 손가락을 떼어보자. 처음에 누른 가온다의 음이 공진을 할 것이다. 이것은 C1 음에 C3의 배음이 포함되어있기 때문이다.

피아노는 '평균율'이라는 전조가 가능한 음률로 튜닝이 되어있다. 따라서 같은 실험을 다른 음으로 반복한다고 해서 모든 음이 공진하지는 않는다.

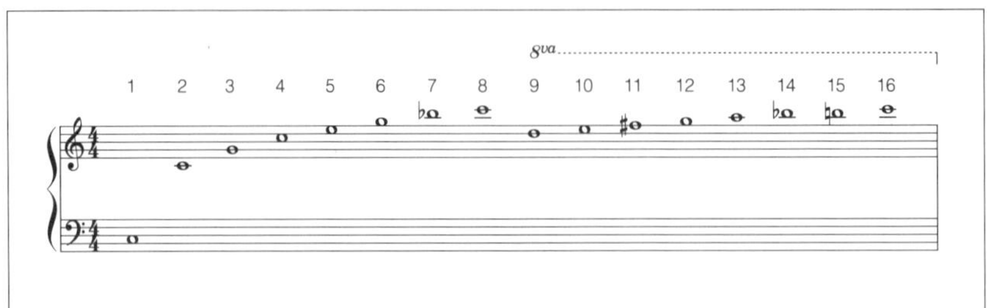

▲악보 예① 이것이 배음열이다.

▲악보 예② 도보다 높은 음을 연주해보자.

예를 들어 7번째 배음열 시b(Bb음)은 피아노의 평균율 시b보다 약간 낮다. 기타로 실험한다면 6번 줄을 로우C로 튜닝하고 10프렛보다 약간 왼쪽에서 하모닉스를 연주해서 튜너를 보면 미터가 약간 왼쪽에서 움직인다. 피아노의 건반 또는 프렛이 있는 악기는 자연배음이 나지 않는 구조다.

배음과 코드진행

배음은 코드진행과도 깊은 관계가 있다. 배음열의 3번째는 솔(G음)이다. 솔은 도(C음)와 사이가 매우 좋다. 루트 도에 포함되어있는 음이기 때문이다. 따라서 코드의 루트로 생각하면 솔에서 도로의 진행은 매우 자연스러운 일이다(도미넌트에서 토닉으로 진행되는 것과 같은 경우다). 솔에서 살펴보면 가장 가까이 있는 것은 '도'다. 이것을 조성C에서 생각하면 도와 파(F음)의 관계다(서브도미넌트와 토닉).

이것은 기초적인 내용이다. 요즘의 코드진행은 뭐든 가능하기 때문에 여기서 설명하는 것은 한동안 잊고 있어도 된다.

배음으로 보는 F#의 성질

베이스로 도를 계속 울리게 하면서 **악보 예②**의 2가지 스케일을 연주해보자(TRACK07). 하나는 'C아이오니안'. 모두가 잘 알고 있는 '도레미파솔라시도'다. 다른 하나는 'C리디안'. 이 두 가지의 차이는 파에 #이 있느냐 없느냐다. 리디안이 약간 밝은 음이 난다. 다시 한 번 **악보 예①**의 배음열을 살펴보자. 음이름을 따라가보면 맨 처음에 나오는 파에는 #이 붙어 있다. 이 때문에 리디안이 밝게 들린다.

일단 여기서는 '어쿠스틱 악기의 피치는 아주 작게 움직인다'는 것을 기억해두자.

◀)) 음원 TRACK

07 도보다 높은 음을 연주하는 C아이오니안과 C리디안

▶▶ 음률   P038

음률

현대음악의 대부분은 평균율로 구성되어있다

평균율의 역사

작곡 공부에 클래식 음악을 듣는 것은 필수적이다. 바흐부터 근대까지 정말 다양한 수법과 다채로운 무드를 가진 곡들이 있다. 따라서 들어보면 틀림없이 여러분과 잘 맞는 작곡가가 있을 것이다.

현재 악기점에서 구입할 수 있는 악기의 대부분은 '평균율'이라는 음률로 조율되고 설계되어있다. 신서 사이저는 물론이고 플러그인 음원도 대부분 평균율을 따른다. 평균율은 5세기 중국의 문헌에 이미 그 계산방법이 기술되어있다. 유럽에서도 16세기에는 계산방법이 확립되었다고 한다. 평균율이 피아노 조율에 채용된 것은 19세기 중반이라고 한다.

2가지 음률

클래식 역사를 공부할 때 체감하면 좋은 음률 2가지를 소개한다.

■웰 템퍼러먼트(Well Temperament)

17세기 중기에 고안된 음률. 중전(中全)음율(뒤에 설명)과 피타고라스 음률의 혼합형으로 C메이저처럼 조표가 적을수록 울림이 아름답고 부드럽다. 이것은 도(C음)와 미(E음)의 관계, 즉 장3도를 순정으로 잡기 때문이다. 순정으로 잡는다는 것은 꿈틀거림이 없는 깔끔한 상태를 의미한다.

평균율의 피아노를 사용해서 익숙하다면 별다른 위화감이 없으므로 '꿈틀거림'의 존재조차 느끼지 못할 수도 있다. 바흐의 친구가 이 음률에 정통했기 때문에 'Das Wohltemperierte Clavier'라는 곡집은 이 음율을 사용해서 작곡되었다고 한다. 이 곡집은 '평균율 클라비어곡집'이라는 이름으로 소개되고 있지만 알고보면 오역(!?)이다. 평균율의 이론은 확립되어 있었지만 남아있는 문헌을 보면 평균율이 피아노에 사용된 것은 훨씬 나중, 게다가 바흐 시대에 피아노라는 악기는 없었다.

■민톤(Meantone Temperament)(TRACK08)

'중전음율'이라고도 한다. 대략적으로 설명하면 '가능한 장3도의 울림을 순정으로 하기 위해서 5도의 울림은 타협하자'는 음률이다.

실제로 화성의 움직임에서는 5도를 생략하는 경향이 있다. 이 음률도 전조보다 특정 조성의 울림을 중시하고 있다.

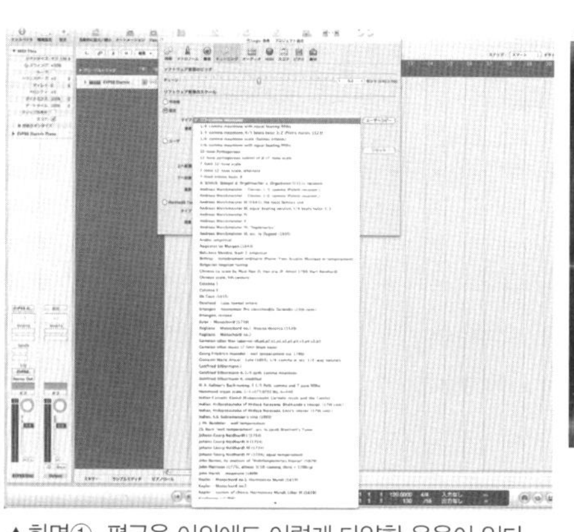

▲화면① 평균율 이외에도 이렇게 다양한 음율이 있다.

모차르트가 작곡에 사용한 하프시코드와 초기 피아노는 이 음율로 조율되었다. 민톤은 웰 템퍼러먼트보다 장3도를 더욱 중요시하므로 저절로 그 성질이 나타난다.

다음의 조성인 트라이어드는 순정에 가까우므로 아름답게 울린다.

■메이저 계열

C메이저 / D메이저 / E메이저 / F메이저 / G메이저 / A메이저

■마이너 계열(위의 관계조라 불리는 조성)

A마이너 / B마이너 / C#마이너 / D마이너 / E마이너 / F#마이너

B메이저, F#메이저, Db메이저는 '어떻게 되거지?'라는 생각이 드는 울림이다. 모차르트의 작품은 C메이저, D메이저, G메이저가 많으며, 그 근본은 이 음율이다. 실제로 민톤의 음율을 선택해서 코드진행을 해보면, 모차르트의 마음을 이해할 수 있을 것이다 (웃음).

최근에는 Apple Logic, 플러그인 소프트웨어 음원인 Pianoteq의 설정에서 음율을 선택할 수 있어 간단히 음율을 비교해 들어볼 수 있다(**화면①**).

평균율 없이는 드뷔시가 사용한 홀톤 스케일도 성립할 수 없다. 전조를 할 수 있는 덕분에 작곡의 가능성이 크게 넓어진 것이다.

우리들이 매일 사용하고 있는 코드네임 시스템도 평균율 덕분이다. 하지만 편리함 대신에 잃어버린 '울림'도 있다는 것을 기억해두자.

◀)) 음원 TRACK

08 **평균율과 민톤**

▶ 조바꿈의 순서　　　　　　　　　　　　　P128

로우 인터벌 리미트

DTM 환경에서도 주의해야 한다

로우 인터벌 리미트의 확인

간단한 것이지만 아는지 모르는지 '로우 인터벌 리미트(Low Interval Limit)'에 신경을 쓰지 않는 사람이 의외로 많다. 작곡 교본에서는 시작부분에 배음과 함께 언급되지만 대부분은 그냥 넘어가는 것 같다. 생악기와 신서사이저는 울림이 다르므로 신서사이저 악기에서는 신경이 쓰이지 않을 수도 있다. DTM만 사용한다면 거의 영향이 없을지도 모르겠다. 하지만 개인적으로는 DTM 환경에서도 신경을 쓰는 것이 좋다고 생각한다. 특히 PC용 작은 스피커 중에는 저역을 모니터하기 어려운 제품도 있다. 이미 믹스된 음원을 시청하는 것과 제작과정에서 '울림'을 체크하기 위해 듣는 것에는 차이가 있다. 스피커는 35Hz 정도까지 재생할 수 있는 것이 기준이다. 35Hz 정도까지 재생한다면 대부분의 장르의 곡을 정확하게 들을 수 있을 것이다.

로우 인터벌 리미트는 가까이 있는 악기 중에서 피아노로 확인하는 것이 가장 좋다. 피아노의 저음줄은 배음을 풍부하게 포함하고 있기 때문이다. 배음을 많이 포함하고 있다는(배음이 잘 들리는) 것은 2개의 다른 음정이 울릴 때 서로 간섭하기 쉽다는 의미이기도 하다.

악보 예①(TRACK09)의 각 인터벌은 여기서부터 아래의 음역은 배음이 간섭하므로 사용하면 음이 탁해지는 기준이다. 장2도로 보면 이보다 낮은 음역에서 장2도로 충돌시키면 탁해지기 시작한다(각각의 음정을 구분해서 듣기 어려워지거나 하모니를 이루지 않는다). 실제로는 악기의 배음에 따라 달라지고 무엇보다 작곡가의 취향이므로 이것은 어디까지나 이해를 위한 '기준'으로 기억해두는 것이 좋다.

2가지 경우의 주의점

실제로 어떤 경우에 로우 인터벌 리미트에 주의해야 하는지 알아보자.

❶여성보컬용으로 어레인지된 DAW의 세션 또는 MIDI데이터를 받아서 남성용 키로 변경하는 경우.

❷팝스/록에서는 피아노의 왼손과 베이시스트의 연주와의 관계.

❶에 대해서 해설을 하겠다. 어레인지된 것을 단순히 트랜스포즈할 수 있는 범위는 반음 또는 최대 장2도가 한계다. 그 이상으로 변경할 경우에는 어레인지를 재확인할 필요가 있다.

악기끼리의 음정의 상대관계는 같아도 사운드의

▲악보 예① 로우 인터벌 리미트의 기준.

컬러링은 크게 달라진다. 기타&베이스는 가장 낮은 음이 개방현 미(E음)인 경우, 키가 반음 내려가면 포지션이 1옥타브 올라간다. 이것만으로도 원래 키와 비교해보면 느낌이 상당히 달라진다. 여성용 어레인지를 남성용으로 적용하기 위해서 4도 올리거나 내리는 경우에 어레인지를 다시 하는 수준의 작업이라고 생각하는 것이 좋다.

❷는 코드 네임 시스템의 영향으로 연주는 코드 네임을 따른다는 약속에 따라 연주자에 맡겼다. 따라서 피아노의 왼손과 베이스가 로우 인터벌 리미트에 걸릴 가능성이 있다. 특히 별 부탁을 하지 않았음에도 코드 톤을 연주하고 싶어하는 베이시스트가 있다. 이런 경우는 본 공연 전에 미리 협의해야 한다.

로우 인터벌 리미트를 이해하는 지름길은 로우 인터벌 리미트에 걸리는 어레인지를 습작으로 만들어 체감해보는 것이다.

◀)) 음원 TRACK

09 로우 인터벌 리미트의 사운드

⏩ 배음열   *P036*

음학의 시간 500+400=100, 1+1=0
들리는가? 들리지 않는가? 음의 산수

차음(差音)을 느낀다

일반적인 작곡작업에는 큰 관계가 없지만 DAW시대인 지금은 작곡가라도 이 정도의 지식은 알고 있는 것이 좋다.

TRACK10은 500Hz의 신호다. 음정으로 나타내면 B3. TRACK11은 400Hz로 G3이다. 이 둘을 더한 신호가 TRACK12. 장3도이므로 멋진 하모니를 이룬다. 더 귀를 기울여 들어보자. 2옥타브 아래의 100Hz의 G음이 들릴 것이다. 잘 모르겠다면 TRACK13을 들어보고 '이런 소리가 들릴 것이다'라고 기억한 상태에서 다시 들어보자. DAW를 가지고 있다면 B3와 G3의 음을 입력해서 두 음의 밸런스를 바꾸면서 들어보는 것도 좋은 방법이다.

들렸는가? 이 현상을 '차음(Difference Tone)'이라고 한다. 실제로 스피커에서 낮은 음정이 나오고 있지는 않지만 사람의 귀(뇌)가 느끼는 것이다. 작은 이어폰으로 음악을 듣고 있으면 이어폰의 성능 이상의 저음이 들리는데, 이것도 같은 원리다. 파이프 오르간의 저음관도 이 원리를 응용하고 있다. 이어폰에서 들리는 '무거운 킥'은 '귀'의 경험에 의해 '이런 소리가 들릴 것이다'라고 뇌에서 상상한다는 해석도 있다. 하지만, 이것은 차음과는 다르다. 차음은 파형과 파형을 더해서 나오는 꿈틀거림이 큰 진폭(=낮은 음정)을 뇌가 듣는 것이다. 더욱 정확히 설명하기 위해서는 사인파의 변화를 삼각함수로 계산하는 것이 좋다. 하지만 여기서 이것은 하지 않겠다(웃음).

음악적으로 가장 간단한 설명은 'B3와 G3는 G1의 위쪽 배음이므로 G1이 울리지 않아도 이것을 귀가 '근음'으로 느끼는 것'이다.

위상이란?

또 하나는 위상과 관련된 문제다. '이 녹음은 위상이 안 좋다', '플러그인을 사용할 때에는 위상에 주의해야 한다'라는 말을 자주 듣는다. 많은 사람들이 DAW로 파형을 다루게 되었고, 한 트랙에 여러 개의 플러그인을 사용하는 것도 일반적인 일이 되었다. 사운드 메이킹이 작곡과 같은 뜻으로 통하는 일렉트로니카와 같은 장르도 있으므로 '위상'은 기억해두는 것이 좋다. 만약 DAW를 가지고 있다면 TRACK14와 TRACK15를 입력해서 파형의 시작부분을 맞춰서 배열해보자. 배열이 끝났으면 재생해보자! 소리가 나지 않을 것이다.

이것이 1+1=0(서밍 제로)라는 상태(샘플 단위로 시

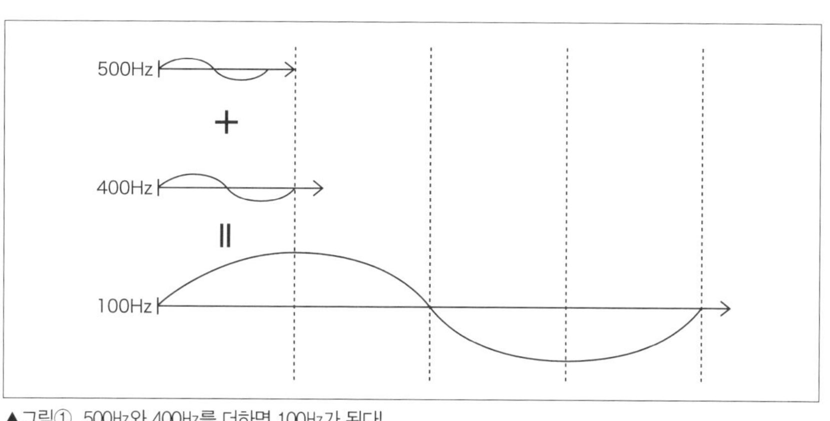

▲그림① 500Hz와 400Hz를 더하면 100Hz가 된다!

작부분을 맞출 것. 그리고 2가지 트랙의 볼륨을 동일하게 하지 않으면 이 현상은 일어나지 않는다)이다. 두 파형의 시작부분을 확대해보면 그 차이를 알 수 있다. TRACK15의 파형은 아래를 향해서 시작한다. 이것이 '역상'의 상태다. 각각을 재생하면 소리가 나지만, 동시에 재생하면 소리가 나지 않는다.

실제 녹음에서 이 정도로까지 무음이 되는 경우는 없지만 아래와 같은 일은 일상적으로 일어난다.

■스네어 위아래에 설치된 마이크가 역상이 된다.
■엠비언스 마이크와 다이렉트 마이크의 파형이 마이크끼리의 거리 관계로 역상이 된다.
■레이어된 신서사이저 베이스의 파형이 역상이 된다.
■레이어된 킥의 파형이 역상이 된다.
■다이렉트 박스를 경유한 일렉트릭 베이스와 스피커에서 녹음한 마이크음이 역상이 된다.

플러그인에는 레이턴시 문제가 있다. 따라서 지연 보정 모드를 사용하지 않으면 레이턴시에 의해 파형의 상하가 반전될 가능성도 있다. 믹스 작업 중에 하나하나는 좋지만 두 가지를 더했을 때 탁해지는 증상이 있다면 '역상'을 의심해보아야 한다.

◀)) 음원 TRACK

10	500Hz 신호음
11	400Hz 신호음
12	500+400Hz 신호음
13	100Hz 신호음
14	정상
15	역상

▶▶ DAW와 DTM을 잘 사용하는 방법　　　　　　*P178*

아르페지오로 연습한다

오리지널 룰을 만들어서 아르페지오를 즐겨보자

실전 연주를 연습한다

악기는 스케일 연습을 많이 한다. 예를 들어 C메이저 곡의 경우 'Dm7에서는 D도리안, G7에서는 C아이오니안을 사용(available)할 수 있다'고 배운다. 하지만 악보를 보면 이 3가지 스케일은 시작하는 음이 다를 뿐 같은 음이다. 중요한 것은 이 스케일이 어떤 화학반응을 일으켜서 애드리브 프레이즈가 되는 것인가다.

　손가락이 악기에 익숙해지도록 스케일을 연주하는 연습이 쓸데 없다는 것은 아니다. 하지만 '레미파솔라시도레, 솔라시도레미파솔, 도레미파솔라시도~'와 같이 단순한 연습은 시간 낭비일 뿐이다. 이것은 음악이라 할 수 없으며 '멜로디 감각'과 '코드감각'을 연결시키는 연습도 되지 않는다. 이 책은 실전 위주다. 실제의 작업에 하지 않는 일에 시간을 낭비할 필요는 없다. 기타리스트인 스캇 헨더슨도 '사람들 앞에서 연주하지 않는 것은 연습하지 않는다!'라고 했다.

룰을 가진 아르페지오 연습

아르페지오로 코드진행을 쫓아가는 연습을 해보자.

우선 토닉으로 시작하는 평범한 형태(**악보 예①ⓐ/♪1**)다. 이것은 스케일 연습과 큰 차이가 없으므로 한번 연주했으면 다음으로 넘어가자. 다음은 올라가고 내려가는 연습의 반복(**악보 예①ⓑ/♪2**)이다. 좀 더 음악스러워졌지만 코드의 토닉을 소절의 시작으로 하고 있으므로 아직 단순하다. 다음부터는 룰을 하나 마련한다. 낮은 레(D음)부터 높은 솔(G음)의 사이를 아르페지오로 연주해보자. 시작부분의 소절은 루트에서 시작해도 된다(**악보 예①ⓒ/♪3**). 이번에는 음역을 넓혀서 낮은 솔부터 더 높은 미(E음)까지 해보자(**악보 예①ⓓ/♪4**). 좀 어려운가? 연주하는 음은 ⓐ, ⓑ와 같지만 룰이 달라지면 어려워진다. 모두 '아르페지오'다. 하지만 ⓐ, ⓑ는 각각의 코드를 수직으로 봤을 뿐이다. 이에 비해 ⓒ, ⓓ는 수평의 흐름이다. 키보드에서는 간단할 수 있다. 하지만, 기타의 블록 포지션처럼 시각적으로 파악하는 버릇이 든 악기의 경우는 조금 힘들 수 있다.

　패턴화된 연습은 한번 연주할 수 있게 되면 의식과 분리를 해도 몸이 멋대로 움직인다. 그것이 나쁜 것은 아니다. 하지만 연습에 약간의 아이디어를 더하면 코드진행과 구성음을 더욱 의식할 수 있다.

　이 룰의 범위는 마음대로 바꿔도 된다. 다만 아무리 느린 템포라도 틀리지 않고 진행해야 함을 명심

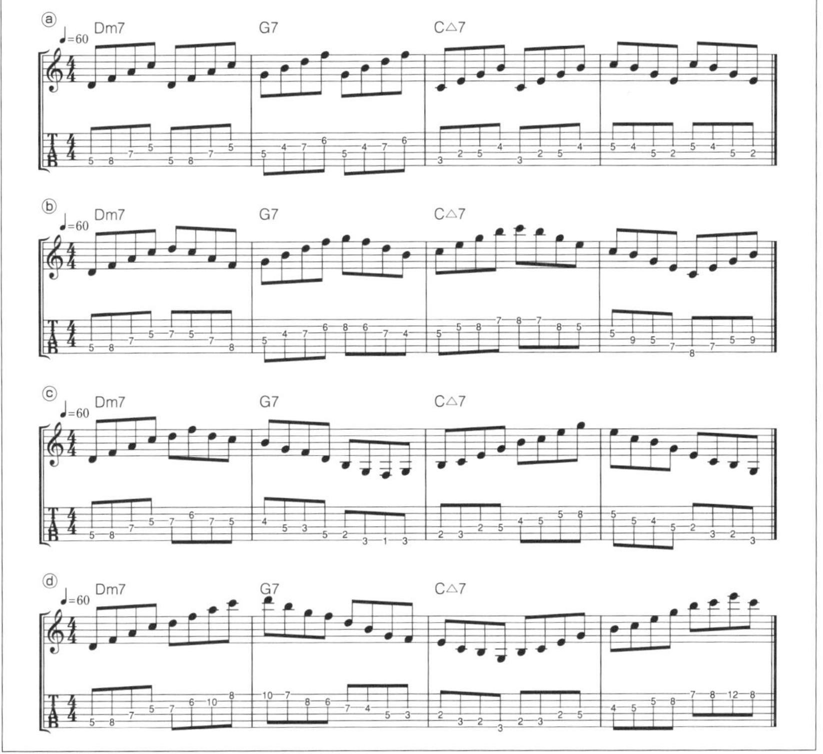

▲악보 예① 코드를 아르페지오로 연주해보자.

하자. 같은 룰로 여러 번 연습할 필요는 없으며, 룰과 코드진행을 바꾸어 즐기면서 도전하는 것이 좋다. 매일 계속 같은 연습을 하기 보다는 소재가 같더라도 (이 경우는 코드진행) 그 소재를 어떻게 즐길 것인가가 중요하다. 연습방법은 머리로 생각하고 작곡할 때에는 몸으로 생각하자.

◀》) 음원 TRACK

16 다양한 아르페지오

♪1 토닉에서 시작한다
♪2 올라가고 내려가는 반복연습
♪3 낮은 레~높은 솔까지
♪4 낮은 솔~2옥타브 높은 미까지

▶▶ 작곡은 몸으로 생각한다   *P010*

악보를 쓴다

악보의 구성력을 키우자

악보를 쓰는 장점

DAW를 사용해서 악보에 표기를 해보자. 초보자라도 보기 쉽게 변경할 수 있으며 레이아웃도 간단히 잡을 수 있다. 하지만 작곡을 목표로 하고 있다면 악보를 손으로 쓰기를 권장한다. 도중에 DAW로 작업을 하게 된다고 하더라도 곡의 스케치 단계는 오선지에 연필로 쓰는 작업을 하는 편이 좋다. DAW로 작업을 하면 A멜로디를 만든 후에 인트로를 만들거나, 나중에 간주를 추가할 수 있는 등, 편리하다. 하지만 곡의 '구성력'을 기를 때에는 DAW의 편리함이 오히려 방해가 되는 경우도 있다.

음악뿐만이 아니라 서양인에 비해 동양인이 비교적 약한 부분 중 하나가 바로 구성력이다. 고친 부분이 거의 없다는 모차르트의 구성력은 천재적이며 다른 세상의 이야기다. 그 수준까지는 무리라고 하더라도 자신의 손으로 직접 써보면 3~5분 정도의 곡을 머리 속으로 빠르게 판단하는 능력을 기를 수 있다.

통념에 얽매이지 않는다

종이와 연필로 작업을 할 경우 고칠 곳이 많으면 많을수록 종이가 더러워진다. 보기에도 잡념이 많은 것처럼 느껴져 자연스럽고 간결하게 정리하고 싶은 욕구가 생긴다. 어렸을 때 피아노 학원에 다닌 경험이 없다면 처음부터 악보에 쉽게 적을 수는 없을 것이다. 절대음감이 없다면 악기 없이 악보를 쓸 수도 없을 것이다. 하지만 그런 부분과 곡의 좋고 나쁨은 전혀 관계가 없다.

처음에는 떠올린 리듬의 모티브를 메모하는 것부터 시작하자. 절대음감이 없더라도 리듬을 적는 정도는 가능할 것이다. 그것도 어렵다면 DAW로 제작한 데이터를 악보로 표시해서 내가 어떤 작업을 했는지 확인하는 것부터 시작하자. 일단 악보 쓰기를 시작하자. 어떤 아티스트의 곡을 카피해서 악보로 기록하는 것부터 시작해도 좋다. 나는 그렇게 시작했다. 처음에는 악보를 쓰는 방법을 잘 몰랐고, 코드 네임을 쓰는 방법도 엉망이었다. 일단은 멜로디와 코드 네임을 적을 수만 있다면 OK다. 멜로디의 뉘앙스를 기록하는 것도 처음에는 힘들지만, 남에게 보여줄 것이 아니라면 그렇게까지 자세히 기록할 필요는 없다. 중요한 것은 1주일 후, 또는 1개월 후에도 이 악보를 본 내가 지금의 나와 같은 마음을 떠올릴 수 있는가다.

손으로 쓴 악보는 악보 소프트웨어로 만든 것과는 달리 깔끔하지 않고 쓸 때의 마음이 필체에 남는다

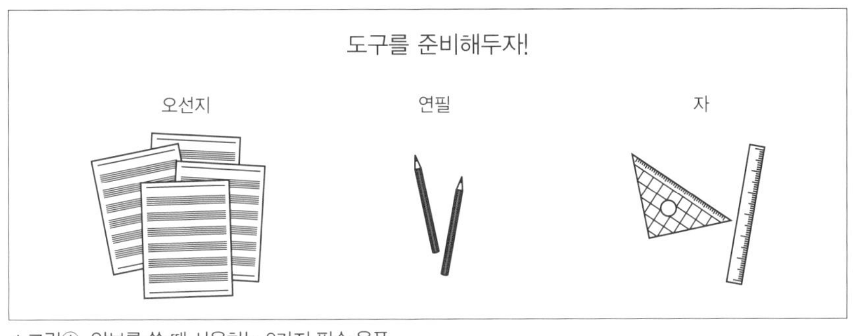

▲그림① 악보를 쓸 때 사용하는 3가지 필수 용품.

(처음에는 특히 더 그렇다). 그런 부분도 시간이 지나서 보면 재미있다. 내가 볼 악보이므로 음악적인 표현은 한글로 적어도 된다. 'Con brio'라고 이탈리아어로 쓰지 않고 '아주 신나게!'라고 써도 된다.

사용하고 싶은 악기와 음색 아이디어도 기록해두자. 이것도 한글로 써도 된다. 음악용어 중에서 이탈리아어, 독일어, 영어, 프랑스어, 그리고 모국어, 이렇게 다양한 언어를 섞어서 사용하는 것은 아시아의 특징이다. 이 책을 읽는 독자 대부분은 영어와 모국어로 모든 음악용어를 표현할 수 있을 것이다. 그럼에도 이탈리아어, 독일어, 프랑스어를 사용한다.

다음 페이지부터 실제로 악보를 손으로 쓸 때 필요한 Tip을 소개하겠다. 일단은, 준비물을 알아보자.

❶오선지. 처음에는 반드시 실수를 하므로 쉽게 뜯어낼 수 있는 것을 사용한다. 익숙해진 후에 노트 타입으로 바꾸는 것이 좋다. 스프링 제본으로 된 노트는 악기를 연주하면서 기록하기에 좋다.

❷연필. 악보를 쓸 때에는 부드러운 연필심이 좋다. 나는 성질이 급해서 처음부터 샤프를 사용한다. 요즘에는 지울 수 있는 볼펜을 사용한다. 볼펜은 연필보다 잘 보여서 좋다.

❸자. 어느 정도 길이가 있는 것이 편리하다.

이 정도만 구비해 놓으면 악보를 쓸 수 있다. 여기에 탭 방식의 전자 메트로놈과 계산기가 있다면 더욱 좋을 것이다!

▶ 트랜스크라이브(카피)를 한다　　　　　　*P020*

악보를 쓰는 방법

악보를 쓰는 요령을 익히자

사보펜으로 연습한다

악보를 쓰기 위해 오선지를 구입하도록 하자. 처음에는 깔끔하게 적기 힘들 것이다. 여기에는 요령이 있어 이것을 알면 어느 정도 깔끔하게 작성할 수 있다.

사보펜으로 쓰는 연습을 하면 악보를 쓸 때 필기구를 사용하는 방법을 빨리 익힐 수 있다. 사보펜은 오선지를 파는 매장 등 문구점에서 판매를 한다. 사보펜은 악보에 적합하게 손을 놀릴 수 있도록 도와준다. '사보펜'이라고 불리기도 하지만 원래는 '캘리그래피'라는 디자인 문자를 쓰기 위한 펜이다. 특징은 세로로 그었을 때와 가로로 그었을 때의 선의 굵기가 다르다는 것이다. 세로로 선을 그었을 때 가는 선이 그어지도록 잡는 것이 올바른 사용방법이다.

먼저 가장 간단한 쉼표를 써보자. 오선은 아래부터 제1선, 제2선이라고 한다(**악보 예①**). 온쉼표는 제4선 아래에 표기한다. 온쉼표는 세로로 가는 선을 그을 수 있는 상태로 가로로 그으면 된다. 2분쉼표는 제3선 위에 쓴다. 4분쉼표는 몇 가지의 표기방법이 있어서 쓰는 사람의 버릇이 드러난다. 아래부터 쓰는 것이 정식이지만, 이렇게 쓰면 나처럼 글자도 악보도 악필인 사람이 쓰면 음표로 착각하는 경우가 생긴다. 따라서 나는 4분쉼표를 **그림①**처럼 쓴다. 이렇게 하면 음표로 착각하는 일도 없고 균형도 잘 잡힌다.

다음은 숫자다. 대부분은 일반적인 필기법과 같지만, 0, 7, 8은 약간 다르다. 0은 왼쪽을 쓰고 오른쪽을 써서 0을 만든다.

이와 같은 요령으로 8은 왼쪽 위→오른쪽 위→왼

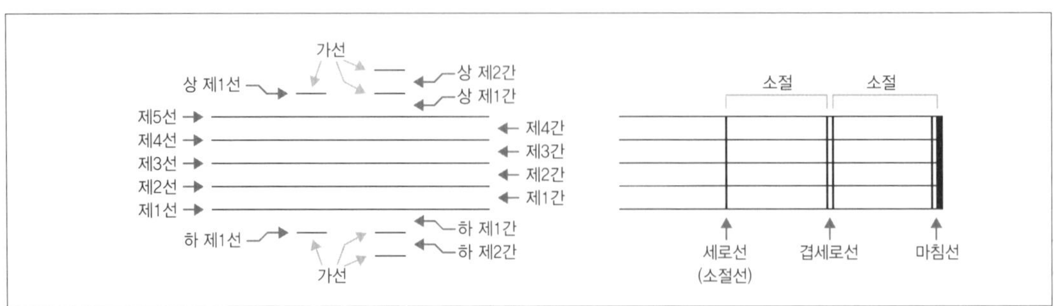

▲악보 예① 오선악보 각 부분의 명칭.

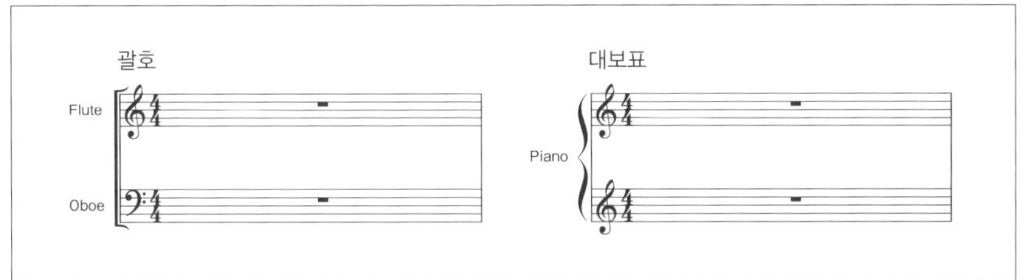

▲그림① 사보펜으로 써보자.

▲악보 예② 괄호와 대보표는 다르다.

쪽 아래→오른쪽 아래 순서로 0을 2개 쌓는 식으로 쓴다. 7은 '7'을 쓴 다음에 한 가운데에 획을 더한다. 사보펜으로 쓰면 8분쉼표와 16분쉼표가 7과 비슷해지므로 잘못 보지 않도록 하기 위해서다.

프로의 현장에서는 신속하게 대량의 악보를 준비해야 하므로 요즘에는 주로 악보 소프트웨어를 사용한다. 하지만 사보펜으로도 악보를 써보기 바란다.

괄호와 대보표

악보를 쓸 때 틀리기 쉬운 것이 괄호와 대보표다. 괄

호는 같은 악기를 정리해서 보기 좋게 하기 위해 붙인다. 예를 들어 **악보 예②**처럼 목관으로 묶어도 좋고, 밴드에서 사용하는 스코어의 경우에는 기타를 한 곳에 정리할 때에도 좋다.

괄호와 비슷하지만 대보표는 의미가 다르다. 이것은 높은음자리표와 낮은음자리표가 세트를 이루어 건반악기와 하프 등의 음역이 높은 악기에 사용하는 악보다. 피아노에 사용하는 경우가 많아 '피아노 악보'라고 하는 경우도 있다. 이 두 가지의 차이를 기억해두자.

⏩ 악보를 쓴다   *P046*

코드 네임을 쓰는 방법

코드 네임을 쓰는 방법은 여러 가지다

메이저와 마이너

일반적인 작곡 책에서는 코드 네임에 대한 이야기가 앞부분에 나온다. 이 책에서는 사보펜을 사용할 때의 표기 방법과 함께 설명하겠다. **그림①**은 코드를 사보펜으로 쓴 것이다. 이 그림을 보면서 이번 항목을 보기 바란다.

Dm7을 예로 마이너 세븐스를 쓰는 방법을 살펴보자. 마이너 세븐스는 'm7' 이외에 'min7', 'D−7'이라고도 표기한다. 사보펜으로 쓸 때에는 세로선이 가는 선이 되도록 펜을 잡는 것이 중요하다. 이것만 지켜도 금방 사보 전문가의 기분이 들 것이다. 처음에는 상세히 적으려 'Dmin7'이라고 쓰기도 하지만, 리허설 시간이 가까워지거나 시간이 촉박해지면 'm7'이나 '−7'으로 쓰게 된다(웃음).

메이저 세븐스는 'maj7', 'Maj7', '△7'라고 쓴다. △ 표기는 △가 붙으면 '메이저 세븐스'라고 읽는 경우도 있지만, 나는 단순히 △를 트라이어드(3화음)의 의미로 사용하므로 몇 년에 한 번 오해가 생기기도 한다. 내가 △를 트라이어드로 사용하는 이유는, 예를 들어 분수코드로 Db/C를 쓴 경우에 분모 C가 단음 도(C음)인지, C트라이어드인지 알 수 없기 때문이다.

코드 네임	사보펜으로 쓴 코드 네임
Dm7	Dm7
Cmaj7	Cmaj 7
Cdim	Cdim

코드 네임	사보펜으로 쓴 코드 네임
E7(11)	E7 11
G7(♭13)	G7 (♭13)

▲그림① 코드 네임을 사보펜으로 쓰면 이런 느낌이 된다.

※손으로 쓰면 얼터드 텐션은 변화기호가 루트와 텐션 중 어느 쪽에 붙는지 헷갈려 괄호를 붙인다. 내추럴 텐션은 그럴 우려가 없어 붙이지 않는다.

메이저 트라이어드 (Major Triad)	루트음만 △	C C△	도미넌트 세븐스 (Dominant 7th)	7	C7	
마이너 트라이어드 (Minor Triad)	m −	Cm C−	마이너 세븐스 (Minor 7th)	−7 m7 min7	C−7 Cm7 Cmin7	
디미니시 트라이어드 (Diminished Triad)	○ dim m(♭5)	C○ Cdim Cm(♭5)	마이너 세븐스♭5 (Minor 7th flat5)	−7(♭5) m7-5 ∅7	C−7(♭5) Cm7-5 C∅7	
어그먼트 트라이어드 (Augumented Triad)	+ aug (#5)	C+ Caug C7(#5)	디미니시 세븐스 (Diminished 7th)	○7 dim7	C○7 Cdim7	
			마이너 메이저 세븐스 (Minor Major 7th)	m△7 m(maj7)	Cm△7 Cm(maj7)	
메이저 세븐스 (Major 7th)	△7 Maj7 maj7	C△7 CMaj7 Cmaj7	메이저 세븐스#5 (Major 7th sharp5)	△7#5 maj7#5	C△7#5 Cmaj7#5	

▲그림② 기본코드 표기 일람표.

하지만, △를 트라이어드로 읽으면 '−△'는 마이너 트라이어드의 의미가 되므로 이것도 골치아프다.

미국에서 출판된 악보는 대부분 'Cmaj7'으로 표기되어 있다. 실제로 미국의 스튜디오 뮤지션에게 물어보면 미국에서 △는 잘 쓰이지 않는 것 같다. 우리는 소문자 m의 경우 'maj'와 'min'의 구분이 힘들어 △를 많이 사용하는 것 같다.

어그먼트와 디미니시

5도가 샤프한 aug(어그먼트)를 '+5'라고 쓰는 경우도 있다. 나는 5도가 반음으로 클리셰하는 코드진행의 경우는 +5로 표기한다. 예를 들어 C→Caug→C6을 C→C+5→C6이라 쓴다. 여러분은 각자의 취향에 따라서 쓰기 바란다.

디미니시 트라이어드의 dim과 o도 어느 쪽을 사용하느냐는 각자의 취향으로 선택해도 좋다. 나는 이 작은 o를 예쁘게 그리지 못해서 dim이라고 쓴다.

∅7은 '하프 디미니시'라고 읽는다. 구성음은 m7(♭5)와 같다. 'dim'는 'diminished'의 약칭으로 디미니시라고 하지만 정확하게는 '디미니쉬드'다.

앞으로 음악관련 도서를 볼 때에는 코드 네임 표기 방법도 눈여겨보자.

▶ 악보를 쓰는 방법　　　　　　　　　P048

반복기호

반복기호로 진행순서를 표기하자

본래의 의미를 알아두자

'달 세뇨', '다 카포', '코다'의 의미는 잊었더라도 들어본 적은 있을 것이다. 이러한 것을 반복기호라고 한다. 반복기호를 잘 사용해서 악보의 진행순서를 표기한다.

■달 세뇨
D.S.(달 세뇨)는 오선지 아래에 쓴다. 𝄋(세뇨)로 이동한다.

■다 카포
D.C.라는 기보가 나오면 악보의 처음으로 간다.

■코다
to𝄌(투 코다)에서 𝄌**Coda**(코다)로 이동한다.

대략 이런 룰이다. 이탈리아어라서 금방 잊어버릴 수 있다.

dal segon(달 세뇨)의 세뇨는 영어의 사인(sign)과 같은 뜻으로 '표시가 있는 곳부터'라는 의미다. da capo(다 카포)는 본래 '머리에'가 아닌 '새로이'라는 의미다. coda(코다)는 '꼬리'라는 의미다.

음악에서 사용되는 기호와 용어 중에는 이탈리아어가 많다. 알고 보면 오역에 가까운 것도 많으므로 잘 알아보고 본래의 의미를 파악하는 것이 좋다. fermata(페르마타)도 클래식 곡의 끝부분에 붙어있어서 '적절히 늘인다'라고 오역을 하는 경우도 있었다. 하지만 실제로는 영어의 'Stop'과 같은 뜻으로 '멈춘다'는 의미다.

'늘인다'와 '멈춘다'는 뉘앙스가 완전히 다르다. 지금

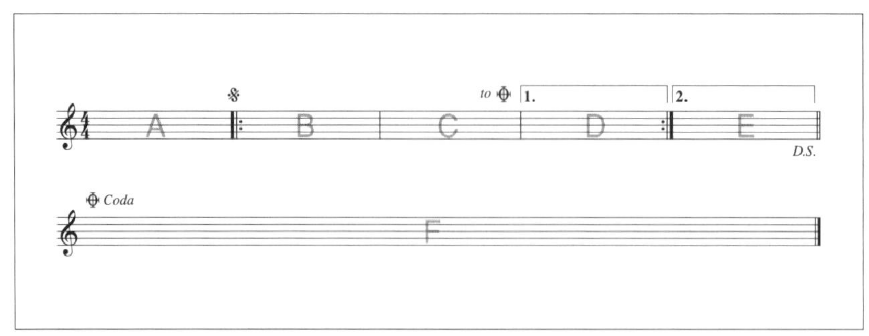

▲악보 예① 진행순서를 맞춰보세요.

(소절 반복 기호)	소절 반복	앞 소절을 반복한다
‖: 　 :‖	리피트 마크 / 리피트 사인	‖: 에서 :‖ 까지 반복한다
1. 　 2.	괄호	반복할 때의 연주소절을 지시한다
D.C.	다 카포	곡의 시작으로 돌아간다
D.S.	달 세뇨	𝄋 로 돌아간다
𝄋	세뇨	*D.S.* 에서 돌아가는 곳을 지시한다
to ⊕	코다마크	⊕ **Coda**로 진행한다
Fine	피네	반복 후, 연주를 종료할 곳을 지시한다

▲그림① 반복기호 일람표.

도 이탈리아의 정류장에 Fermata라고 쓰여져 있다.

반복기호를 사용한 곡의 구성

작곡 책에 자주 나오는 퀴즈! **악보 예①**을 연주하는 순서는?' 바로 정답을 공개한다. 'A→B→ C→D→B→C→ E→B→C→F'다. 이것을 간결하게 정리해보았다. 다음과 같은 구성이라고 생각하기 바란다.

■A=인트로

■B=A멜로디

■C=B멜로디

■D=1번 후렴구

■E=2번 후렴구

■F=3번 후렴구&엔딩

각 섹션의 내용은 곡에 따라서 다르지만 일반적으로 이렇게 사용한다.

이밖에도 반복에 사용되는 기호를 일람으로 정리해보았다(**그림①**). 보고 외우는 것도 좋지만, 직접 악보를 쓰면서 익히면 더욱 이해가 잘 될 것이다.

▶▶ 악보를 쓴다　　　　　　　　　　　　P046

Q1 작곡을 시작하게 된 계기는?

A 초등학교 때, 악기를 구입했다는 이유만으로 반강제적으로 피아노를 배웠습니다. 중학교 때에는 주위에서 연주를 잘한다는 소리를 듣게 되었습니다. 밴드부에서 관악기를 불고 기타도 연주하니 주위에서 더 좋아하더군요. '곡을 써서 연주하면 더 인기가 있지 않을까'라는 생각에 작곡을 시작하게 되었습니다. 하지만 그렇게 만만한 일이 아니었습니다.

Q2 공들여 만든 곡이 NG가 되었을 때, 어떻게 기분 전환을 하나요?

A 그 기분은 제가 프로듀스가 되어 곡을 고르는 입장이 되어서야 알게 되었는데요, NG의 이유는 곡이 좋냐 나쁘냐가 아니라 방향성 차이가 대부분입니다. 방향성은 처음 오더를 받았을 때부터 회의를 거치며 바뀌는 경우가 많습니다. 때문에 전혀 기분 나쁘지 않습니다. 오히려 많은 곡을 만들어볼 수 있어서 기쁩니다.

Q3 음악을 오래 하기 위한 좌우명이 있다면?

A 음악을 오래 하기 위해서는 건강에 유념해야 합니다. 저는 현장의 지휘에 대비해서 체력을 기릅니다. 다양한 연주가의 마음을 알기 위해서 다양한 악기를 배우고, 다양한 색깔의 곡을 쓰기 위해서 가능한 음악 이외의 것에도 흥미를 가지고 있습니다.

그리고 좋은 환경에서 작업을 할 수 있도록 가족에게도 신경을 많이 씁니다.

Q4 곡에 자신감이 없을 때(슬럼프)에는 어떻게 극복하나요?

A 자신감이 없더라도 누군가 칭찬해주면 자신감이 생깁니다. 슬럼프라는 상태는 기본적으로 존재하지 않습니다. 그 이유는 곡을 만드는 모티브가 세상에 넘쳐나기 때문입니다. 음악이 아닌 도시의 소음, 빗소리, 벌레 우는 소리, 저녁의 카레 냄새도 나에게는 최고의 작곡 재료가 될 수 있습니다.

Q5 초보자에게 해주실 말씀이 있다면.

A 작곡은 음 배열의 조합입니다. 그리고 의미가 있어야 음악의 역사에 남겨집니다. 역사를 소중히 생각하면서 자기자신을 믿고 미지를 탐구하는 마음이 작곡의 중요한 열쇠가 됩니다. 그리고 연주가의 마음을 알기 위해서는 하나라도 좋고, 가능하면 여러 가지 악기를 다룰 수 있기를 바랍니다. 잘 못해도 상관없습니다. 잘 연주하면 더욱 좋겠지만요.

작곡가 10인 10색
- Q&A 로 알아보는 작곡가의 마음 -

멜로디를 만드는 방법

이 책에서 '요즘 작곡가는 멜로디만 만들어서는 안 된다'라고 했다. 그래도 작곡의 핵심은 언제나 멜로디다. 이번 PART에서 소개하는 아이디어는 멜로디를 만들 때 매우 중요하다. 이 아이디어를 알고 있는가, 그렇지 않은가에 따라서 여러분이 만드는 멜로디에 큰 차이가 생길 것이다.

COMPOSITION TECHNIQUE

멜로디란?

멜로디의 가능성은 무한대다!

멜로디 만들기의 어려운 점은?

이 질문에 시원한 정답이 있다면 내가 알고 싶을 정도로 어려운 문제다.

공부와 연습을 하지 않고도 좋은 멜로디를 쓰고 노래하는 사람이 있다. 반면에 아무리 연주를 잘 해도 멜로디를 잘 만들지 못하는 사람이 있다. 프로라도 몇 십 년 동안 꾸준히 히트곡을 내기란 힘든 일이며 작곡의 근본인 멜로디 부분은 두껍고 높은 벽이다. 그렇다면 어떤 점이 어려운지 알아보자.

■잘 기억되는 멜로디는 비교적 심플한 것이 많다. 하지만 심플하게 만들기란 어렵다.

■도(C음) 다음에 선택할 수 있는 음은 12가지다. '일반 청중이 듣고 좋아할 범위의 음악'이라는 조건에서 보면 그다지 넓은 폭이 아니다. 특히 곡의 엔딩은 토닉으로 끝날 가능성이 매우 높아 거의 정해진 형태가 많이 사용된다.

■과거의 기억과 경험에서 너무 동떨어진 멜로디는 잘 남지 않는 경향이 있다. 반면에 노래하기 쉽고 잘 기억되는 쪽으로 가다보면 이미 나온 곡과 비슷해질 수 있다.

이번에는 긍정적인 면을 살펴보겠다.

■보사노바 곡을 들어보면 '어렵다=기억에 잘 남지 않는다'는 아니라는 것을 알 수 있다. 어렵게 들리는 이유는 가수와 연주자의 기량에 의한 것이다. 따라서 반드시 간단하게 할 필요는 없다.

■코드진행 상 멜로디의 진행은 한정된 경우가 많다. 그래도 매일 전 세계에서 수백, 수천의 새로운 곡이 만들어지고 있으며, 레코딩 문화는 사운드 자체가 작곡과 같은 의미로 되어가고 있다. 여전히 무한한 가능성이 있다.

■무엇이 좋고 무엇이 나쁜지에 주의하면 된다. 곡의 마치는 부분이 레시도 또는 라시도로 끝난다고 해서 표절로 고소당하는 경우는 없다.

멜로디에 코드를 붙이는 작업은 초보자에게는 어렵다. 머릿속에서 하모니, 코드진행이 들리지 않는 상황에서 코드를 붙이는 것은 불가능하다. 작곡은 멜로디를 만드는 것이다. 하지만 악기를 배우지 않으면 코드를 붙이기는 힘들다. 코드진행에 멜로디를 올리는 연습을 많이 하는 것이 작곡의 지름길이다. 이렇게 100곡 정도를 만들어보자. 멜로디가 떠오르면 저절로 하모니가 머릿속에서 들릴 것이다.

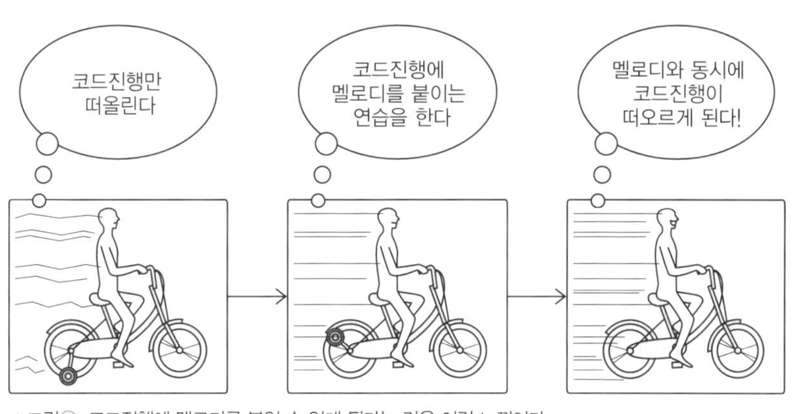

▲그림① 코드진행에 멜로디를 붙일 수 있게 된다는 것은 이런 느낌이다.

자전거를 배울 때를 떠올리기 바란다. 처음에는 보조바퀴를 달고 연습한다. 코드진행을 보조바퀴라고 생각하자. 익숙해지면 보조바퀴를 올려도 균형을 잡을 수 있게 된다. 이것이 코드진행 안에서 멜로디를 만드는 연습이다. 최종적으로는 보조바퀴 없이 달릴 수 있게 된다. 익숙해지면 보조바퀴를 생각하지 않아도 목적지까지 갈 수 있다. 이것은 멜로디를 떠올릴 때 코드진행이 함께 떠오르는 것과 같다(**그림①**). 이런 이미지로 이해하면 된다.

멜로디의 아이디어

멜로디의 울림을 생각하고 느끼는 아이디어에 대해서 소개하겠다(여기서 사용하는 용어는 재즈의 '인&아웃'과는 관계가 없다).

■인사이드로 생각한다

코드 톤 안에서 멜로디를 생각한다. 처음에는 가장 실수가 적은 방법이다. 인사이드로 시작한 후, 아웃사이드를 생각하는 것이 좋다.

■아웃사이드로 생각한다

인사이드를 의식할 수 있게 되었으면, 아웃사이드에 신경을 써보자. 코드 안에서 나왔다 들어갔다 하는 것이 중요하다. 위에서 인으로 돌아올 것인가? 아래에서 인으로 돌아올 것인가? 빙 돌아서 올 것인가?

■꾸밈음을 생각한다

클래식의 멜로디를 만드는 방법을 참고해서 멜로디를 무너뜨리는 방법과 베리에이션을 주는 방법을 생각해보자.

이런 느낌으로 작곡을 해보자!

멜로디를 울리게 하는 방법(코드 톤)　　　P066

리듬으로 베리에이션을 준다

리듬 요소로 멜로디의 폭을 넓힌다

노트와 음수를 바꾸지 않는 베리에이션

악보 예①(♪1)의 멜로디를 기본으로 리듬 베리에이션을 생각해보자.

악보 예②(♪2)는 음표의 종류를 바꿔서 멜로디에 변화를 주었다. 어딘가를 점음표나 8분음표로 바꾸어 싱커페이션을 만드는 형태다. 음수는 달라지지 않지만 이렇게 다양한 베리에이션을 만들 수 있다.

다음은 셋잇단음을 사용해보자(악보 예③/♪3). 이렇게 변화를 주는 방법을 2번째 가사에서 사용해보거나 연주곡의 경우에는 점음표와 셋잇단음을 선택 사용해서 프레이징에 베리에이션을 주면 효과적이다.

다음은 쉼표를 넣은 베리에이션(악보 예④/♪4)이다. 리듬의 요소가 늘어나면 베리에이션이 많아진다. 이밖에 소절선을 넘어가는 테크닉도 있다(악보 예⑤/♪5).

이런 식으로 노트와 음수를 바꾸지 않고도 다양한 베리에이션을 만들 수 있다. 악보에는 표기하기 어려운 요소도 있다. 그루브 또는 스윙을 할 것인가? 음색, 악기의 특색, 노래하는 사람의 개성 등 이러한 요소는 무한하다.

멜로디를 무너뜨려 베리에이션을 만드는 천재 아티

▲악보 예① 이 멜로디를 전개한다.

▲악보 예② 8분음표와 점음표.

▲악보 예③ 셋잇단음으로 만들어본다.

▲악보 예④ 쉼표를 사용한다.

▲악보 예⑤ 소절을 걸친 경우.

스트 중에서 스테판 그라펠리를 소개한다. 1997년에
타계한 프랑스 재즈 바이올린의 거장이다. 그의 멋진
스탠더드 곡들은 멜로디 베리에이션을 만들 때 많은
참고가 되므로 반드시 여러 장의 앨범을 구입해서 들
어보기 바란다.

🔊 음원 TRACK

17 리듬을 다양하게 변화시킨다

♪1 기본형
♪2 8분음표 리듬
♪3 셋잇단음 리듬
♪4 쉼표를 사용한 리듬
♪5 붙임줄을 사용한 리듬

⏩ 장식기호를 사용하는 방법　　　　　　　　　P060

장식기호를 사용하는 방법

멜로디에 양념을 추가해보자

트레몰로를 걸어본다

장식기호를 사용해서 멜로디에 베리에이션을 줘보자. 일단은 간단한 트레몰로(Tremolo)부터 사용해보자. 트레몰로에는 2가지가 있다. 하나는 기타와 만돌린, 바이올린 등의 현악기에서 많이 사용하는 것으로 하나의 음을 반복하는 주법이다. 사선의 수가 많을수록 더 많이 진동한다(**악보 예①ⓐ**). **악보 예①ⓑ** 처럼 표기하는 방법도 있다. 이것은 트레몰로 하는 음을 길게 유지하고 싶은 경우에 사용한다(팀파니 등).

건반악기처럼 연타가 힘든 악기에서는 트레몰로의 또 하나의 의미인 '다른 높이의 음을 교대로 짧은 간격으로 연주하는' 주법을 사용한다. 이 경우의 표기 방법은 **악보 예②**와 같다.

그 밖의 장식음표&기호

악보 예③과 같은 장식음표도 많이 사용된다. 장식 음표에는 다양한 종류가 있다. 악보 예는 '꾸밈음'이라는 것으로 짧게 연주하라는 의미다. 간단한 장식이

▲악보 예① 한 음의 반복, 그리고 음을 길게 유지시키는 트레몰로를 표기하는 방법.

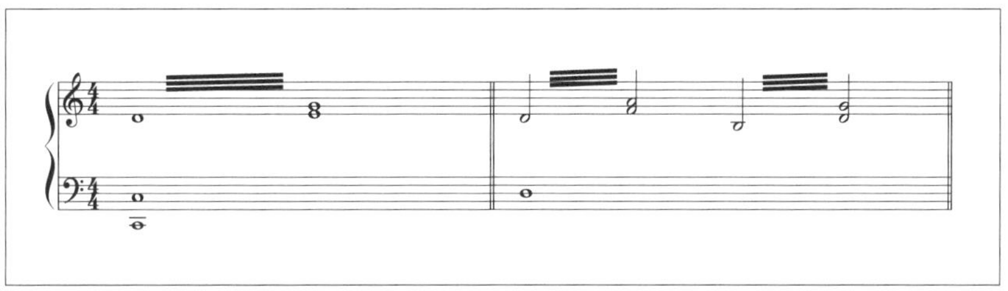

▲악보 예② 교대로 짧게 연주하는 트레몰로 표기방법.

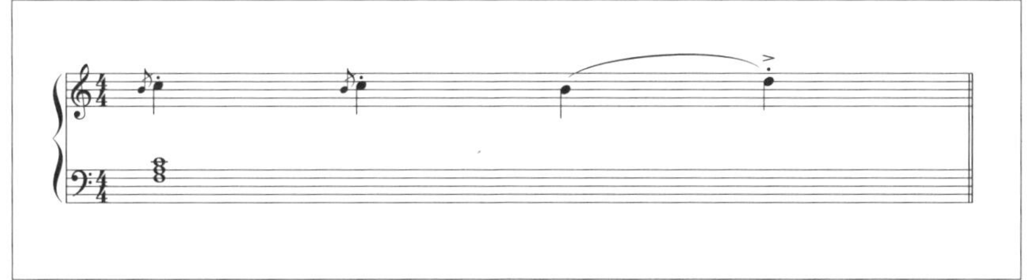

▲악보 예③ 꾸밈음을 표기하는 방법.

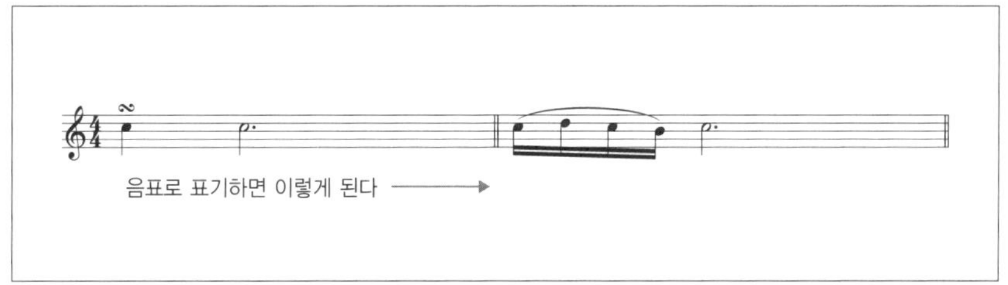

▲악보 예④ 트럼펫 악보에서 표기되는 턴(Turn).

지만 의외로 멜로디에 표정을 더해준다.

이밖에도 재즈의 트럼펫 악보에서 자주 볼 수 있는 '턴(Turn)'이라는 기호가 있다(**악보 예④**).

장식기호를 음표로 표기할 수도 있다. 하지만 이렇게 하면 읽기 힘들어진다. 장식기호는 연주자에게 기호라기보다는 도형 같은 것으로 보자마자 뉘앙스를 이해할 수 있다. 따라서 이러한 표기는 눈에 익혀서 사용하기 바란다. 장식기호는 이외에도 종류가 다양하므로 자세한 내용은 전문서를 읽어보기 바란다.

▶ 악보를 쓰는 방법　　　　　　　　　　　　　*P048*

보컬 키를 정하는 방법

가창력에 따른 설정방법

표정이 약한 노래는 높은 키로

키에 대해서 생각해보자. 이 책의 독자 대부분이 DAW를 사용한다는 것을 전제로 평균율로 이야기를 하겠다.

보컬 키를 정하는 방법에는 다음과 같은 것이 가장 간단할 것이다. 후렴구의 중요한 부분에 보컬의 가장 자신 있는 부분이 오도록 키를 정하는 것이 일반적이다. 다만 모든 곡의 키를 이렇게 정하면 비슷해질 수 있다. 따라서 10곡 정도를 모은 다음에 라이브의 곡 순서를 생각하면서 키를 재검토하는 방법이 있다. '보컬의 자신 있는 부분'을 '발성할 수 있는 가장 높은 음역 또는 음정'으로 착각하는 작곡가도 있다. 이렇게 하면 듣는 이의 귀에 거슬리는 음이 계속 될 수 있다. 높은 음정은 보컬리스트에게 부담이 되므로 높은 음역에서 낼 수 있는 노래의 표정이 한정되는 경우도 있다. 이것은 보컬리스트에 따라 다르므로 각자 신중하게 검토하기 바란다.

예외는 아이돌과 평소에 그다지 노래를 하지 않는 사람이 노래할 경우의 키의 설정이다. 노래를 많이 부르지 않으면 노래에 표정을 잘 주지 못한다. 하지만 노래를 선천적으로 잘 하는 사람도 있으므로 케이스 바이 케이스다. 노래에 표정을 주기 힘든 경우

라면 높은 키로 설정한다. 이렇게 하면 애절한 느낌을 쉽게 줄 수 있다. 하지만 많은 곡을 이렇게 설정하면 노래하는 사람도 힘들어질 수 있으므로 가사의 내용을 잘 보면서 생각하는 것이 좋다.

프로 작곡가 중에는 구체적인 발주가 오기 전부터 미리 여러 곡을 써서 준비하는 사람이 있다. 영감이 떠올랐을 때 써두고, 이미지와 장르별로 분류해둔다. 노래를 잘하는 사람은 1옥타브+3도 정도의 음역을 가지고 있으므로 미리 써두는 곡도 이것을 기준으로 한다. 아이돌이나 노래를 잘 못하는 경우에는 음역이 1옥타브가 되지 않을 수도 있으므로 주의해야 한다. 예를 들어 후렴구 부분만 음역이 높아서 노래를 못한다면 **그림①**처럼 후렴구를 통째로 조바꿈해도 된다. 음역이 좁아서 A멜로디도 낮추면 이번에는 A멜로디가 낮아서 노래를 못할 때에 효과적이다.

이 방법은 키 설정뿐만 아니라 A멜로디와 후렴구의 연결이 너무 밋밋한 경우에도 사용하면 좋다.

보컬리스트의 음역에 관계없이 곡의 컬러를 바꾸고 싶을 때에도 조바꿈을 해볼 수 있다.

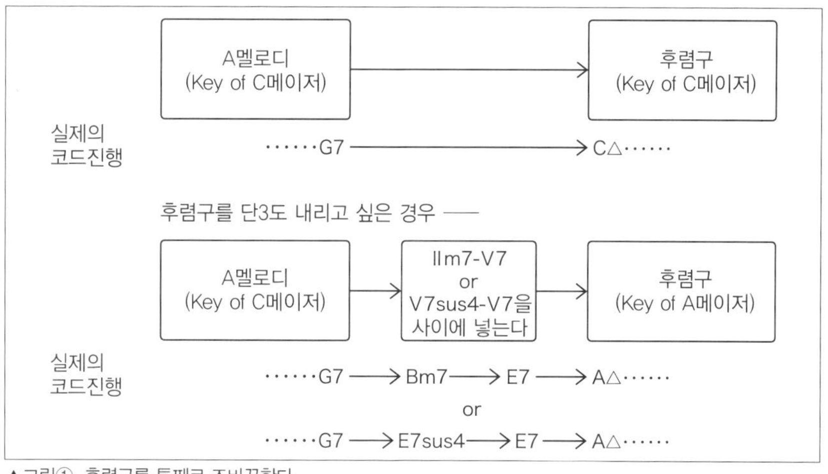

▲그림① 후렴구를 통째로 조바꿈한다.

악기와 관련된 문제

키는 기본적으로 보컬리스트를 기준으로 정한다. 하지만 그 곡에서 사용되는 악기와의 앙상블에 문제가 있을 수 있다. 기타 트리오(기타, 베이스, 드럼)가 밴드와 함께 E메이저의 곡을 써서 리허설 스튜디오에 가지고 왔다. 리허설을 한 후에 반음 내려달라는 요청을 한다. 이 경우의 선택은,

❶보컬에게 원래 키로 무리해서 노래하게 한다
❷키를 반음 내린다

의 2가지가 있다. ❷의 경우 다음과 같은 문제가 발생될 수 있다.

기타, 베이스의 저음줄 레귤러 튜닝은 E다. 따라서 키를 반음 내리면 E가 Eb이 된다. 곡이 조금 높을 때 보컬 입장에서는 튜닝을 반음 내리면 된다는 생각을 할 수 있다. 실제로 지미 헨드릭스를 비롯한 몇몇 밴드는 현악기를 전부 반음 내려서 튜닝하기도 하고, 최근에는 2도를 내리는 밴드도 많다. 역시 록은 '헤비'한 느낌으로 부르고 싶다는 증거인 듯하다. 키보드, 보컬리스트는 이런 부분은 쉽게 생각할 수도 있지만, 튜닝을 바꾸면 현악기 연주자와 관악기 연주자에게는 물리적인 문제가 발생한다. 상세한 내용은 64페이지를 참고하기 바란다.

▶▶ 악기의 특성을 파악한다　　　　　　　　P064

악기의 특성을 파악한다
자연스러운 앙상블을 위한 조건

현악기의 성질

E메이저 곡을 보컬에 맞춰서 반음 내리려는 순간의 현악기와 관악기에서 발생되는 물리적 문제에 대해서 이야기하겠다.

우선은 현의 질량 문제다. 줄의 굵기는 레귤러 튜닝을 전제로 계산된 것으로 베이스의 4번 줄은 E로 튜닝되는 것을 전제로 설계, 생산되었다. 이것은 기타와 베이스뿐만이 아니다. 바이올린과 피아노도 마찬가지다.

일렉트릭 기타용 줄 0.09 게이지 세트를 반음 내려서 Eb으로 튜닝하면 줄이 느슨해져 왼손의 촉감이 달라진다. 밴딩은 쉬워지지만 피치감이 평소와 완전히 달라진다. 무엇보다 피크에 줄이 따라오지 않는 느낌이 들고(줄이 느슨해서 반응이 좋지 않다) 리듬 연주가 잘 되지 않는 물리적인 문제가 발생한다. 라이브가 많은 베이시스트가 반드시 5현 베이스를 준비하는 것은 현장에서 조바꿈에 신속하게 대응할 수 있다는 이유도 있다. 5현 베이스는 일반적인 4현 베이스보다 4도 낮은 B까지 연주할 수 있다.

참고로 펜더의 스트라토 캐스터의 브릿지를 '플로팅' 상태로 셋업하는 방법이 있다. 기타 뒤의 스프링과 스탠더드 튜닝된 줄의 장력이 균형을 이루도록 조정을 한다. 이렇게 하고 바로 옆에서 브릿지를 보면 뜬 것처럼 보여서 '플로팅(그림①)'이라고 한다. 이 세팅에서 반음을 내린다는 것은 까딱하면 1시간 이상이 걸릴 수 있는 매우 섬세한 조정이다. 내 스트라토 캐스터도 이와 같은 세팅이며, 아밍 바를 사용하면서 멜로디를 연주하면 멋진 분위기를 낼 수 있어서 좋다. 하지만 Eb으로 줄을 내려야 하는 경우가 생기면 망설임 없이 깁슨이나 7현 기타로 바꾼다.

스트링스&브라스의 성질

이상은 밴드 안에서의 이야기였다. 이밖에 팝스, 록 계열의 앙상블에서 사용하는 악기의 경우를 생각해보자.

스트링스는 샤프(#)에 잘 맞는 튜닝이다. 바이올린의 현 튜닝은 아래부터 솔(G음), 레(D음), 라(A음), 미(E음)의 설정이다. 기타의 친척 같은 느낌이 든다.

관악기(트럼펫, 트럼본, 색소폰 등)는 기본적으로 플랫(b) 쪽으로 생각하면 된다. 노래는 보컬이 우선이라 어쩔 수 없지만 재즈 계열의 어레인지와 연주는 플랫 쪽으로 곡을 쓰는 것이 좋다. 실수라도 E메이저나 A메이저로 쓰지 않아야 한다. 특히 팡파레는 플

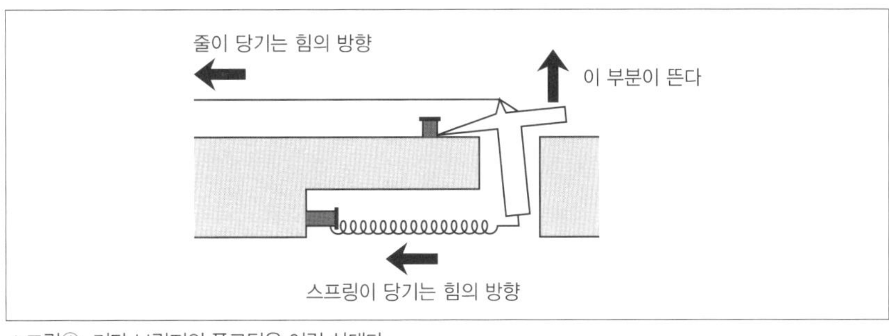

▲그림① 기타 브릿지의 플로팅은 이런 상태다.

랫 쪽으로 작곡을 해야 한다(A메이저로 작곡을 해봤지만 역시 좋지 않았다). 참고로 관악기 중심의 재즈 블루스곡의 키는 대부분 F 또는 B♭이다. 그 다음으로 많은 것이 G(기타, 피아노 앙상블)다.

스트링스는 샤프 쪽, 브라스는 플랫 쪽을 연주하기에 좋다. 그렇다면 두 가지의 악기를 함께 사용할 때에는 어떻게 해야 좋을지에 대한 의문이 생긴다. 이것은 메인 멜로디를 어떤 악기가 맡을 것인가, 레코딩이라면 얼마나 어려운 설정으로 할 것인가에 따라서 다르므로 정확한 답을 내기는 힘들다. 다양한 경험을 하면 자연스럽게 알게 될 것이다.

브라스 악기는 입술이 쉽게 피로해진다. 특히 트럼펫의 하이 톤을 연속해서 연주하거나 트럼본, 프렌치 호른은 음을 브러시로 계속 나누면 입술에 피로가 누적된다. 한편 스트링스는 아무리 음을 늘여도 피곤해지지 않고, 다소 강하게 연주를 하더라도 연주하기 어려워지지 않는다. 따라서 내 경우는 브라스의 연주 편의성을 우선해서 오케스트레이션을 하는 경우가 많다. 특히 프렌치 호른은 악기 구조상 배음이 밀집된 상태에서 음을 만들기 때문에 음이 잘못 나오기 쉽다. 만약 당신이 기타리스트라면 6번 줄의 5프렛 이하의 하모닉스로 음계를 연주하는 것을 상상해보기 바란다. 1프렛과 2프렛 사이에서 정확하게 레(D음)를 연주하기란 어렵다. 따라서 프렌치 호른의 연주 편의성을 우선시해야 한다.

중요한 점은 연주자의 부담을 줄여서 앙상블에 집중할 수 있게 하는 것이다. 이것은 악기 연주자들에게 직접 의견을 들어보는 것이 가장 좋다.

▶▶ 보컬 키를 정하는 방법　　　　　P062

멜로디를 울리게 하는 방법(코드 톤)

1625진행 위에 올라가는 심플한 멜로디

코드 톤을 사용한다

멜로디를 만드는 연습으로 멜로디가 코드 톤 안에서 어떻게 울리는지 들어보자. 심플한 1625(순환코드)의 진행 위에서 다양한 경우의 멜로디를 비교해 들어보겠다.

먼저 코드의 3rd 음을 따라가는 멜로디다(**악보 예**①/♪1). 마찬가지로 코드의 5th의 음을 따라가는 멜로디(**악보 예**②/♪2). 그리고 루트를 따라가는 멜로디(**악보 예**③/♪3)다. 이것은 전혀 멜로디 같은 느낌이 들지 않는다.

다음은 코드 톤을 연결하면서 멜로디가 많이 움직이지 않도록 한다. 3rd에서 시작한다(**악보 예**④/♪4). 마지막은 5th에서 시작한다(**악보 예**⑤/♪5). 이처럼 음정을 거의 움직이지 않고 반복하면 음악적인 매력이 부족해진다. 하지만 기억에 잘 남기 때문에 광고 음악, TV프로그램 타이틀에서 자주 사용되는 수법이다.

가사를 부각시키는 테크닉

멜로디의 음정을 너무 적게 움직이면 음악적으로 매력적이지 않다고 했다. 이 수법을 사용한 유명

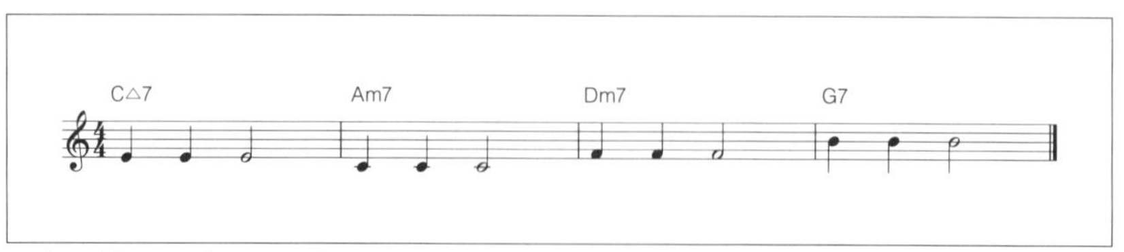

▲악보 예① 코드의 3rd를 쫓아간다.

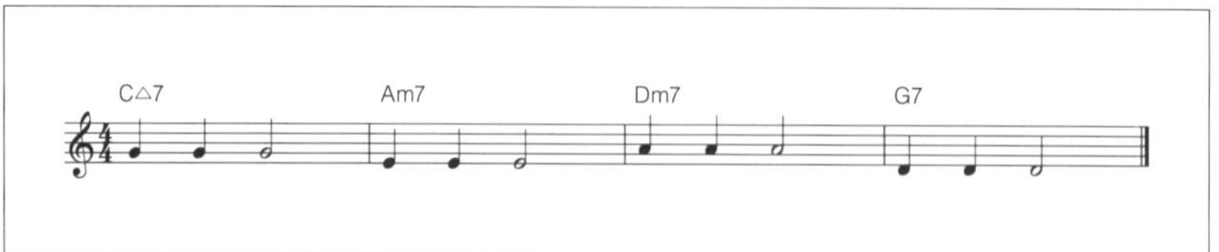

▲악보 예② 코드의 5th를 쫓아간다.

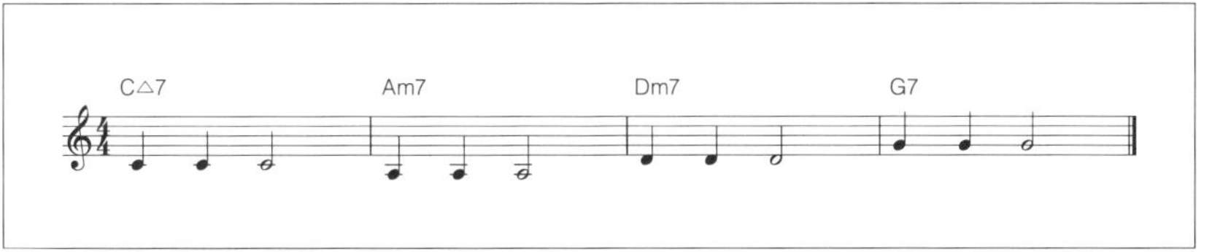

▲악보 예③ 코드의 루트를 쫓아간다.

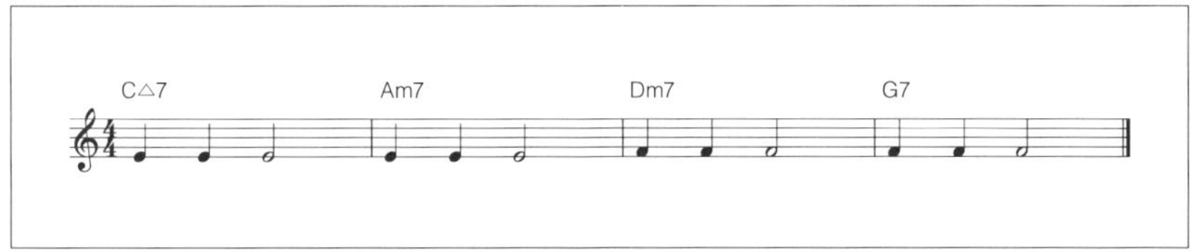

▲악보 예④ 3rd에서 시작하며 멜로디의 움직임이 거의 없다.

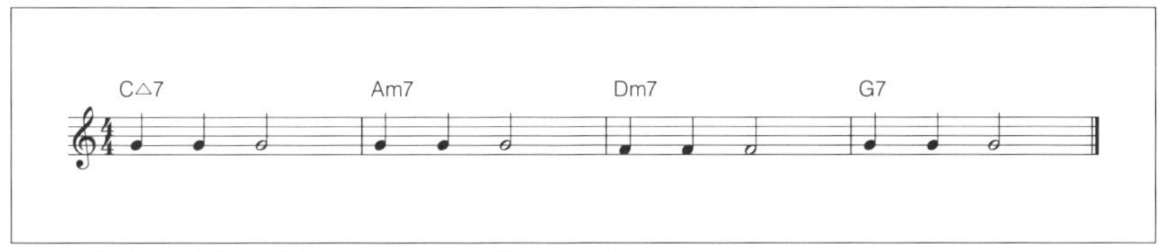

▲악보 예⑤ 5th에서 시작하며 멜로디의 움직임이 거의 없다.

한 곡으로는 안토니오 카를로스 조빔의 'One Note Samba'를 들 수 있다.

이처럼 명곡으로 만들어지는 경우도 있다. 작곡가가 되고 싶다면 조빔의 곡, 그 중에서도 'One Note Samba'를 반드시 들어봐야 한다.

멜로디의 움직임이 적으면 가사를 잘 들리게 할 수 있다. B멜로디 또는 후렴구에서 멜로디가 먼 인터벌을 포함해서 움직이기 시작할 때의 대비와 멜로디의 각색을 쉽게 표현할 수 있다.

코드 톤을 바탕으로 멜로디를 만들 때 루트(베이스)가 울리고 있다면 누구나 멜로디를 따라갈 수 있다. 따라서 매우 심플한 구성(화음악기가 없는 경우

등)의 어레인지를 가정한 경우에는 작곡을 쉽게 할 수 있다. TV 광고의 노래가 심플하게 들리면 멜로디와 코드가 어떤 관계를 이루고 있는지 체크해보기 바란다.

◀)) 음원 TRACK

18 코드 톤으로 멜로디를 만든다

♪1 3rd음으로 만든 멜로디
♪2 5th음으로 만든 멜로디
♪3 루트음으로 만든 멜로디
♪4 3rd음으로 시작
♪5 5th음으로 시작

⏩ 토닉으로 돌아오는 방법　　　　　　　　　　P108

멜로디를 울리게 하는 방법(아르페지오)
기승전결을 만든다

멜로디답게 만드는 포인트

1625(순환코드)진행에 아르페지오 멜로디를 붙여보자. 우선 인사이드의 루트음을 시작으로 아르페지오를 한 예다(**악보 예①/♪1**). 이것은 멜로디라기보다는 반주로 들린다.

다음은 **악보 예②(♪2)**다. 인사이드로 아르페지오를 하는 조건은 **악보 예①**과 같다. 하지만 조금 더 멜로디다워졌다. 이것은 처음 2소절을 같은 음과 같은 형태, 3소절째를 다른 음과 같은 형태로 전개시키고, 마지막의 G7만 다른 음과 반대 방향으로 진행을 해서 맨 처음의 도(C음)로 이끌어주는(리딩 노트) 시(B음)로 끝냈다. 이 다음에 C메이저가 와서 해결되는 예감을 느끼게 한다. 이것은 멜로디의 기승전결로 매우 알기 쉬운 형태다.

같은 조건에서 기승전결의 베리에이션을 주면 **악보 예③(♪3)**처럼 된다.

4소절째에서 G7인 레(D음)로 끝났다. 따라서 다음의 F메이저에서 멜로디가 미(E음)가 되면 좋은 흐름이 될 것 같다.

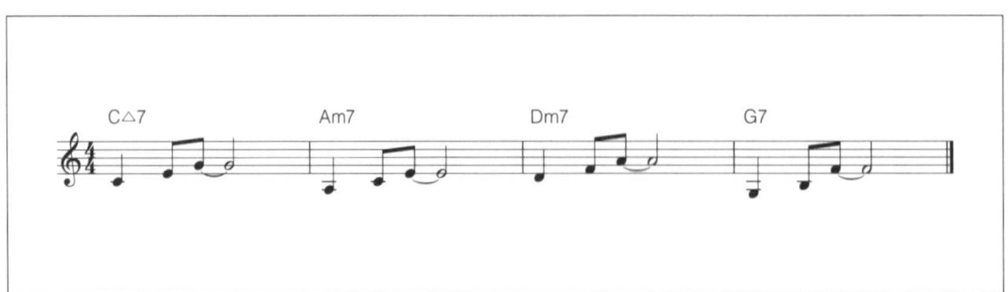

▲악보 예① 루트음으로 시작해서 멜로디를 아르페지오 시킨 예.

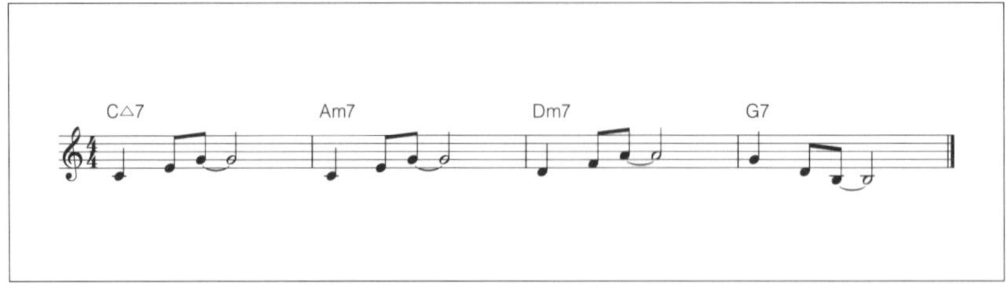

▲악보 예② 멜로디에 기승전결을 준 아르페지오.

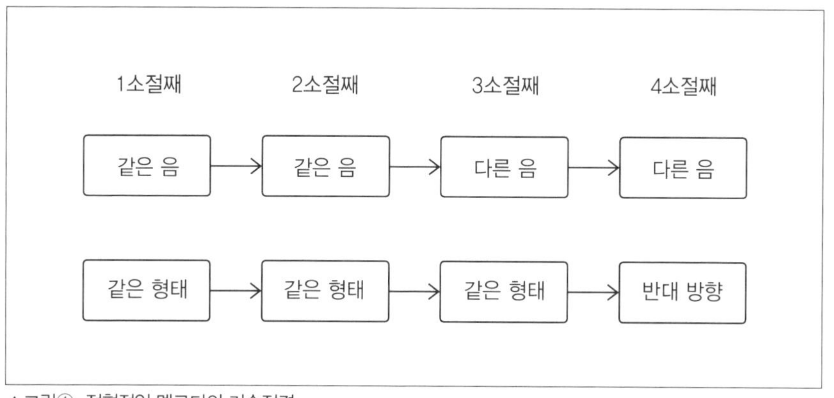

▲그림① 전형적인 멜로디의 기승전결.

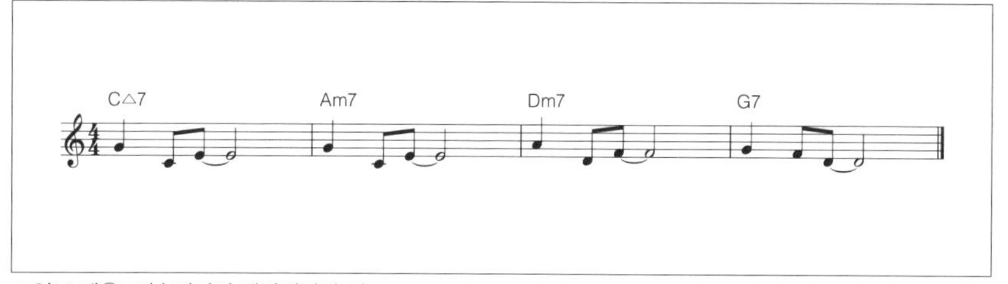

▲악보 예③ 기승전결의 베리에이션 예.

어떤 음을 선택하든 상하행에 의해 분위기가 달라 지면 멜로디다운 것이 멜로디가 아닌 것처럼 바뀐다.

이처럼 아르페지오를 사용해서 멜로디로 만든 타 입 중에서 유명한 곡으로 글렌 밀러 악단의 'In The Mood'(작곡: 조 갈란드)를 들 수 있다. 이 곡은 같은 형태의 반복으로 아르페지오가 아닌 멜로디로 만드 는 데 성공한 예다. 원곡은 Ab의 전형적인 블루스 진행이다. 직접 진행을 하면서 멜로디를 따라가보자.

◀)) 음원 TRACK

19 아르페지오로 멜로디를 만든다

♪1 루트음으로 시작
♪2 기승전결을 한다①
♪3 기승전결을 한다②

▶ 기성곡을 애널라이즈한다　　　　　　　*P132*

멜로디를 울리게 하는 방법(넌코드 톤)

코드 네임을 정하는 힌트

7가지의 넌코드 톤

이번에는 넌코드 톤(코드 톤 이외의 음)을 사용한 멜로디의 울림을 살펴보자. 우선, 넌코드 톤이란 무엇인가? 그 사용방법에는 7가지가 있으므로 하나하나씩 확인해보자.

ⓐ경과음(Passing Note/Passing Tone)
코드 톤에서 다른 코드 톤으로 경과할 때 넣는 음.

ⓑ보조음(Neighboring Tone, 상행은 Upper Neighbor, 하행은 Lower Neighbor)
코드 톤에서 2도 상행 또는 하행을 해서 원래 음으로 돌아가는 음.

ⓒ걸림음(Suspension)
진행하는 두 코드 사이에서 지속적으로 울리는 음.

ⓓ앞꾸밈음(Appoggiatura)
코드의 시작부분에서 울리는 넌코드 톤. 초보자가 코드를 붙이는데 고민하게 되는 이유 중 하나는 기음을 코드 톤으로 생각해서 코드를 찾기 때문이다.

ⓔ선취음(Anticipation)

이름처럼 다음 코드의 코드 톤을 먼저 끌어온 것이다. 걸림음과의 차이점은 선취음은 붙임줄로 이어지지 않고 코드가 바뀔 때 소리가 난다는 것이다.

ⓕ도피음(Escape Tone)
어떤 코드가 울리기 시작한 후에 코드의 구성음에서 2도 상하행해서 울리며, 다음 코드로 3도 역행해서 해결하는 넌코드 톤.

ⓖ보속음(Pedal Point/Organ Point)
넌코드 톤으로 보지 않는 경우도 있다. 개인적으로는 어느 쪽이든 상관이 없지만 코드 톤 이외의 음이다. 일반적으로 가장 낮은 음에 배치되는 긴 지속음을 말한다. 이것도 코드 네임을 찾을 때, 착각을 하게 되는 원인이 될 때가 있다.

그림①을 보면서 7가지의 음을 확인해보자(**악보 예 ①/TRACK20**). 들어보면 그리 특별한 것은 아니다. 많이 들을 수 있는 흐름이며, 기억해두면 코드 네임을 찾거나 정할 때 단서가 될 수 있다.

🔊 음원 TRACK

20 넌코드 톤의 사운드

▶ 기성곡을 애널라이즈한다   *P132*

▲악보 예① 각각을 연주해보고 울림을 확인해보자.

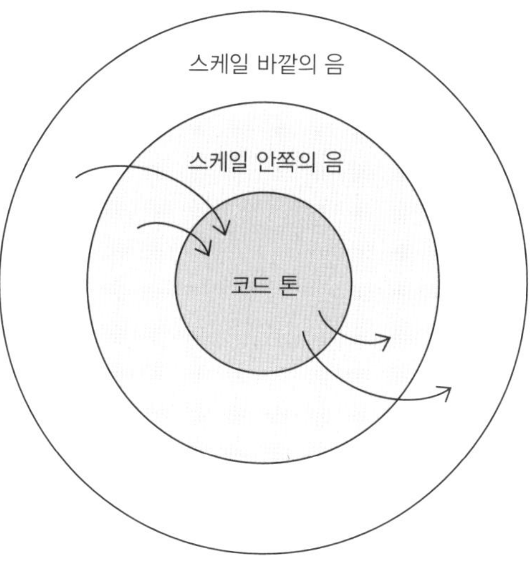

▲그림① 바깥으로 갈수록 불안정하다.

멜로디를 울리게 하는 방법(앞꾸밈음&보조음)

넌코드 톤으로 멜로디에 움직임을 주자

앞꾸밈음을 사용하는 방법

넌 코드톤의 멜로디가 코드진행 안에서 어떠한 사운드가 되는지 확인해보자.

악보 예①(♪1)의 넌 코드톤은 앞꾸밈음이다. 앞꾸밈음은 이렇게 길게 울리게 해서 코드 톤으로 돌아가는 것이 효과적이다. 코드 톤으로 돌아온 순간에 잠시 차분해진 느낌이 든다. 이 느낌이 멜로디의 미묘한 기복이 된다. 맨 처음 레(D음)는 9th에 해당하므로 코드 네임을 'C△9'으로 쓴다고 생각할 수 있다. 하지만 이 경우는 C△7으로 하겠다. 코드로 음을 거의 설명하지 않고 스페이스를 만들어두고 멜로디 안에 넌 코드톤의 음을 앞꾸밈음으로 사용하는 것이 좋다. 물론 C△9도 틀린 것은 아니다.

악보 예②(♪2)는 팝스에서 자주 들을 수 있는 직설적인 앞꾸밈음의 사용방법이다. 이렇게 음수가 많으면 가사를 올리기도 쉽다.

보조음의 주의점

보조음은 코드 톤 주위를 위아래로 꿰매는 느낌이다

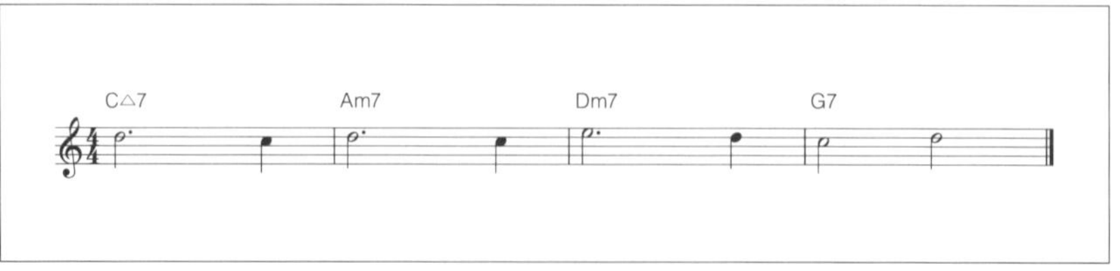

▲악보 예① 앞꾸밈음은 길게.

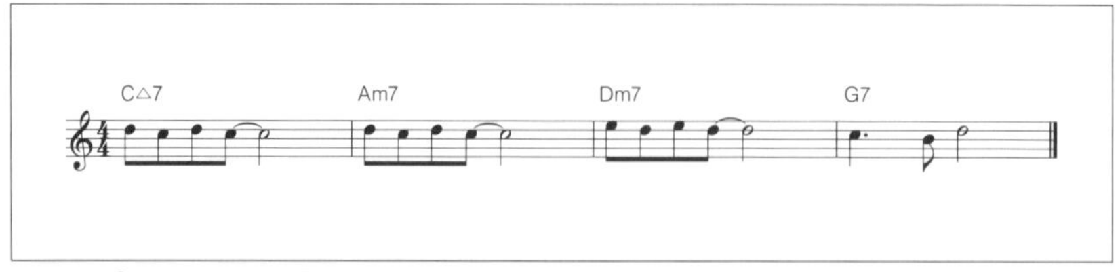

▲악보 예② 팝스에 많이 사용되는 앞꾸밈음의 예.

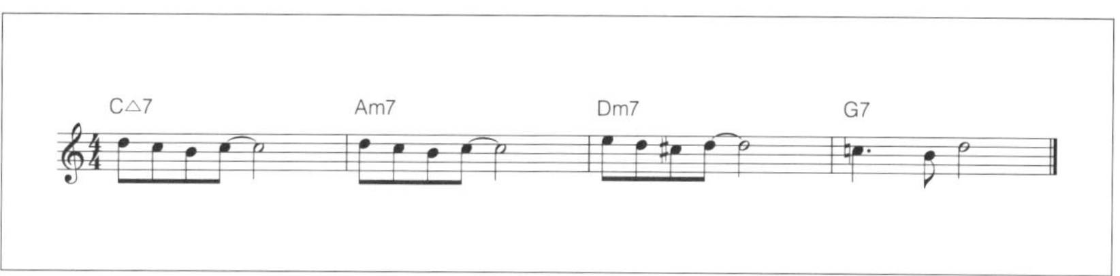

▲악보 예③ 보조음의 사용 패턴.

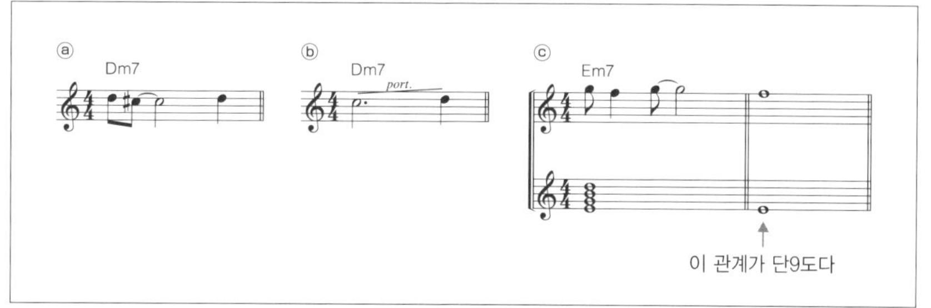

▲악보 예④ 이런 경우에는 주의하자.

(악보 예③/♪3).

여기서 주목할 부분이 3소절째다. Dm7에서 도#(C#음)이 나온다. 이 도는 내추럴도 좋고 샤프해도 좋다. 이와 같은 음의 선택방법도 작곡가의 센스다. 다음은 보조음을 사용할 때의 주의점에 대해서 설명하겠다.

■도#이 2분음표 등의 긴 듀레이션으로 지속되면 사운드가 탁해진다(악보 예④ⓐ). 따라서 짧게 울리고 코드 톤으로 돌아가는 것이 좋다.

■C#이 길게 울려도 노래 또는 관악기로 포르타멘토를 걸면 OK(악보 예④ⓑ)다!

■하행형의 보조음에서 악보 예④ⓒ와 같은 예는 까

다롭다. 악보를 봐서는 문제가 없는 것 같다. 하지만 잘 보면 코드 톤(Em7의 루트 미(E음))과 넌코드 톤의 멜로디 노트(파(F음))의 인터벌이 ♭9(단9도)이다. 이것이 너무 부각되면 좋지 않다.

코드 톤에 넌코드 톤을 더해서 멜로디를 만들면 '움직임'이 생기는 느낌을 알 수 있을 것이다. 여기에 다양한 리듬을 더하면 멜로디의 폭은 더욱 넓어진다.

◀)) 음원 TRACK

21 넌코드 톤으로 멜로디를 만든다

♪1 앞꾸밈음의 효과적인 사용방법
♪2 팝스에서의 앞꾸밈음
♪3 보조음

▶▶ 멜로디를 울리게 하는 방법(넌코드 톤)　　　*P070*

멜로디를 울리게 하는 방법(sus4)
머리로 생각하기보다 체험으로 익히자

기본을 응용한다

sus4는 **악보 예①**(TRACK22♪1)과 같은 사용방법을 자주 들을 수 있다. G7(G메이저도 마찬가지)의 구성음에 대해서 도(C음)는 넌코드 톤의 음이다. 하지만 이것을 앞꾸밈음으로 취급하지 않고 sus4로 사용하는 것이 일반적이며 대표적인 방법이다.

4th를 경과음 또는 보조음으로서가 아니라 긴 음의 멜로디로 취급하고 싶다면 멜로디 뒤의 코드를 sus4로 해서 더욱 사운드를 중요시하는 패턴으로 다룰 수 있다.

C메이저 키에서 생각하면 G7 이외의 다이어토닉 코드에서도 같은 것이 가능하다. 예를 들어 Am와 Dm에서도 4번째의 음을 강조할 수 있다(**악보 예②**/♪2). 이것을 곡의 마지막뿐만 아니라 코드진행에 응용하면 **악보 예③**(♪3)과 같은 흐름을 만들 수 있다. **악보 예③**은 '1625(순환코드)진행'에 적용된 예이며 간주와 엔딩에서 후렴구 코드진행의 베리에이션을 만들 때에도 사용할 수 있다.

걸림음(Suspension)으로 만든다

이밖에도 sus4를 걸림음(Suspension)으로 사용해서 **악보 예④**처럼 연결할 수도 있다(TRACK23♪1). 2~3소절째에 걸친 걸림음 시(B음)는 3소절째의 F(#11)인 파(F음)에서 보았을 때 #4다. 즉, #11이다. 더욱 응용하면 **악보 예⑤**처럼 할 수도 있다(♪2). **악보 예④**의 #11th를 반음 내리고, E7sus4의 4th인 라(A음)도 반음 내려서 E메이저로 연결하면 맨 처음의 걸림음 도(C음/1~2소절째에 걸쳐서)에서 마지막의 솔#(G#)까지 반음씩 내려가는 멜로디의 움직임을 만들 수 있다.

이러한 것은 기능적인 면을 생각하면서 연주하면 찾을 수 있으므로 평소에도 다양한 시도를 해보자.

🔊 음원 TRACK

22 **sus4로 멜로디를 만든다**

♪1 대표적인 진행
♪2 C메이저 키에서의 사용 예
♪3 1625 진행에서의 sus4

23 **걸림음으로 한다**

♪1 기본적인 사용 예
♪2 응용적인 사용 예

⏩ 멜로디를 울리게 하는 방법(넌코드 톤)　　　*P070*

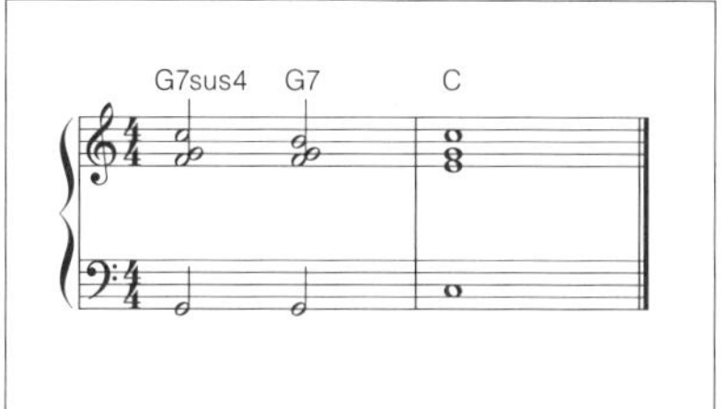

▲악보 예① sus4의 대표적인 사용방법.

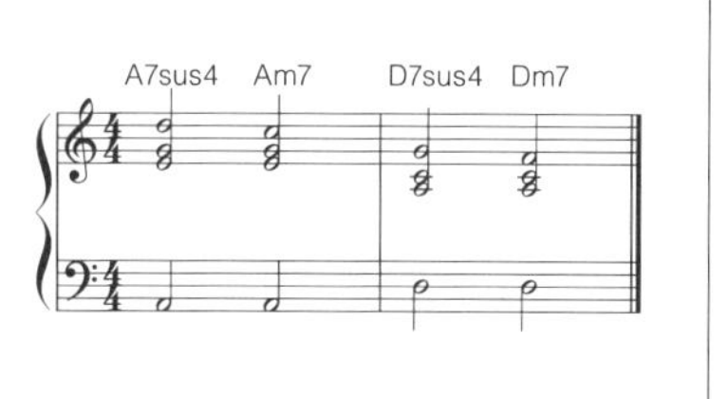

▲악보 예② Am와 Dm의 4번째 음을 강조한다.

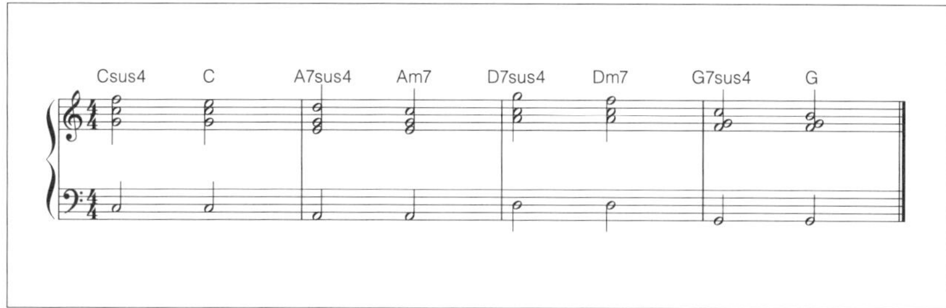

▲악보 예③ 간주와 엔딩에도 사용할 수 있다.

▲악보 예④ 걸림음으로서의 sus4.

▲악보 예⑤ 반음씩 내려가는 멜로디를 만들 수 있다.

모드 연습(믹솔리디안①)

록에서 자주 사용된다

모드는 C를 출발점으로 생각한다

모드(선법)에는 일반적으로 처치 모드(교회선법)라 불리는 아이오니안, 도리안, 프리지안, 리디안, 믹솔리디안, 에올리안, 로크리안의 7가지 스케일이 있다.

'모드'는 **악보 예①**과 같은 악보로 설명할 수 있다. 모드는 C를 기준으로 생각하지 않으면 스케일 간의 차이를 알기 힘들다. **악보 예②**를 보기 바란다. 이것은 C로 시작하는 믹솔리디안이다. 록에 자주 나오는 믹솔리디안부터 살펴보자. 여러분이 잘 알고 있는 C 아이오니안(도레미파솔라시도)과의 차이는 시가 플랫되었다는 것뿐이다.

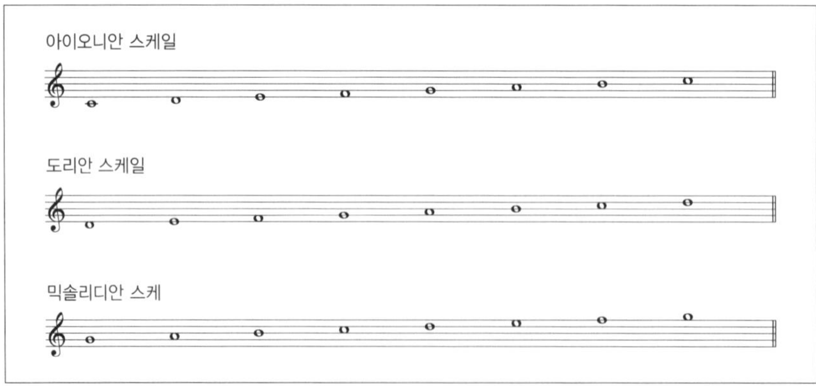

▲악보 예① 모드 설명의 흔한 예.

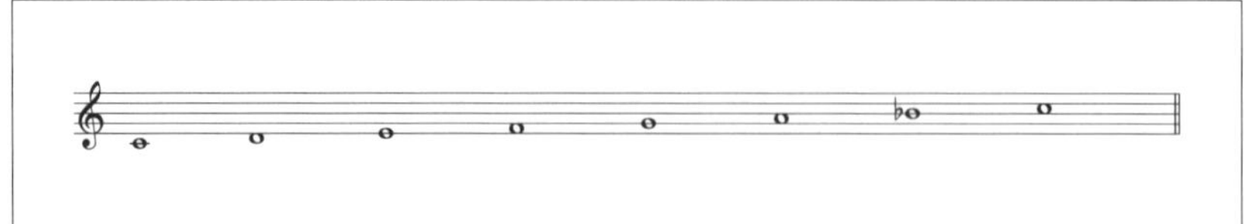

▲악보 예② C믹솔리디안 스케일.

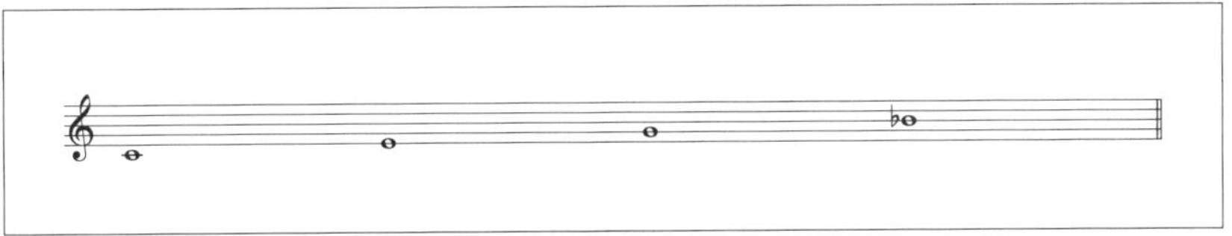

▲악보 예③ 'Tomorrow Never Knows'의 멜로디 음.

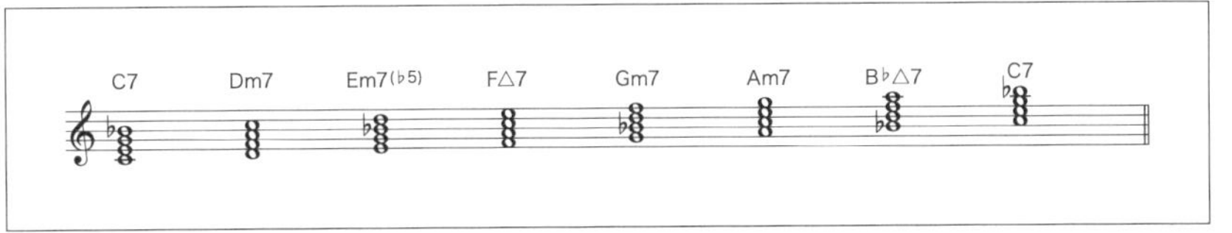

▲악보 예④ C믹솔리디안의 다이어토닉 코드를 확인해보자.

비틀즈의 곡으로 믹솔리디안을 알아보자

믹솔리디안의 대표곡 중에서 60년대의 비틀즈는 좋은 예다. 'Tomorrow Never Knows'로 설명하겠다. 시작부분의 시타르가 도(C음)에서 시작한다. 베이스가 도를 연주하지만 시♭(B♭음)과 조합되어있으므로 Cm 또는 C7이다. 두. 가지 모두 조금 어두운 분위기다. **악보 예③**에 멜로디 음을 정리해놓았다. 음은 4개만 사용되었다. 이것은 C7 그 자체다. 도중에 코드가 B♭→C로 움직이는 부분이 있다. **악보 예④**(TRACK24)의 C믹솔리디안 다이어토닉을 보면 B♭ 메이저가 있으며, 역시 스케일 안의 음만으로 구성되어있다. 리버스된 기타 솔로에서 사용하는 음에는 레(D음), 파(F음)도 있지만, 이것들도 모두 C믹솔리디안 안에 들어있다. 일반적인 팝스와 록에서는 C7 코드에

서 C마이너 펜타토닉을 사용하는 경우도 있다. 하지만 이 기타 솔로에는 단3도(미♭(E♭음)가 전혀 없다. 그것은 C믹솔리디안을 의식하고 연주했기 때문이다.

사실은 끝날 때에도 오른쪽에서 EQ를 상당히 사용한 업라이트 피아노가 들리므로 확인해보기 바란다. 사이키델릭에는 이런 숨겨진 맛도 필요하다.

이와 같이 코드진행이 없는 곡을 레코딩 현장과 뮤지션 사이에서는 '한 방'이라고도 한다. '기타 솔로는 C7 한 방이야'라는 식으로 말한다.

🔊 음원 **TRACK**

24 **C믹솔리디안의 다이어토닉 사운드**

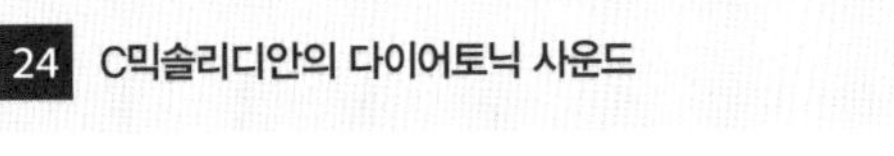

⏩ 반드시 들어보자!(비틀즈)　　　　　　　　　　　*P024*

모드 연습(믹솔리디안②)

코드진행 중에 사용하는 방법

C메이저로 생각해본다

푸 파이터스의 곡을 예로 들어 믹솔리디안을 살펴보자. 이 곡은 비틀즈의 'Tomorrow Never Knows'와 달리 코드진행이 있는 경우의 믹솔리디안의 예다. 믹솔리디안에 익숙해지면 듣기만 해도 판단을 할 수 있게 된다. 이를 위해서라도 곡을 카피할 때에는 코드진행을 써보고 반드시 그 구조를 확인하도록 하자.

악보 예①은 이 곡 A멜로디의 코드진행을 알기 쉽게 C메이저로 다시 쓴 것이다. 원곡은 D메이저다. 주의할 점은 2번째 Gm다. 일반적인 C메이저 곡의 경우는 G 또는 G7이 오지만, 여기는 Gm이다. 76페이지의 '믹솔리디안을' 다시 한 번 보자. 시(B음)음이 플랫되어있다. 그래서 '솔(G음), 시b(Bb음), 레(D음)'로 Gm가 되는 것이다.

다른 코드도 찾아보자. 모두 C믹솔리디안 안에 있다. 참고로 C믹솔리디안으로 곡을 쓰려고 해도 그것만으로는 현대에는 특별할 것이 없다. 믹솔리디안에서 한 발도 벗어나지 않는다는 것은 아이오니안에서도 한 발도 벗어나지 않는 것과 같은 가치관이다.

이 곡의 도중에 Gm가 G7sus4가 되는 부분이 있다(원곡의 키로 봤을 때 Am가 A7sus4가 되는 부분). 이와 같이 코드를 살짝 바꿔서 다른 모드를 오가는 것도 좋다. 다만 한 곡 안에 너무 다양한 수법을 넣으

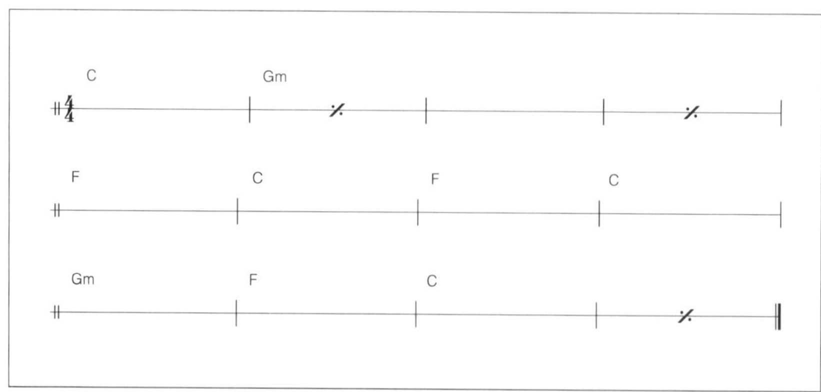

▲악보 예① A멜로디의 코드진행(key of C).

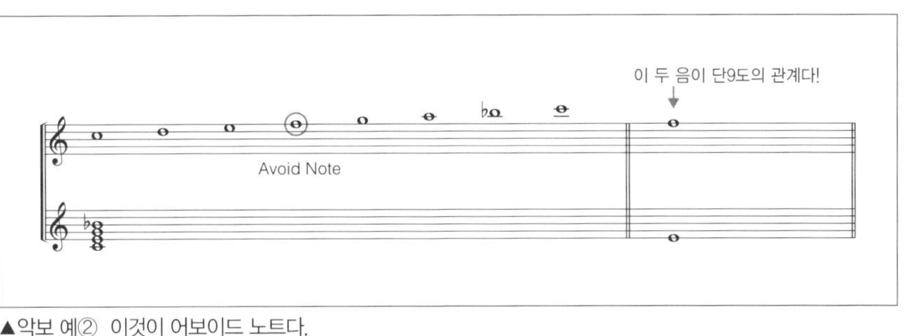

▲악보 예② 이것이 어보이드 노트다.

면 '믹솔리디안 분위기'가 약해질 수 있다.

어보이드 노트

푸 파이터스의 유명한 곡과 키, 코드진행이 모두 같은 곡이 있다. 레드 제플린의 보컬 로버트 플랜트와 블루그래스 가수 앨리슨 크라우스의 콜라보레이션 곡 중 하나다. 이것은 키, 코드진행, 모드수법도 모두 같음에도 완전히 다른 곡을 만들 때 좋은 참고가 될 것이다.

모드로 곡을 만드는 경우에 주의할 점이 하나있다. 각 모드의 스케일에는 어보이드 노트(Avoid Note)라 불리는 음이 있다. 어보이드는 '피한다'는 의미로 '이 음은 피하세요'라는 뜻이다. 결론부터 말하면 C믹솔리디안의 어보이드 노트는 4번째의 파(F음)(**악보 예② 왼쪽**/TRACK25)다. 이것이 왜? 어보이드 노트인

지 생각해보자. C7의 코드 톤에 포함된 미(E음)가 파와 함께 울리면 단2도의 반음으로 충돌한다. C△7에서도 시(B음)와 도(C음)를 이웃해서 보이싱하는 경우가 있기 때문에 이 반음 충돌이 안 되는 것은 아니다. 파를 1옥타브 올리면 코드 톤 E음과의 관계는 단9도가 된다(**악보 예② 오른쪽**/TRACK25). C7과 **악보 예②** 오른쪽의 파를 연주하면 파악이 어려울 수 있으므로 미와 파만 연주해서 들어보자. 물론 애드리브의 경과음으로 파를 통과하는 경우는 많다. 하지만 멜로디 음으로는 선택하지 않는 것이 좋다는 룰이다.

🔊 음원 TRACK

25 **어보이드 노트의 예**

⏩ 모드 연습(믹솔리디안①) *P076*

펜타토닉

5음만 사용하는 스케일

사용방법에 따라 멋지게 만들 수 있다

펜타토닉의 펜타는 펜타곤과 같은 의미로 '5개'라는 의미다. 우리가 평소에 '펜타를 사용해서~'라는 펜타토닉은 **악보 예①ⓐ**다. 하지만 본래는 '5가지 음의 조합'이라는 의미이므로 **악보 예①ⓑ**와 같은 일본의 전통 스케일도 넓은 의미에서는 펜타토닉 스케일이다 (TRACK26).

펜타토닉을 유치하다고 생각하는 사람도 있다. 동요 중에는 펜타토닉으로 만들어진 것도 많다. 펜타토닉은 동요와 민요는 물론 록에서도 많이 사용된다. 예를 들어 영국의 록 밴드 오아시스도 펜타토닉 멜로디를 자주 사용했다. 중요한 것은 사용방법과 악보에는 표기될 수 없는 창법이다.

마이너 펜타토닉과 블루스 스케일

록과 펜타토닉, 특히 마이너 펜타토닉은 뗄래야 뗄 수 없는 관계다. 그리고 그 뿌리는 블루스에 있다. **악보 예②(TRACK27)**를 보면 마이너 펜타토닉과 블루스 스케일이 한 음만 다르다는 것을 알 수 있다.

블루스 진행의 처음 코드인 Ⅰ7에서도 마이너 펜타토닉을 사용한 프레이즈를 많이 찾아 볼 수 있다. Ⅰ7은 코드 톤에 장3도를 가지고 있으므로 오선악보로 생각하면 마이너 펜타토닉의 단3도와 충돌할 것 같다. 하지만 능숙한 기타리스트와 색소폰 연주자의 연주를 잘 들어보면(특히 기타) 마이너 펜타토닉을 사용한 프레이즈라도 기타는 밴딩을 해서 단3도 이상, 장3도 이하의 미묘한 위치로 음을 가지고 간다.

이 음을 '반음의 반음'이라는 의미의 '쿼터 톤'이라

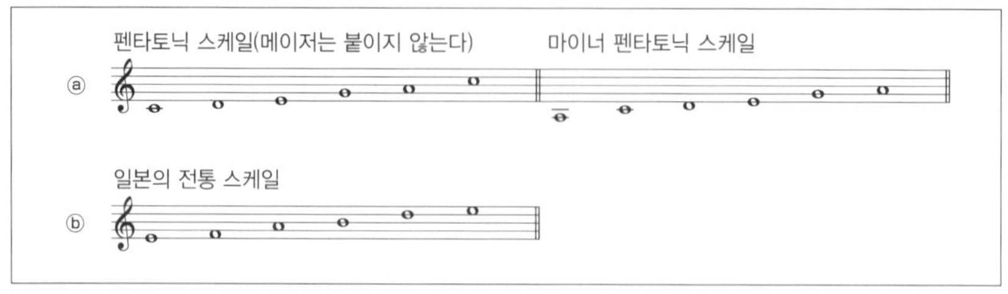

▲악보 예① 모두 '펜타토닉 스케일'이다.

▲악보 예② 파#(F#)만 다르다.

▲악보 예③ F펜타토닉을 사용한 프레이징의 예.

고 한다. 펜타토닉을 사용한 예 중에는 재즈의 애드 리브에서도 재미있는 아이디어가 많다.

　F펜타토닉을 사용한 프레이즈 예를 하나 소개한 다. **악보 예③ⓐ(TRACK28 ♪1)**는 Dm7과 Eb△7 에서 F펜타토닉을 사용한 예다. **악보 예③ⓑ(♪2)**의 Cm△7처럼 키가 무엇인지 알기 힘든 코드라도 F펜 타토닉으로 극복할 수 있다.

　펜타토닉은 조합의 묘미가 있으며 모드 스케일보다 사용법이 더욱 넓다.

◀)) 음원 TRACK

26 **펜타토닉 사운드**

27 **펜타토닉 스케일과 블루스 스케일**

28 **F펜타토닉 프레이징**
♪1　Dm7&Eb△7에서
♪2　Cm△7에서

▶▶　블루스에 대해서　　　　　　　　　*P112*

록은 마이너 펜타토닉으로

A마이너와 C메이저를 오간다

내추럴 마이너를 연주한다

3가지 마이너 스케일(**악보 예①(TRACK29**))은 작곡책의 숙명이라 할 수 있다. 일단은 외워두자.

영국 밴드 오아시스의 'Slide Away'를 들어보자. 이 것은 A마이너의 곡으로 도중에 렐러티브 키(Relative Key/평행조)인 C메이저로 전조한다. 하지만 마이너인 Ⅱm7(♭5)-Ⅴ7(투 파이브)는 어디에도 나오지 않는다 (도미넌트 역할을 하는 미(E음)가 나온다). 'Ⅱm7(♭5)' 는 상당히 까다롭다. 전형적인 '마이너 투 파이브'를 들어보면(**악보 예②/TRACK30**) 오아시스 정도의 어두움이 아닌 슬픈 느낌이 난다.

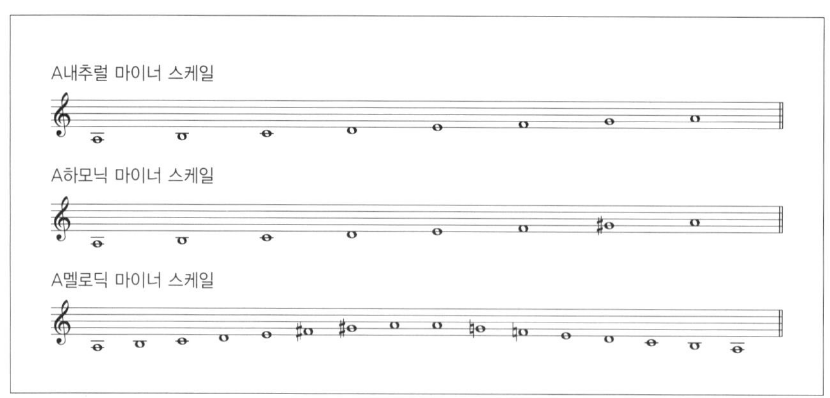

▲악보 예① 3가지 마이너 스케일을 기억하자!

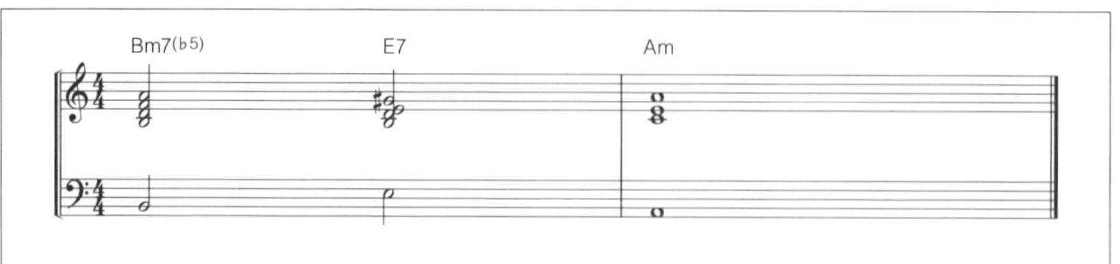

▲악보 예② 전형적인 마이너 투 파이브의 울림은 슬프다.

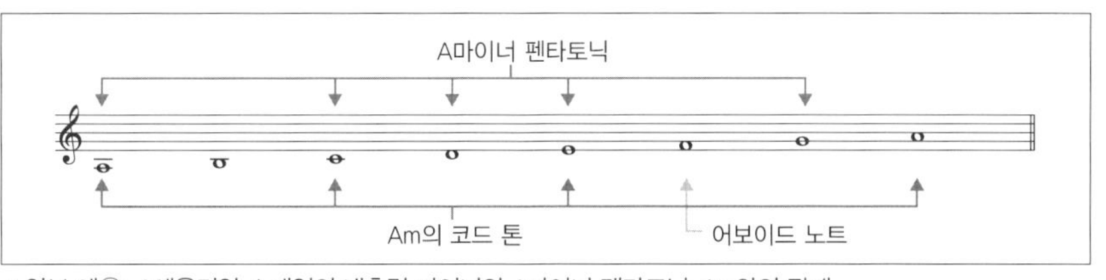

▲악보 예③ A에올리안 스케일의 내추럴 마이너와 A마이너 펜타토닉, Am와의 관계.

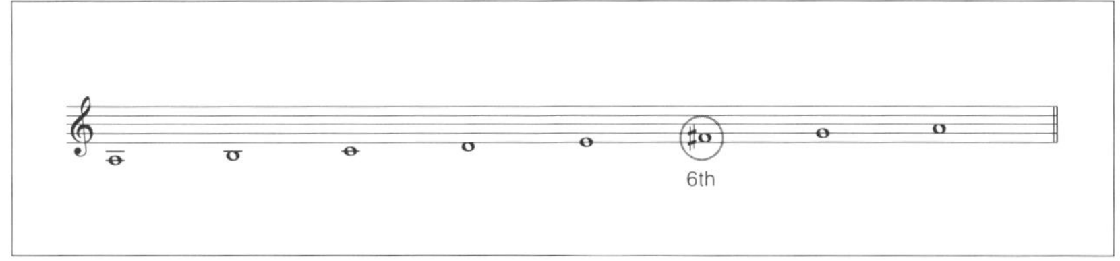

▲악보 예④ A도리안 스케일의 6th(파#)에 주목하자.

'Slide Away'는 내추럴 마이너를 사용한 마이너곡이다. 내추럴 마이너는 에올리안 스케일과 구성음이 같으며, A에올리안 스케일에도 어보이드 노트 파(F음)가 포함되어있다. 파는 Am의 코드 톤인 미와 반음 또는 단9도로 충돌하고 있다. 노래 멜로디는 연주해보면 알 수 있으며, 대부분은 A마이너 펜타토닉이다. 달리 말해서 Am의 어보이드 노트인 파를 사용하지 않았다는 것이다(악보 예③/TRACK31♪).

이처럼 록의 A마이너와 C메이저를 오가는 곡의 대부분은 마이너 펜타토닉을 사용한 경우가 많다. 그 이유는(이게 중요하다!) Am에 사용할 수 있는 A에올리안 이외의 마이너 스케일, A도리안으로 생각해보면 6th의 음은 파#(F#음)이다(악보 예④/♪2). Am의 코드 톤과는 반음으로 충돌하지 않게 되었지만, 이

번에는 Am7의 7th음인 솔(G음)과 충돌한다. 그러므로 이 6th 음은 A마이너 안에서 자리가 영 좋지 않다. 이런 이유로 스트레이트한 록에서 마이너 펜타토닉의 멜로디가 많은 것이다.

◀)) 음원 TRACK

29 3가지 마이너 스케일

30 마이너의 투 파이브 진행①

31 마이너 펜타토닉을 사용하는 이유
♪1 A에올리안 스케일
♪2 A도리안 스케일

▶▶ 금지된 방법(음의 충돌)   *P120*

하모닉 마이너를 사용하는 곳
마이너의 투 파이브에 주목하자

슬픈 느낌의 진행

하모닉 마이너 스케일에 대해서 생각해보자.

악보 예①의 A하모닉 마이너 스케일을 보기 바란다. 이 스케일의 솔#(G#음)은 다음 토닉인 라(A음)를 노래하기 쉽도록 반음 올라가있다는 설명을 많이 한다. 인터벌이 반음이므로 라를 향하는 리딩 톤(이끎음)이 되지만, 개인적으로 이 설명은 느낌이 오지 않는다. 따라서 나는 단순히 '마이너의 투 파이브 때에는 하모닉 마이너 스케일을 사용한다'고 기억한다.

마이너의 투 파이브를 악보로 확인해보자(**악보 예②/♪1**). E7의 3rd 코드 톤인 솔#이 리딩 톤이고 다음의 라로 해결된다. Ⅱm7(b5) 코드에는 트라이톤이 포함되어있다. 시(B음)와 파(F음)가 G7의 트라이톤과 같다(Bm7(b5)). 여기에 3도 아래의 솔(G음)을 더하면 G9(**악보 예③/♪2**)이다. 이 트라이톤 2개의 불안정함이 마이너 느낌을 더욱 강하게 만든다.

비장함을 표현하고 싶다면 마이너의 투 파이브 'Ⅱm7(b5)-Ⅴ7'는 유용하다. 심하게 슬프지 않으면서 오래된 포크송 분위기를 내고 싶다면 Ⅱm7(b5)를 사용하지 않고 Ⅴ7(E7)만 사용해서 토닉 마이너로 돌아오면 된다. Ⅰm-Ⅴ7(Am-E7)의 반복만으로도 이미 분위기나 나며, Ⅰm-Ⅳm-Ⅴ7-Ⅰm의 순환도 분위기가 그럴싸하다.

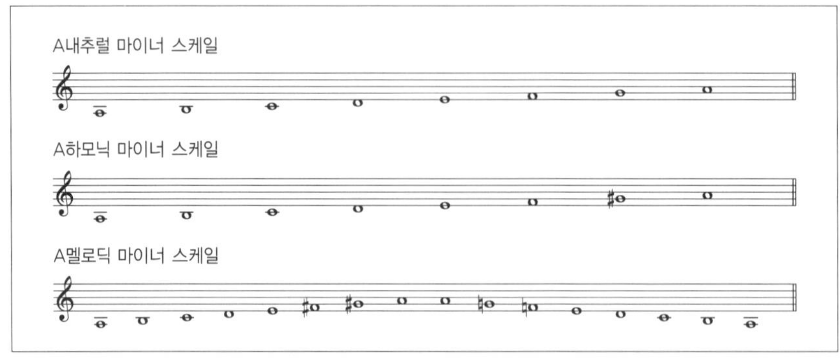

▲악보 예① 3대 마이너 스케일.

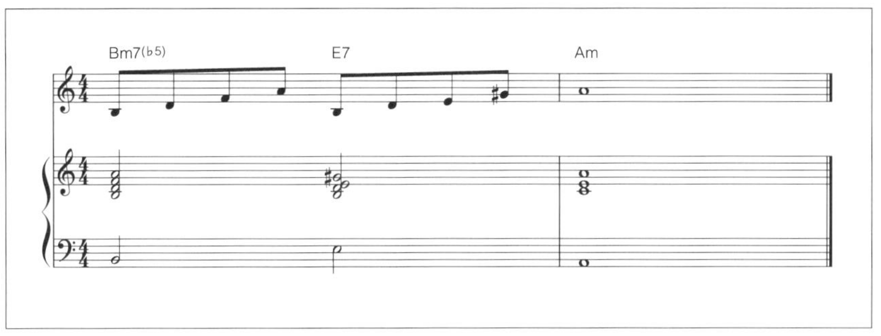

▲악보 예② 마이너의 투 파이브 진행을 확인한다.

A마이너 키의 정의

록의 마이너곡의 경우는 Ⅱm7(♭5)는 물론 Ⅴ7도 피하는 경우가 많다(Vm(Em)). 또한 내추럴 마이너 스케일의 다이어토닉 코드를 사용해서 만들어지는 곡이 많다.

　록의 마이너 곡을 소개하겠다. 실제로 들어보고 **악보 예③**의 분위기와 차이를 느껴보기 바란다(개인적인 취향으로 선곡을 했다).

■마돈나 'Into The Groove'

■반 헤일런 'Ain't Talkin' 'Bout Love'

■더 폴리스 'Spirits In The Material World'

　좀 더 과감하게 구분한다면 A마이너 키에서,

■E7(Ⅴ7)을 사용하는 가요와 재즈

■Em(Vm)를 사용하는 록/팝스

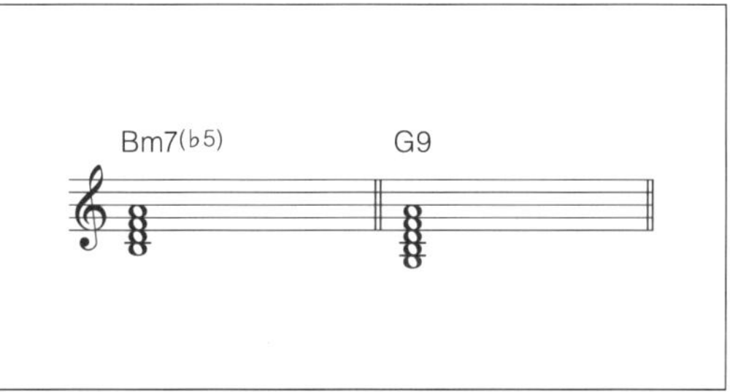

▲악보 예③ Bm7(♭5)+아래의 3도(솔)=G9이다.

　로 기억해도 될 것 같다. 많은 곡을 써보면 이와 같은 이론을 확인하지 않고도 귀가 코드과 스케일을 골라줄 것이다. 반복적으로 카피하고 곡을 쓰는 것이 이론을 외우는 것보다 빠른 방법이다.

◀)) 음원 TRACK

32 **넌코드 톤으로 멜로디를 만든다**

♪1　마이너의 투 파이브진행②

♪2　Bm7(♭5)과 G9의 사운드

▶▶　도미넌트 세븐스의 특성　　　　　　　　*P090*

로큰롤의 멜로디
포인트는 리듬과 그루브다!

반복해서 리듬을 만들어라

록의 멜로디는 가사의 운을 따라 리듬을 정리하는 것이 중요하다. 참고로 가사의 운을 따르는 것을 영어로는 라임(Rhyme)이라고 한다. 기본적으로 어미의 모음을 맞추고, 모음 이외에도 비슷한 울림의 단어를 선택한다. 이것은 서양음악의 경우, 대부분의 아티스트가 중요시하는 포인트이며, 록뿐만 아니라 팝스, 힙합에서는 더욱 중요하다.

'로큰롤'의 경우는 여기에 추가로 다른 요소도 중요하다. 이것은 멜로디의 리듬에 잔재주를 부리지 않고 무조건 앞으로 나아가는 느낌으로 작곡하는 것이다. 악보로 보면 그리 어려운 일은 아니며 오히려 간단하다. 계속 같은 노트를 연타하면 로큰롤 스타일이 대충 만들어진다.

예를 들어 **악보 예①**(TRACK33)과 같이 코드진행은 블루스 포맷의 12소절을 기본으로 하는 경우가 많다. 블루스도 그렇지만 이런 음악의 좋고 나쁨을 결정하는 것에는 사운드와 그루브의 요소가 강하다. 반복을 두려워하지 말고 리듬을 살려보자.

로큰롤은 이 곡을 들어보자

로큰롤에 관해서는 글로 설명할 것이 그다지 많지 않다. 로큰롤에 흥미가 없는 사람이라도 일단 한 번은 들어보기를 권하는 아티스트를 소개한다.

블루스, 로큰롤, 리듬&블루스(R&B) 모두가 록의 기본이다.

■척 베리 'Johnny B. Goode'
로큰롤은 역시 'Johnny B. Goode', 'Johnny B. Goode'라고 하면 척 베리다! 이 곡은 싱글로 히트했으며 현재는 다양한 베스트 음반에 수록되어 있다.

■엘비스 프레슬리 〈Elvis 30 #1 Hits〉
비틀즈도 엘비스를 동경했으며 음악적으로도 큰 영향을 받았다고 한다. 음악만으로는 엘비스의 매력을 100% 이해하기 어렵다. 영화도 꼭 보기 바란다.

■존 레논 〈Rock 'N' Roll〉
존 레논도 상당한 로큰롤러다.

나는 이 앨범도 정기적으로 듣고 있다(웃음). 존의 노래가 담고 있는 리듬, 그리고 존의 리듬 기타는 로큰롤 그 자체다. 이 앨범은 너무 잘 만들어져서 이에

▲악보 예① 블루스 진행에 올린 일반적인 로큰롤의 형태.

질투한 프로듀서 필 스펙터가 마스터 테이프를 가지고 도망간 이유로 발매가 늦어졌다는 일화가 있을 정도다.

■브루스 스프링스틴 'Born In The U.S.A'
80년대 이후의 미국을 대표하는 로큰롤러 중 하나다. 미국 음악업계에서 'Boss'라 불리기도 했다.
　번외로 영화 〈블루스 브라더스〉(1980년)도 추천한다. 이 영화에서는 로큰롤의 명곡들이 줄줄이 흘러나온다.

◀》 음원 TRACK

33　로큰롤의 멜로디

⏩　블루스에 대해서　　　　　　　　　　　　　*P112*

Q1 작곡을 시작하게 된 계기는?

A 고등학교 때에 TV에서 존 윌리엄스와 보스턴 팝스가 일본에서 함께 한 〈E.T.〉의 지휘 모습을 보고 머리에 벼락이 떨어진 듯한 충격을 받았습니다. TV를 보는 자리에서 부모님에게 앞으로 할 일을 정했다고 말했던 기억이 있습니다(웃음).

Q2 공들여 만든 곡이 NG가 되었을 때, 어떻게 기분 전환을 하나요?

A 저는 실망하기도 전에 발끈할 정도로 미숙합니다. 하지만 발끈한 후에는 슬픈 기분이 몇 시간 지속되기도 합니다. 그리고 다음날부터 새로운 마음으로 작곡을 합니다. NG가 된 곡은 '나중에 어딘가 쓸모가 있겠지'라며 '숨겨둔 아이'처럼 생각하면 기분이 나아집니다. 하지만 나중에 다시 들어보면 NG가 된 곡은 역시 NG의 요소를 가지고 있다는 것을 매번 깨닫습니다.

Q3 음악을 오래 하기 위한 좌우명이 있다면?

A 항상 즐겁게 작곡을 하는 마음을 가지려 하고 있습니다. 즐겁게 다양한 음악을 흡수하고, 즐겁게 음악을 만들고, NG가 된 곡도 즐겁게 다시 쓰려고 합니다. 즐겁게 노력하고 있지만 쓸데없는 노력은 가능한 하고 싶지 않습니다. 하지만 그 정도의 경지에 도달하려면 앞으로 50년 정도는 걸리지 않을까요

(웃음). 목표는 '항상 즐겁게'입니다.

Q4 곡에 자신감이 없을 때(슬럼프)에는 어떻게 극복하나요?

A 음악을 많이 듣거나, 며칠 동안 음악과 관계없는 일을 하거나 둘 중 하나입니다. 저에게 가장 역효과인 것은 슬럼프임에도 쉬지 않고 곡을 쓰거나 다른 음악을 들으면서 그 곡을 내 곡과 비교하는 것입니다. 남의 떡이 더 커 보이는 법이지요. 슬럼프 때에는 남의 떡이 큰 정도가 아니라 엄청 맛있고 후광까지 나오는 것처럼 보입니다.

Q5 초보자에게 해주실 말씀이 있다면.

A 좋아하는 음악을 많이 듣고 좋아하는 방법으로 써보고 시작하는 것이 좋습니다. 그리고 누가 뭐라고 하든 자신이 좋아하는 것을 소중히 여기시기 바랍니다. 처음에는 시야가 좁아도 좋습니다. 음악의 시야는 나중에 얼마든지 넓힐 수 있습니다. 즐겁게 노력합시다!

작곡가 10인 10색

– Q&A 로 알아보는 작곡가의 마음 –

PART 3

코드를 다루는 방법

멜로디를 먼저 만들 것인가? 코드를 먼저 만들 것인가? 아니면 상황에 따라 다른가? 어느 쪽이든 코드를 붙이는 것은 멜로디를 만드는 것처럼 중요하다. 코드를 붙이는 노하우가 늘어나면 그만큼 멜로디의 베리에이션도 늘어날 것이다. 포인트만 알고 있으면 코드는 얼마든지 다양하게 전개할 수 있다.

COMPOSITION
TECHNIQUE

39 → 52

도미넌트 세븐스의 특성

토닉 코드로 돌아가 불안감을 해소한다

트라이톤으로 안정되지는 않는다

기본적으로 코드진행만으로 키를 판별하기 위해서는 세븐스 코드를 찾으면 된다. 세븐스 코드의 특성은 '불안정함'이라서 어딘가로 가서 안정되려고 하기 때문이다. 안정되기 위해 가는 곳이 팝스/록의 경우 대부분 그 키의 토닉 코드다.

도미넌트 세븐스가 불안한 느낌을 내는 이유는 트라이톤을 포함하고 있기 때문이다. 트라이톤은 '3온음'이다. 건반으로 설명하면 파(F음)부터 시(B음)까지로 증4도와 감5도의 실제 울림은 같다. 세븐스에는 반드시 이 음정이 포함되어있다. 여기서 어떻게 안정이 되는가를 보자. 파는 미(E음), 시는 도(C음)로 반음만 이동하면 된다. 왼손으로 루트를 연주하면 G7→C가 되어 C메이저가 만들어진다(**악보 예①**/TRACK34). 그러므로 G7이 나오는 순간, 키는 이미 C메이저(또는 C마이너)인 것이다.

▲악보 예① G7을 발견했으면 C메이저 또는 C마이너라고 생각하자.

트라이톤을 포함하면 토닉으로

'서브스티튜트 도미넌트'인 D♭7도 파와 시의 트라이톤을 포함한 코드다. 각각의 음의 역할도 G7과는 다르다. 리딩 노트였던 G7의 3rd(시)는 D♭7에서는 7th의 음으로, G7의 7th노트였던 파는 D♭7에서는 3rd의 음이 되어 C의 메이저 3rd로 연결된다. 중요한 것은 C로 와서 안정이 된다는 것이다(**악보 예②**/TRACK35).

'같은 트라이톤인 파와 시를 포함하고 있으면 C메이저로 진행할 수 있다?'라고 눈치를 챘다면 당신은

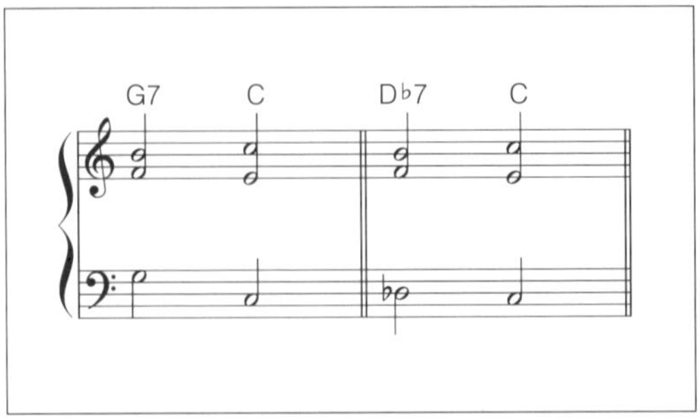

▲악보 예② G7과 D♭7도 C로 가서 안정된다.

▲악보 예③ 구성음이 모두 같다.

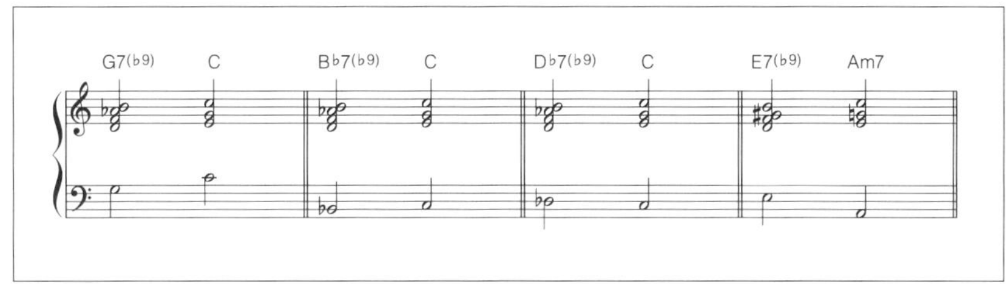

▲악보 예④ E7(♭9)은 Am로 돌아가는 경우가 많다.

똑똑하다. 건반에서 파와 시를 보면 가운데에 검은 건반인 라♭이 보일 것이다. 이 파와 시의 트라이톤이 Fdim와 같다.

디미니시 코드는 단3도로 굴리고 있으므로 Fdim7, A♭dim7, Bdim7 그리고 Ddim7도 마찬가지다. 각각 왼손으로 루트를 더하면 G7(♭9), B♭7(♭9), D♭7(♭9), E7(♭9)이 된다. 다시 한 번 말하지만 루트가 다를 뿐 구성음은 같다(**악보 예③/TRACK36**).

토닉C로 돌아가는 흐름은 **악보 예④(TRACK37)**와 같다. 이 중에서 E7(♭9)은 일반적으로 Am로 돌아가는 경우가 많으므로 C로 돌아가면 약간의 위화감이 생긴다. 다양한 마이너곡&마이너 코드진행을 연주해보면 'Bm7(♭5)→E7(♭9)→Am'의 케이던스는 마치 약속한 것처럼 등장한다. 따라서 E7(♭9)→C로 진행하는 곡은 보기 힘들다.

◀)) 음원 TRACK

▶ 5도권(사이클 오브 피프스)   *P032*

텐션을 세는 방법
보는 방식을 달리하면 간단하다

9th-11th-13th=2nd-4th-6th

텐션을 세는 방법을 익혀보자.

어제 겨우 기타의 F코드를 누를 수 있게 된 초보자에게 'b13th'는 '내일부터 인도로 출장을 가세요'라는 말을 듣는 것처럼 다른 문화권에 던져진 기분이 든다. 루트가 '1'이고 거기서부터 13번째에 플랫이 붙으면…. 숫자와 기호를 보면 먼 곳처럼 느껴진다. 하지만 악보로 천천히 설명하면 곧로 이해를 할 수 있을 것이다.

악보 예①을 보기 바란다. 1에서 시작했으며 숫자는 기본적으로 홀수뿐이다! 13th까지 전부 사용하더라도 후보가 될 수 있는 노트는 7개다. 이것으로 짐이 반으로 줄어들었다. 13th의 다음 3도 위는 한 바퀴 돌아서 루트로 돌아오므로 텐션은 최대 13th가 한계다.

더 쉽게 생각해보자. 메이저 세븐스와 마이너 세븐스까지는 그리 어렵지 않을 것이다. 그렇다면 7th까지 하나로 묶어서 생각해보자. 이것을 하나로 묶으면 산의 중턱까지 올라간 것이나 마찬가지다. 남은 것은 9th, 11th, 13th 이렇게 3개뿐이다. 이제 정상이 보이는 것 같다.

남은 3개가 위에 있으면 절벽처럼 보일 수 있으니 이 3개를 1옥타브 내려서 내려다보자. 이렇게 해보면 이전까지 G7의 한참 위에 있었던 텐션이 알고 보니 Am였다는 것을 알 수 있다(**악보 예②**). 1옥타브 내린 노트를 루트부터 세면 9th는 2nd, 11th는 4th, 13th는 6th와 같다. 9-11-13은 2-4-6과 같은 음이라는 것이다(사운드와 울림은 다르다. 일단 여기서는 외우는 방법에 집중하자). 어떤가? 그리 높은 산은 아닐 것이다.

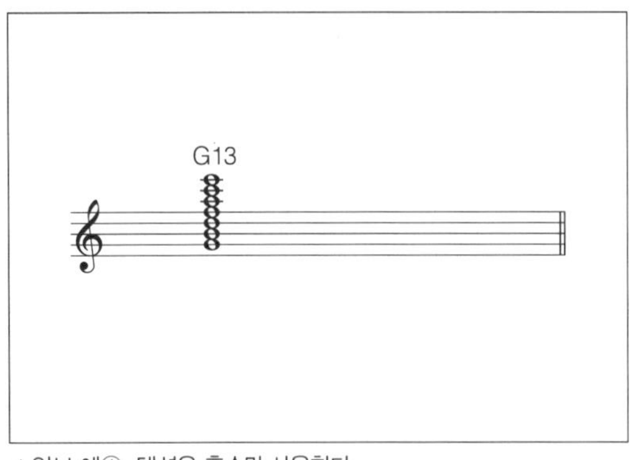

▲악보 예① 텐션은 홀수만 사용한다.

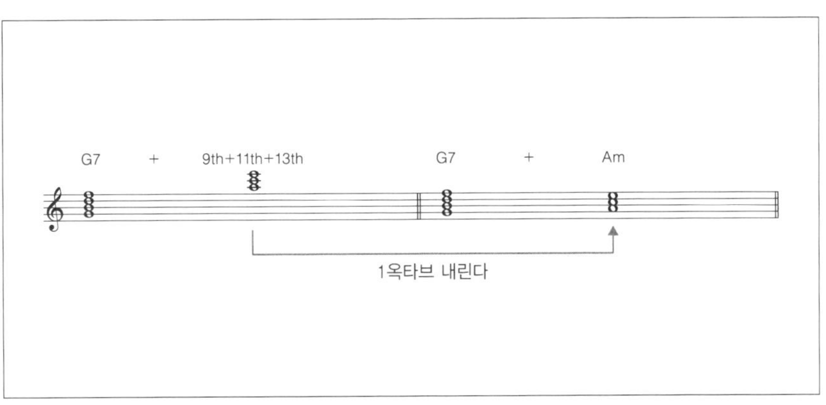

▲악보 예② 1옥타브를 내리면 Am가 된다.

얼터드 텐션은 4개

다음으로 힘들게 느껴지는 것이 '얼터드 텐션'이다. 이것은 플랫이나 샤프가 붙은 텐션이다. 이것도 **악보 예③**과 같은 코드 심볼을 보면 '더 이상은 안 될 것 같다. 난 틀렸어…'라고 생각할 수도 있다. 하지만 무한하게 있는 것은 아니므로 안심하기 바란다.

얼터드 텐션의 9th는 b9th와 #9th의 2가지, 11th는 #11th(플랫을 붙이면 3rd와 같은 음이 되므로 'b11th'는 없다), 13th는 b13th(샤프를 붙이면 7th와 같은 음이 된다)의 4개밖에 없다. 이것들이 조합되면 엄청난 수의 텐션 코드가 만들어진다고 생각할 수 있다(만들려고 하면 만들 수는 있다). 하지만 텐션 코드는 앞뒤 코드의 흐름(코드진행) 안에서 비로소

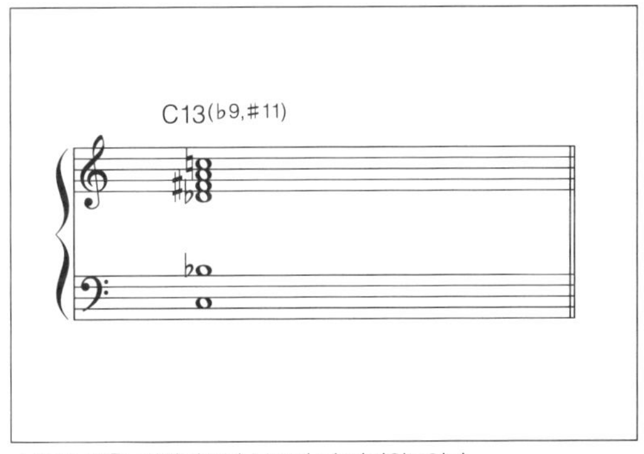

▲악보 예③ 변화기호가 붙으면 더 어려워보인다.

성립되므로 그렇게 어렵지는 않다. 텐션 코드만 따로 외우지 말고 코드진행과 세트로 외워놓으면 실제로 사용하기에 좋다.

▶▶ 코드가 아니라 코드진행　　　　　P106

텐션 9th
9th는 가장 사용하기 쉬운 텐션

텐션의 종류와 룰

텐션은 사전적으로 '긴장'이라는 의미로 코드에 텐션을 더하면 긴장된 분위기나 불안한 느낌을 줄 것이라고 생각할 수 있다. 그것도 틀리지는 않다. 예를 들어 '여기는 텐션을 강하게!'라는 주문은 스릴 있는 느낌, 불안감의 요소를 더하고 싶을 때 많이 사용한다. 지금부터 텐션에 대해서 상세히 해설하겠다. 여기서는 다이어토닉 코드+내추럴 텐션으로 살펴보기로 한다.

텐션은 크게 나눠서 2가지가 있다.

■내추럴 텐션
텐션의 숫자에 ♭, #이 붙지 않는다. C△9, Am11 등.

■얼터드 텐션
코드 네임에 #9 또는 ♭13이 붙는다. 약간의 '긴장감'이 필요한 때에 사용한다고 생각하면 된다.

텐션 표기에는 룰이 있다. Am9이라고 쓰인 경우의 코드 구성음에는 m7도 포함된다. 구성음은 낮은 쪽부터 라, 도, 미, 솔(m7), 시(m9)다. 마찬가지로 Am11은 Am9의 모든 음+레(11th)다.

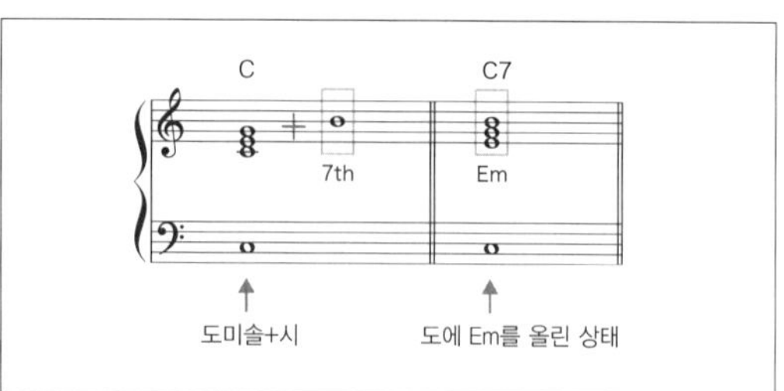

▲악보 예① C트라이어드에 7th인 시를 더하면 도에 Em(미, 솔, 시)를 올린 상태가 된다.

▲악보 예② 7th를 넣지 않고 9th만 추가한다.

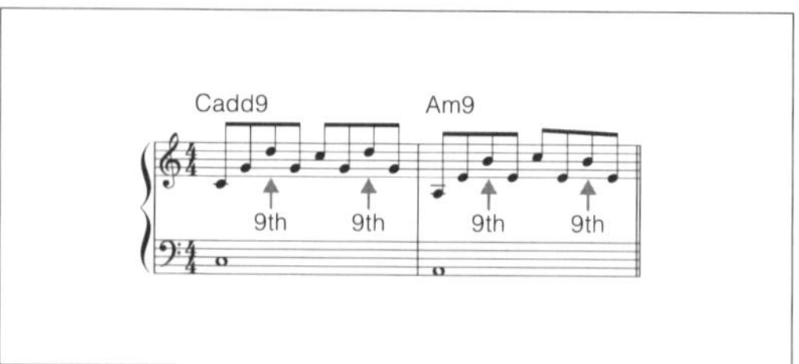

▲악보 예③ 5도를 2번 겹쳐서 9th를 만든다.

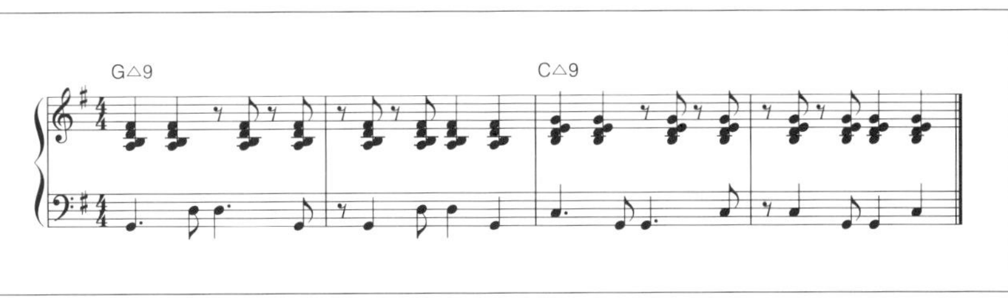

▲악보 예④ 흔히 볼 수 있는 마이너9th의 사용방법.

9th 텐션은 보사노바와 잘 맞는다

내추럴 텐션과 다이어토닉 코드의 사용방법을 살펴 보자. 7th는 최근 50년 동안 텐션으로 취급되지 않 으므로 이 책에서도 텐션으로 취급하지 않는다.

　우선 9th다. 이것은 메이저, 마이너, 도미넌트 등 어 디에나 들어가는 텐션이다. 음악 장르에 따라 다르겠 지만 7th보다도 사용하기 편하다. C트라이어드에 시 (B음)가 들어가면 메이저 세븐스가 되며, 여기에는 Em의 요소도 들어있다(**악보 예①**). 말로써 완벽하게 설명하기란 어렵고 각자 느끼기에 따라서 다르지만 일반적으로는 약간 그늘이 진 느낌이 든다. 이에 비 해 메이저9th는 밝은 상태를 유지하면서 약간은 달 콤한 느낌이 난다. 그래서 메이저9th를 사용하더라 도 **악보 예②**처럼 Cadd9 표기와 같이 많이 사용한 다. 참고로 보사노바에서 9th는 밥상에 김치 수준으 로 자주 사용된다.

　록 음악에 메이저 세븐스는 그다지 어울리지 않는 다. 키보드가 메이저 세븐스를 연주하면 다른 멤버가 황당해 할 것이므로 주의하자(웃음). 텐션이 있고 없 고는 좋은 음악인가 아닌가? 멋진 표현인가 아닌가? 와는 전혀 관계가 없으며 필요한 곳에 필요할 때 사 용하면 된다. 록 음악의 코드 네임이 C인 곳에 개성 을 주고 싶을 때에는 기타와 키보드 모두 9th를 잘 사용하면 독특한 사운드를 낼 수 있다.

　기타 리프의 9th 중에는 폴리스의 'Every Breath You Take'를 들 수 있다. 인트로의 기타 리프는 5도 를 2번 겹친 형태의 9th가 나온다(**악보 예③**). 코드 표기는 add9도 (9)도 상관없다.

　마이너9th는 보사노바의 코드진행에서 많이 사용 된다(**악보 예④/TRACK38**). 이것도 메이저9th와 마 찬가지로 부드러운 공기감을 낸다.

◀)) 음원 TRACK

38 **보사노바의 코드진행**

▶▶ 보사노바에서 배우는 아이디어　　　　　　*P154*

텐션11th
중후하고 어른스러운 분위기의 울림

11th는 재즈, 보사노바의 울림

11th는 마이너 계열, 마이너 계열의 텐션이라고 하면 11th. 일단은 이렇게 알아두자.

악보 예①(TRACK39 ♪1) 같은 다이어토닉의 움직임(C→Dm)에서 멜로디가 솔(G음)로 이어지는 경우에는 Dm7을 Dm11로 울리게 한다. 이밖에는 보사노바 계열의 코드 흐름으로 톱의 음을 스테이시켜서 **악보 예②**(♪2)와 같은 흐름을 만드는 패턴도 있다. 마이너11th 울림은 중후하고 어른스런 느낌을 낸다.

또 하나, 마이너11th를 사용한 예가 **악보 예③**(♪3)이다. 이것은 완전 재즈 계열의 코드 보이싱으로 재즈의 거장 마일즈 데이비스의 〈Kind Of Blue〉에서 사용된 유명한 울림이다. 코드 보이싱에 특허나 저작권은 없으므로 누구나 사용할 수 있다. 맨 처음의 Dm11을 아래부터 보면 4도+4도+4도다. **악보 예①**, **②**와는 별개로 피아니스트에게 이런 보이싱을 요청할 때에는 '재즈의 모드 계열 분위기로'라고 말하면 바로 전달이 될 것이다(아마도 그럴 것이다).

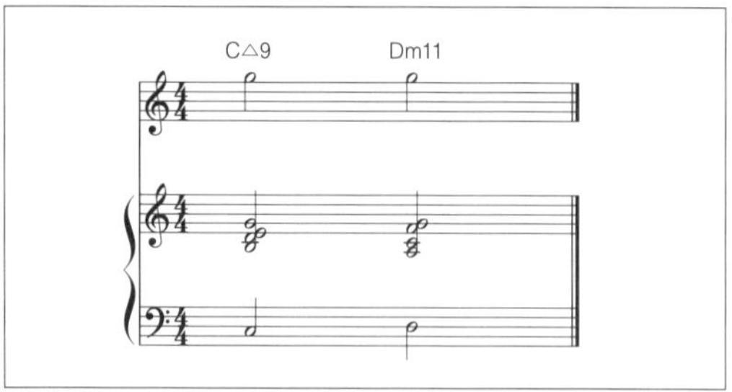

▲악보 예① Dm7이 아니라 Dm(11)를 연주한다.

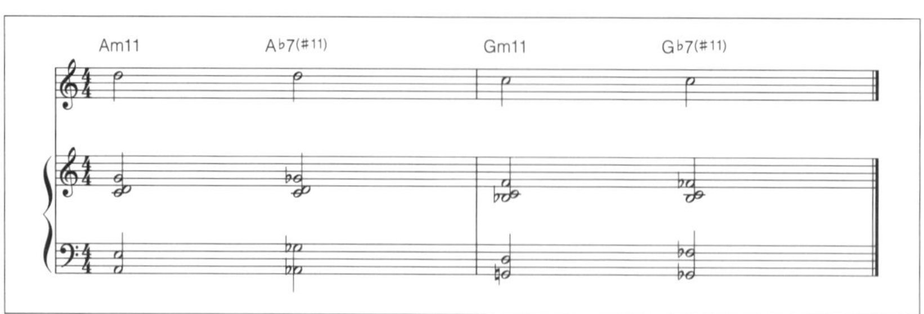

▲악보 예② 톱의 음을 스테이시키는 패턴.

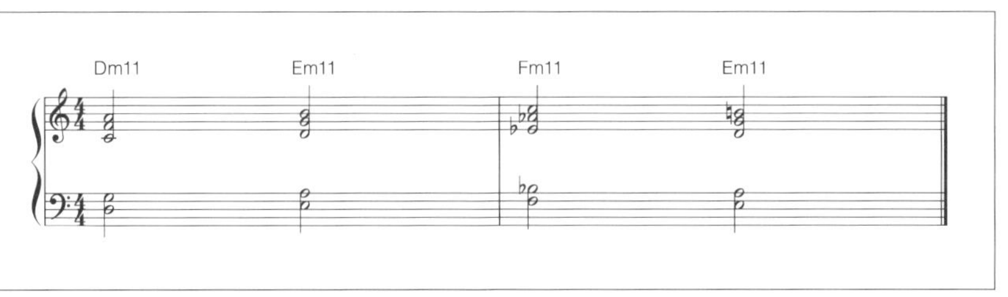

▲악보 예③ 4도+4도+4도의 재즈 계열 코드 보이싱.

▲악보 예④ 단9도는 울림이 좋지 않으므로 피하자.

▲악보 예⑤ #11th의 사용 예.

#11th는 메이저와 잘 어울린다

이번에는 메이저 계열의 코드 중 11th다. 일단은 '메이저의 11th는 #11th'라고 외워두자. 11th는 sus4와 같은 음이다. C△11이라고 쓰고 코드를 쌓으면 **악보 예④**처럼 되지만 잘 보면 3rd의 미(E음)와 11th의 파(F음)가 단9도의 관계가 되어 울림이 좋지 않다.

　#11th는 자연배음에도 포함되어있는 음으로(제11배음), 메이저와 잘 어울린다. 하지만 더 밝아진다는 의미는 아니다. 마이너11th와 마찬가지로 어두운 느낌까지는 아니지만, 조금은 중후하고 어른스런 분위기를 낸다. 개인적으로는 '비가 오는 분위기'로 표현하고 싶다(웃음). 3rd와의 음정관계가 보이싱에 따라서는 장2도의 인터벌이 되므로 주의가 필요하다. **악**보 예⑤(TRACK40)의 첫 번째 보이싱은 의식적으로 오른손을 4도로 겹쳤다. 두 번째는 3rd와 #11th를 2도로 충돌시켰다. 세 번째는 #11th와 5th를 단2도로 충돌시켰다.

◀)) 음원 TRACK

39 **마이너 계열의 11th**

♪1 다이어토닉의 움직임
♪2 보사노바 계열 코드 보이싱
♪3 재즈 계열 코드 보이싱

40 **메이저 계열의 11th**

▶ 재즈 스탠더드에서 배우는 아이디어　　　　*P152*

텐션13th

13th를 만드는 방법을 알아두자

6th와 구성음이 같다

내추럴13th는 6th와 같은 음이다. 따라서 울림은 '텐션=긴장감'의 이미지와는 거리가 멀다. 6th와 같으므로 C메이저 안에서 멜로디가 라(A음)인 경우에는 13th코드를 연주할 수 있다.

그렇다면 메이저 세븐스 계열의 13th부터 살펴보자(**악보 예①/TRACK41 ♪1**). 이 보이싱은 사용하기 매우 좋은 필수 보이싱이다. 외우는 방법도 간단하다. '3rd 음에서 위아래로 4도'로 외우면 된다(**악보 예② 상단/♪2**). 이렇게 간단히 메이저 세븐스의 13th를 외웠으면 도미넌트 세븐스 계열의 13th도 외워두자. 이것도 매우 간단하다. 7th를 반음 내리면 그것만으로 C7(13)이 완성된다. 그리고 톱인 13th(라의 음)

를 플랫시키면 C7(♭13)이 만들어진다(**악보 예② 하단/♪2**).

코드는 외우기 쉬운 패턴을 찾고 그것을 응용하면 의외로 쉽게 찾을 수 있다.

♭13는 투 파이브로 사용한다

♭13의 경우를 생각해보자. 팝스에서 가장 빈도가 높은 것이 마이너 키의 투 파이브다. 마이너 키의 기본적인 투 파이브의 진행은 **악보 예③(TRACK42)**과 같다.

악보 예③에서는 알기 쉽도록 G7과 Cm의 톱 노트를 같은 높이로 했다. G7의 ♭13과 Cm7의 3rd는 미

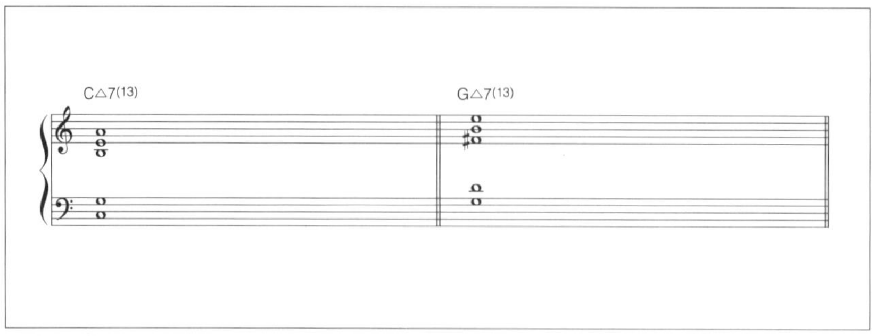

▲악보 예① 매우 쓸모 있는 13th의 보이싱 예.

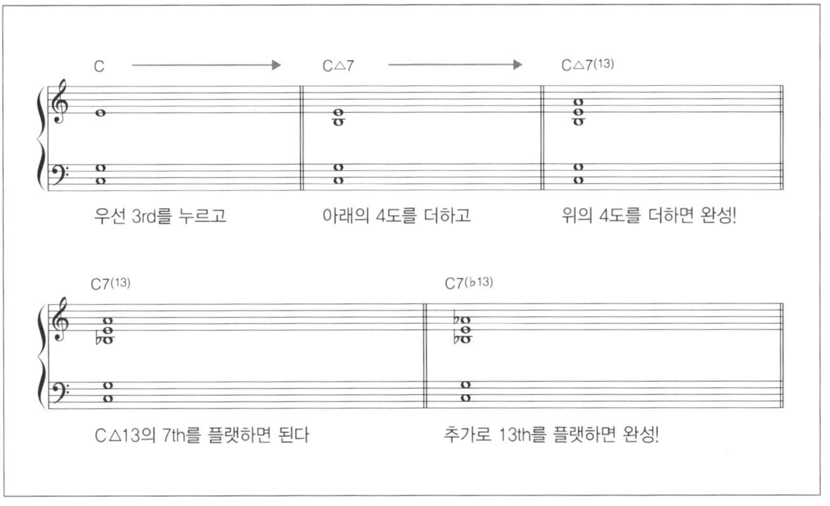

▲악보 예② 이 룰을 기억해두면 간단히 해결할 수 있다.

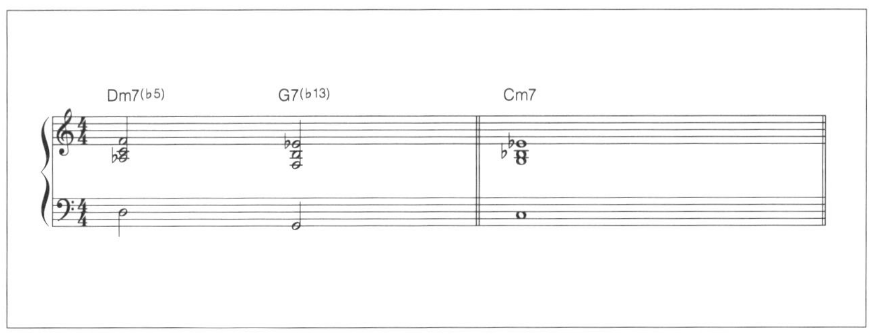

▲악보 예③ ♭13th를 사용한 투 파이브 진행.

b(E♭음)으로 흐름이 좋다. 이 진행을 도수로 나타내면 'Ⅱm7(♭5)→Ⅴ7(♭13)→Ⅰm7'이 된다.

이것은 메이저 키의 투 파이브와 마찬가지로 세트 판매 수준이다. Ⅱm7(♭5)가 코드진행 안에서 사용되었다면 마이너 키의 투 파이브로 생각하면 된다.

🔊 음원 TRACK

41 **내추럴 텐션의 13th**

♪1 메이저 세븐스 계열
♪2 도미넌트 세븐스 계열

42 **얼터드 텐션의 13th**

⏩ 토닉으로 돌아오는 방법　　　　　*P108*

도미넌트 계열의 텐션 코드

분수코드로 만들어보자

2단으로 생각한다

기타는 손가락이 알아서 코드를 눌러준다. 하지만 건반으로 텐션 코드를 누를 때에는 키에 따라서 머뭇거릴 때가 있다.

도미넌트 계열 세븐스 코드의 텐션 조합은 다양하다. 종종 'C7alt'로 쓰인 코드 네임을 볼 수 있다. 이것은 C7에 얼터드 계열 텐션을 추가해도 되는 것으로 연주자에게 맡긴다는 의미다. 음악적인 흐름에서는 멜로디와 좋지 않은 의미로 충돌할 가능성이 있기 때문에 애드리브 파트에 기재되는 경우가 많다.

텐션은 세븐스 코드+3이다. 따라서 코드 네임(그리고 건반을 누르는 방법)도 2단으로 기억해도 된다. 다만 내 경험상 이 기억방법은 기타리스트용이다. 건반 연주자 중에는 자신의 이미지와 다른 울림으로 생각하는 경우도 있으므로 주의해서 사용하기 바란다(웃음).

보기에도 깔끔하다

악보 예①(♪1)은 도미넌트 세븐스에 9th와 11th가 더해진 느낌이다. 이것을 같은 울림으로 간단히 쓰면 F/G가 된다. **악보 예②(♪2)**는 도미넌트 세븐스에 ♭9th와 13th를 더한 재즈에서 많이 사용하는 코드다. ♭9th는 A의 3rd로, 13은 A의 루트로, C7의 장3도를 A의 5th에 적용해서 심플한 분수코드로 만든 것이다. **악보 예③(♪3)**은 **악보 예②**에 #11이 더해진 C7(♭9, #11,13)으로 더욱 재지한 분위기의 사운드가 되었다. **악보 예④(♪4)**는 내추럴 텐션이 들어간 밝은 느낌의 C7(11,13)으로 이것은 분자를 메이저 세븐스로 하고 분모를 원래 코드의 루트로 했다. 11th를 넣을 때의 주의점은 장3도와 11th의 인터벌이 단9도로 되어있어 울림이 탁해지는 경우가 있다는 것이다. **악보 예④** 오른쪽의 분수 코드를 누를 때의 주의할 점은 왼손은 도(C음)만 누르고 장3도를 생략했다는 것이다.

◀》 음원 **TRACK**

43 **텐션 코드**

♪1　G7 $^{(9,11)}$ = F/G
♪2　C7 $^{(♭9,13)}$ = A/C7
♪3　C7 $^{(♭9,#11,13)}$ = F#m/C7
♪4　C7 $^{(11,13)}$ = B♭△7/C

▶▶　텐션을 세는 방법　　　　　　　　　*P092*

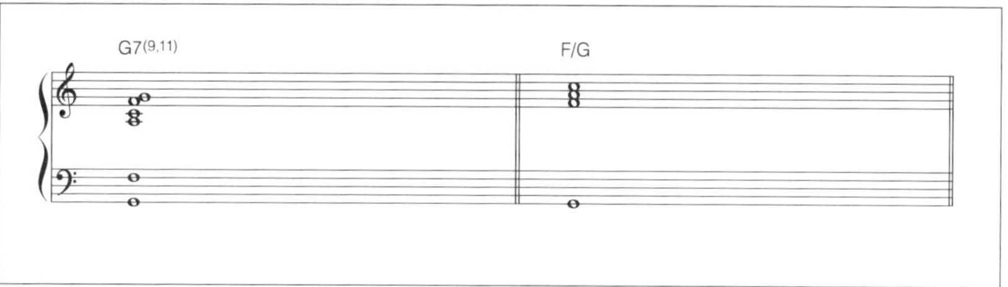

▲악보 예① G7(9,11)은 F/G로 바꿀 수 있다.

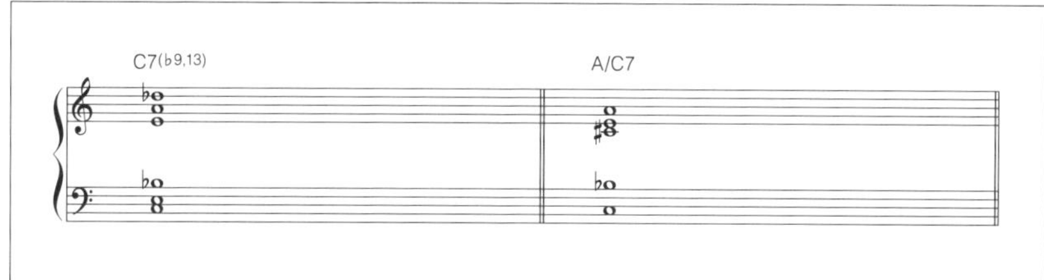

▲악보 예② 재즈에서 사용되는 C7(♭9,13)은 A/C7로 바꿀 수 있다.

▲악보 예③ 밤의 재즈 같은 울림의 C7(♭9, #11,13)은 F#m/C7으로 바꿀 수 있다.

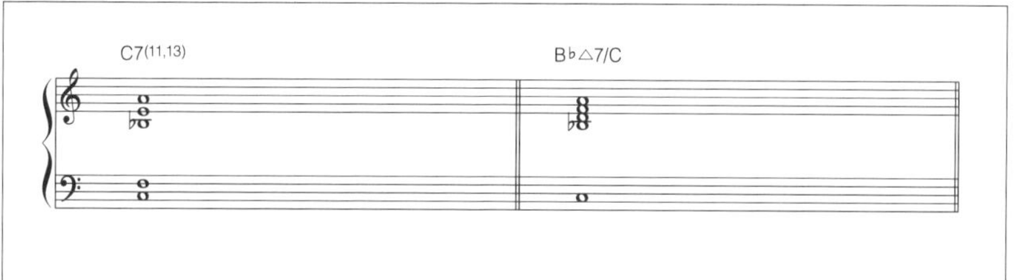

▲악보 예④ 밝은 울림의 C7(11,13)은 B♭△7/C로 바꿀 수 있다.

원 코드 진행

세밀한 부분에 신경을 쓸 필요가 있다

어보이드 노트를 생각한다

결론부터 말하면 코드를 진행시키지 않아도 곡은 쓸 수 있다.

예를 들어 유명한 곡 중에서 더 비틀즈의 'Tomorrow Never Knows'를 들 수 있다. 이 곡은 C7으로 시작해서 끝까지 C7이다. C믹솔리디안 하나로 구성되어있다. V7은 기본적으로 I메이저로 해결되지만 이 곡은 마지막까지 해결이 되지 않는다. 왜냐하면 '모드'라는 수법을 사용했기 때문이다. 원래 C7은 F메이저로 진행하고 싶어하는 '불안정'한 요소를 가지고 있다. 하지만 모드로 사용할 때에는 그런 기능이 관계가 없어진다고 생각하기 바란다.

믹솔리디안의 어보이드 노트는 11th이며, 이 곡에서는 파 음이다. 존 레논이 노래한 멜로디를 건반이나 기타로 연주해보면 미, 솔, 도, 시b만 나온다. 파는 없다. 존이 의도적으로 파를 사용하지 않았는지는 알 수 없지만, 사용하지 않은 것만은 분명하다. 기타의 애드리브에는 파가 들어있지만 그것은 C7에 대해서 C마이너 펜타토닉으로 애드리브를 하는 블루스나 록에서 사용하는 수법이다. 베이스 프레이즈도 대부분은 루트인 '도'와 7th인 시b만 사용해서 그루브를 낸다. 반대로 장3도의 음(이 경우는 '미')은 사용하지 않도록 하고 있다. 이렇게 하면 C7인지 Cm인지 베이스만으로는 정확히 알 수 없게 된다. 따라서 존의 노래가 C믹솔리디안이든 기타가 단3도를 연주하든 위화감이 없다. 기타의 프레이즈 안에 파 음이 포함된 부분이 있지만, 코드로 보면 C7sus4(Bb/C)의 울림이다. **악보 예①(TRACK44)**를 연주해서 음을 확인해보자. 여기서도 베이스가 장3도를 연주하지 않으므로 어디든지 갈 수 있을 것 같은 느낌을 유지하고 있다.

리듬과 사운드에는 아이디어가 필요하다

이밖에도 밥 말리의 'Exodus'는 Am 코드 하나만 사용되었다. 인트로의 기타도 귀에 잘 들어오고 기억에 잘 남는다. 드럼과 베이스의 조화도 훌륭하다. 드럼의 하이햇은 16비트로 연주하고, 베이스는 8비트의 록보다 움직임이 세밀하다. 리듬을 잡을 때에는 '하나, 둘, 셋, 넷'이 아니라 '하~나~, 두~울~, 세~엣~, 네~엣~'으로 크게 잡는 느낌으로 연주해야만 레게의 느낌을 낼 수 있다. DTM의 재현이 가장 어려운 부류의 음악이다.

하나의 코드로 된 것은 쉬워 보일 수 있다. 하지만

▲악보 예① C7sus4(B♭/C)→C의 울림을 확인한다.

실제로 작곡을 해보면 계속 들어도 질리지 않는 리프, 심플하고 알기 쉽지만 유치하지 않은 요소가 필요하다. 그런 면에서 다른 코드진행이 있는 곡에 비해 사운드가 더욱 중요해진다. 포크 기타 하나로 연주하며 노래하는 것을 상상해보자. 간주도 전조와 코드진행 없이 16소절~32소절을 이어가므로 음악적인 어휘력, 그리고 무엇보다 청중의 귀를 사로잡아 몸이 절로 움직이게 하는 그루브가 느껴져야 좋은 곡이 될 수 있다.

'Tomorrow Never Knows'에서는 컴프레서로 뭉갠 인상적인 드럼 패턴, 독특한 기타 사운드가 사이키델릭한 느낌을 낸다. 폴의 베이스를 악보로 보면 C와 B♭만 연주하지만 베이스를 잡고 있으면 흉내 내고 싶어지는 매력이 있다.

'Exodus'의 경우는 클럽 계열 트랜스, 하우스 뮤직과 공통된 사운드 구성으로, 음악적인 변화가 적어야 몸을 쉽게 맡길 수 있는 전형적인 예다. 해변의 수영장, 클럽에서 계속 틀어도 좋다. 레게와 기분 좋게 취하게 하는 맥주는 잘 어울린다(나는 술을 못 마시므로 경험담은 아니다).

코드를 하나만 사용하는 것과 음악적인 어려움은 같은 것이 아니다. 어떤 카테고리, 장르의 음악도 마찬가지로 요소가 심플하면 심플할수록 더욱 높은 완성도가 요구된다. 작곡을 시작하는 단계에서는 추천하기 어렵지만, 원 코드의 곡을 들을 기회가 있다면 어떤 요소가 곡을 질리지 않게 하는지 잘 살펴보자.

◀)) 음원 TRACK

44 C7sus4(B♭/C)→C

▶ 모드 연습(믹솔리디안②) *P078*

투 코드 체인지
코드를 왔다갔다하며 곡을 만든다

투 코드만으로 곡을 만든다

투 코드의 경우는 '진행'이 아닌 '체인지'라는 말을 사용하는 경우가 많다. 진행이라기보다는 조합이기 때문이다. 한 곡 전체에서 완전히 투 코드만 사용하는 노래는 찾아보기 어렵다(보컬이 샘플링으로 들어간 타입의 클럽 음악에는 있다. 하지만 그것은 이 책의 의도에 맞지 않아 제외한다). 투 파이브 코드 체인지를 사용한 곡으로는 비교적 최근의 언더월드의 곡을 들 수 있다. E♭과 Dm7(omit5) 또는 B♭add9/D를 오간다. 이 곡은 구조보다 강렬한 가사 내용으로 듣는 이의 귀에 꽂혔다고 생각한다.

A멜로디를 투 코드로 체인지 하는 곡은 은근히 많다. A멜로디, 그리고 후렴구도 같은 투 코드로 오가는 경우는 마돈나의 곡에도 있다. 곡의 대부분에서 F#과 A♭m를 오간다. 그 부분이 길기 때문에 3번째 코드가 나오면 곡이 바뀐 느낌을 강하게 낼 수 있다. 그리고 의외로 A멜로디와 후렴구 모두 대부분 F#의 메이저 펜타토닉을 사용한다(도중에 살짝 시#(B#음)이 나온다).

원래의 이야기로 되돌아가서 마돈나의 곡은 다이어토닉 코드인 'Ⅰ→Ⅱm'의 조합이다. 그리고 투 파이브 코드에서 많이 사용되는 것이 'Ⅰ→Ⅵm'로 이것은 70년대의 소울 계열에서 자주 들어볼 수 있다. 유명한 것으로는 마빈 게이의 히트곡을 들 수 있으며, E와 C#m7을 오간다.

이것은 코드 네임으로 보면 2개지만 사실은 루트만 바뀌는 것으로 볼 수도 있다(**악보 예①**/

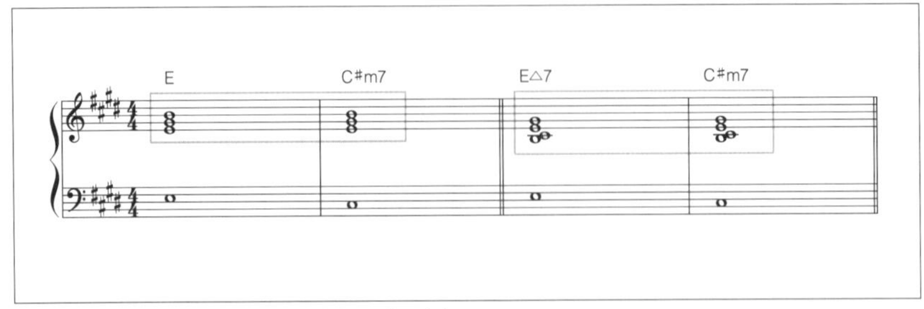

▲악보 예① 코드 네임은 바뀌지만 위의 코드는 같다.

▲악보 예② 우선 C–Dm로 해보자!

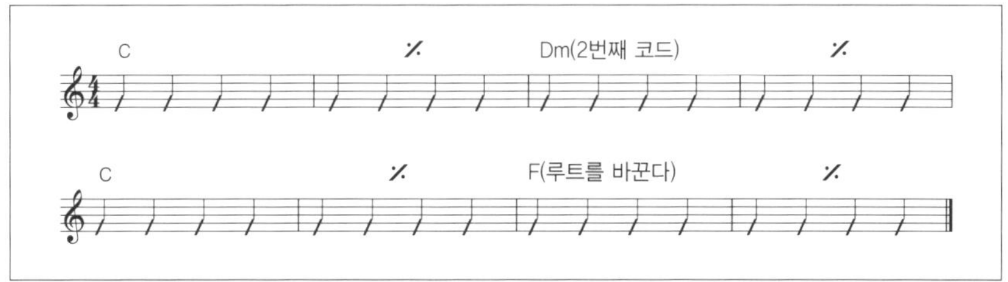

▲악보 예③ 7, 8소절째에서 루트를 바꾼다.

TRACK45). 기분 좋은 그루브의 느낌은 코드가 움직이면서 나오는 것 같지만 사실은 움직이지 않는 것에서 나온다.

다이어토닉의 투 코드

I△에서는 대부분의 다이어토닉 코드를 오갈 수 있다.

C–Dm/C–Em/C–F/C–G(또는 G7)/C–Am/C–Bm7(b5)의 6세트의 투 코드를 오가면서 멜로디를 노래하며 연습해보자. 각각 2소절씩 진행시켜보자. 4박자와 함께 3박자로도 해보자. **악보 예②**는 C–Dm의 경우다(TRACK46 ♪1).

투 코드를 전개하기 위해서는 다이어토닉의 친척 관계의 코드로 바꾸면 된다. 이것은 코드를 바꾸는 것이 아니라 베이스를 바꾸는 이미지다. 예를 들어 'C–C–Dm–Dm–C–C–F–F'를 보자. 맨 처음 4소절의 멜로디 모티브를 다시 한 번 4소절 반복해서 7, 8소절째의 루트를 F로 해보는 것이다(**악보 예③/♪2**).

◀》) 음원 TRACK

45 루트만 다른 형제 코드

46 소울 계열의 투 코드
♪1 베이식(C–Dm)
♪2 전개형(C–Dm–C–F)

⏩ 모달 인터체인지　　　　　　　　*P124*

코드가 아니라 코드진행

코드만으로는 곡이 될 수 없다!

진행은 형태로 기억한다

재즈, 퓨전 곡에서 들을 수 있는 코드 중에는 **악보 예①**과 같은 것이 있다(TRACK47). 이것을 친구가 가르쳐줬을 때에는 정말 멋지다고 생각했다. 바로 집에 돌아가서 이 코드로 곡을 하나 써보려 했던 19살 시절의 봄. 하지만 이 코드를 어떻게 해석해야 되고, 어디서 와서 어디로 가면 좋은지 몰라서 고민에 빠졌던 기억이 있다.

울림이 좋은 코드를 100개 넘게 알고 있더라도 곡이 되지는 않는다. 코드끼리(가능하면 자연스럽게) 연결시키고 멜로디를 올리지 않으면 일반 청중은 곡으로 인식하지 못한다. 60년대 재즈곡 중에도 이론

(이랄까 문장)으로 설명을 할 수 없는 경우가 있다. 음악은 느낌을 중시해도 된다. 다만 재즈 퓨전 계열의 경우는 대부분 설명이 가능하므로 친구 중에 이론 박사가 있으면 좋다!

많은 곡을 카피해보고 '코드진행'을 귀로 기억해서 루트의 움직임을 형태(폼)로 외우는 것이 가장 좋다(기타와 베이스는 코드진행을 시각적으로 외우기 좋다). '코드진행'이라는 패키지로 기억해두기 바란다.

투 파이브 원은 필수

코드진행의 최소단위는 'Ⅱ-Ⅴ-Ⅰ(투 파이브 원)'이다. 카피하거나 악보를 볼 때, 어디에 '투 파이브 원'이 있는지를 바로 인식할 수 있도록 하자. 미국의 재즈 피아니스트 듀크 엘링턴의 스탠더드는 대부분 투 파이브 원만으로 구성되어있다.

'코드진행'의 단위로 기억하면 좋은 또 하나의 이유가 있다. 그것은 작곡 입문자가 많이 느끼는 '어떻게 멜로디에 코드와 반주를 붙이나요?'라는 질문 때문이다.

이에 대한 대답은 그리 간단치 않다. 프로 작곡가의 경우, 멜로디만 떠오르는 경우는 없다. 다른 악기

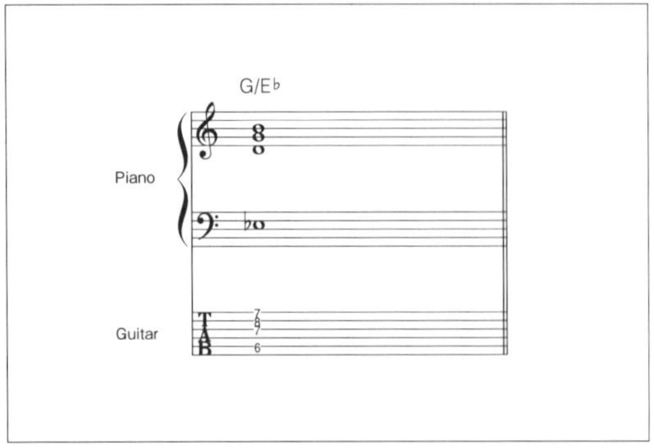

▲악보 예① 재즈 퓨전의 울림인 G/E♭.

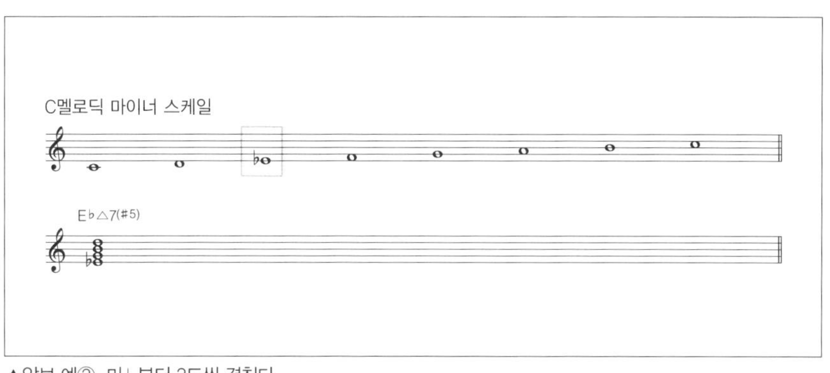

▲악보 예② 미♭부터 3도씩 겹친다.

의 울림, 즉 코드진행이 거의 동시에 떠오른다. 멜로디를 콧노래나 휘파람으로 간략히 생각하더라도 머릿속에서는 코드진행이 울리고 있다. 이런 것이 가능한 이유는 많은 음악을 듣고, 카피하고, 연주해온 경험이 있기 때문이다.

사람마다 다양한 작곡방법이 있지만 처음에는 특정 코드진행에 멜로디를 올리는 연습을 해보자.

보기 쉽게 분수코드를 쓴다

악보 예①의 G/Eb 코드에 대해서 설명하겠다. 이것은 C멜로딕 마이너 스케일에서 만들어지는 코드에서 온 것이다. 3번째인 미b(Eb음)부터 3도씩 쌓으면 Eb△7(#5)라는 코드가 만들어진다(**악보 예②**), 미b

을 루트로 하고 C멜로딕 마이너 스케일 위에서 3도씩 겹치면 시(B음)는 내추럴이다. 그래서 5th가 #5가 되어 Eb△7(#5)가 되는 것이다. 이 코드의 이름을 '리디안 어그먼트'라고 한다. 코드 네임을 봤을 때 생소한 느낌이 들 것이다. 그래서 슬래시(분수코드)의 표기방법으로 이 코드를 나타내면 'G/Eb'이 된다.

분수코드는 분자가 코드 네임, 분모가 베이스 음을 나타낸다. 이처럼 표기를 간략하게 해주는 것이 '코드 네임'이라는 개념의 장점이다.

◀)) 음원 TRACK

47 **G/Eb의 사운드**

▶▶ 도미넌트 계열의 텐션 코드　　　　　　*P100*

토닉으로 돌아오는 방법
스탠더드한 진행은 외워두자!

투 파이브 원

'끝이 좋으면 모든 것이 좋다'라는 말이 있다. 코드진행도 마찬가지다. 곡의 마무리에서 모든 인상이 정해진다. 영원한 스탠더드인 '도미넌트→토닉의 패턴'만은 꼭 기억해두자.

■ IIm7→V7→I△7

■ Dm7→G7→C(C메이저의 경우)
이것이 '투 파이브 원'이라 불리는 패턴이다. 이것은 꼭 기억해두어야 한다. 투 파이브, 투 파이브, Two Five… 기억했는가? 이 책에서 한 번 더 상세히 나오지만 여기서 외워두기 바란다.

순환코드는 1625진행

이것도 외워두자.

■ I△7→VIm7→IIm7→V7

■ C→Am7→Dm7→G7(C메이저의 경우)
1625진행을 순환코드라고 한다.

4도를 사용한 아멘종지

V7 이외에 IV에서 토닉으로 돌아오는 방법이 있다. 이것이 '아멘종지'라고 불리는 패턴이다.

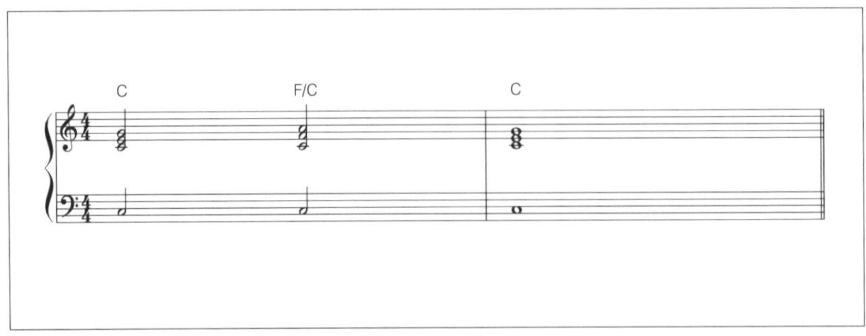

▲악보 예① 아멘종지의 진행 예.

▲악보 예② 서브도미넌트 마이너에서 토닉으로 진행한다.

■ I→IV→I

■ C→F→C(C메이저의 경우)
4도 메이저에서 토닉으로 돌아간다.

찬송가에서 자주 나오기 때문에 이렇게 이름이 붙었다. 중요한 점은 파에서 미로 떨어지는 부분이다 (**악보 예①/TRACK48**).

비틀즈가 자주 사용한 진행

IV를 사용한 패턴을 하나 더 소개하겠다. IV를 마이너로 했다.

■ IVm→I

■ Fm→C(C메이저의 경우)
나는 비틀즈의 곡을 들으면 곧바로 IVm을 떠올릴 정도로 비틀즈의 다양한 곡에 나오는 진행이다. 예를 들어 'In My Life', 'Nowhere Man'(Rubber Soul), 'She Loves You', 'I Call Your Name'(Past Masters Vol.1), 'Bungalow Bill'(The Beatles 〈White Album〉) 등 셀 수 없을 정도로 많다. 폴은 비틀즈 해산 후, 자신의 밴드인 윙스의 히트곡 'Band On The Run'에서도 이 진행을 사용했다. 나도 V7과 마찬가지로 이 진행을 많이 사용한다. 약간의 애잔함을 담아 토닉으로 돌아가는 느낌이 있기 때문이다.

참고로 뮤지션끼리 이야기할 때에는 '서브도미넌트의 마이너'이므로 '서브도미마이너'라고 하기도 한다 (**악보 예②/TRACK49**).

◀)) 음원 TRACK

| 48 | 아멘종지 |
| 49 | 서브도미넌트 마이너 |

▶ 코드가 아니라 코드진행   P106

캐논진행

2단 페이드로 보다 자연스럽게

파헬벨의 '캐논'

바로크 시대의 독일 작곡가 요한 파헬벨이 쓴 캐논 양식의 곡으로 유명한 코드진행인 캐논진행이 사용되었다. 어려운 느낌의 이름이지만 들어보면 의외로 맑은 분위기의 울림을 가지고 있다.

캐논 양식의 곡은 여러분도 틀림없이 어디선가 들어본 적이 있을 것이다. 틀림없이라고 하는 데에는 2가지 이유가 있다.

❶원곡 파헬벨의 '캐논'이 너무나도 유명하기 때문이다. 원래는 D메이저로 **악보 예①(♪1)**의 진행이다.

❷이 코드진행으로 만들어진 곡은 수없이 많다. 이 페이지에 그 곡명을 쓰는 것만으로도 지면이 부족할 정도다. 인터넷에서 '캐논(파헬벨)'을 검색해보자. 한 곡만 더 소개하겠다.

파헬벨의 작풍과 완전히 다른 그린 데이의 메이저 퍼스트 앨범 〈Dookie〉에 들어있는 곡이다. 반드시 2가지 모두 들어보기 바란다. 그린 데이 곡의 코드를 적은 것이 **악보 예②(♪2)**다. **악보 예①**과 비교하면 알 수 있듯이 **악보 예②**는 마지막 2소절에서 도미넌트인 Bb이 2소절 이어진다. 그 외에는 **악보 예①**에서 반음 올린 것이다.

여러분도 이 코드진행을 사용해서 한 곡 만들어보기 바란다.

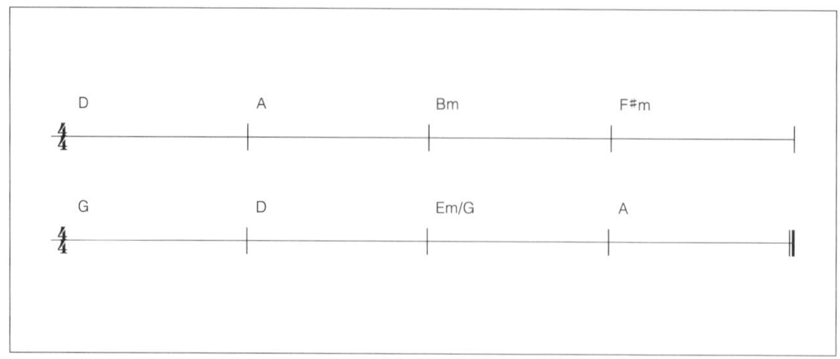

▲악보 예① 파헬벨의 '캐논' 코드진행.

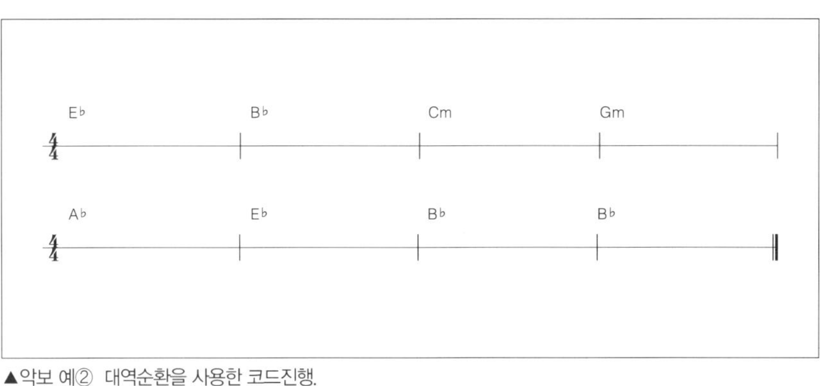

▲악보 예② 대역순환을 사용한 코드진행.

캐논 양식이란?

'윤창(輪唱)=돌림노래'라고 하기도 하지만, 정확하게 는 캐논과 윤창은 다르다. 윤창의 정의는 '같은 리듬 의 선율을 2~3개의 파트가 뒤를 따라오며 부르는 것'이다. 학교의 음악시간에 배운 적이 있었을 것으로 노래하는 멜로디는 모두 같다.

캐논 양식은 베리에이션을 줘도 된다.

■다른 음정으로 시작해도 된다.

■선율(멜로디)의 리듬을 변경해도 된다.

■선율(멜로디)의 상하행이 반대가 되어도 된다.
이렇듯 어느 정도의 자유가 있다.

'캐논'이라고 하면 파헬벨이 유명하다. 따라서 캐 논 양식을 과거의 유물로 생각할 수 있다. 하지만 그 렇지 않다. 같은 시대의 바흐는 물론, 모차르트, 베토 벤, 슈베르트, 멘델스존, 힌데미트(1963년 사망)까지 다양한 시대의 다양한 사람들이 캐논 양식으로 곡 을 만들었다.

코드진행을 이용하면 간단하지만 본격적인 캐논 양식으로 작곡을 하려면 상당히 어려울 수 있다. 더 욱 자세한 부분은 전문서를 참고하기 바란다.

◀))) 음원 TRACK

50　캐논진행

♪1　파헬벨의 캐논진행
♪2　캐논진행의 사용 예

⏩　리하모나이즈(한 단계 업)　　　　　　　　*P136*

블루스에 대해서
블루스는 록과 재즈의 기본

블루스 진행에서 Ⅰ7의 해석

내가 재즈 기타에 흥미를 가지기 시작했을 때, 주위에서 '록과 재즈의 기본은 블루스야!'라는 말을 해주었다.

알고 보면 블루스의 포맷은 상당히 특수하다. 키G의 블루스 진행은 **악보 예①**(TRACK51)과 같다. 도중에 'Ⅱm7-V7'의 투 파이브가 들어가는 베리에이션이 많으며, 이것은 리듬&블루스보다는 재즈 계열에서 많이 볼 수 있는 패턴이다. G키의 첫 코드가 G7인 패턴은 블루스의 형태에서만 가능하다. 그리고 세븐스 코드가 이어진다. 하모니의 중력으로 보면 상당히 불안정한 상태가 지속된다. G7은 다양한 확대해석이 가능한 코드다. G7에서 애드리브를 하는 경우,

■G블루스 스케일로 연주한다.

■G마이너 펜타토닉으로 연주한다(블루스 스케일과 거의 같다).

■G메이저 펜타토닉으로 연주한다.

■D도리안 모드로 연주한다(G7을 'Dm-G7'으로 해석한다).

■D♭7으로 보고 연주한다(G7의 서브스티튜트 도미넌트이기 때문).

■F메이저 아르페지오로 연주한다.

등의 다양한 선택이 가능하다.

블루스는 '블루스의 릭'이라 불리는 정해진 형태의 프레이즈가 들어가야 모양이 난다.

일종의 전통예술 같은 면이 있다. '3대 킹'이라 불리는 블루스 기타의 명인 알버트 킹, B.B.킹, 프레디 킹

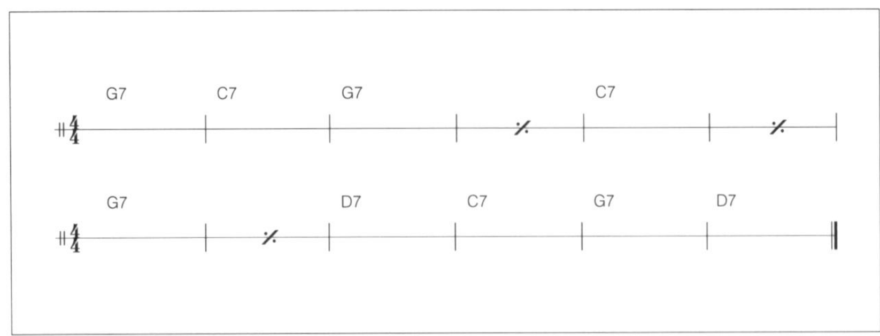

▲악보 예① 처음의 G7이 블루스의 특징이다.

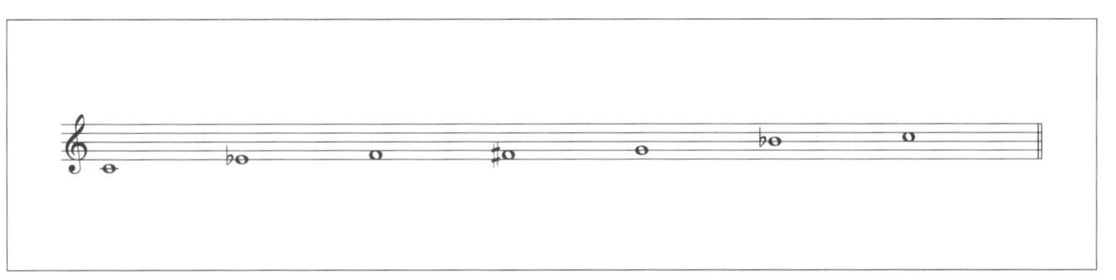

▲악보 예② C블루스 스케일은 C아이오니안보다 자연배음에 가깝다.

의 연주를 카피해보자. 블루스 프레이즈는 블루스뿐만 아니라 다른 장르의 메이저 코드와도 잘 어울리는 강력함과 설득력을 가지고 있다. 시도를 해보고 여러분의 음악적 어휘에 추가해보자.

블루노트의 울림

블루노트는 서양음악이론으로는 완벽히 설명할 수 없는 부분이 있다. 따라서 늘 논란이 되고 있으며 반면에 작곡가로서는 재미있는 분야다. **악보 예②**는 C 블루스 스케일(TRACK52)이다. 다음은 36페이지의 자연배음 노트를 체크해보자. 7차 배음에서 ♭7이 나오고, 11차 배음에서 #4가 나온다. 자연배음열로 보면 블루스 스케일이 C아이오니안보다 자연배음에 가까운 음을 가지고 있다. '가깝다'는 것은 평균율로 나눴을 때의 수치에 가깝다는 의미다.

오래된 음악이론서 중에는 C블루스 스케일 위에 F#(#4)이 G♭(♭5)으로 표기된 것이 있었다. 평균율의 건반으로 생각하면 같은 음이지만, 실제로 4th를 올린 #4와 5th에서 내린 ♭5에는 약간의 차이가 있다.

이 차이가 신서사이저와 샘플링 음원만으로 곡을 만들었을 때와 생악기로 오케스트레이션 할 때의 중요한 포인트가 되는 경우가 있다. 예를 들어 완전히 사람의 목소리만으로 만들어진 아카펠라 하모니의 울림이 아름다운 것은 평균율에서 아주 살짝 벗어났기 때문이다. 즉 건반이라는 수학적으로 나눠진 잣대가 아닌 귀만으로 기분 좋은 음을 찾았기 때문이다. 스트링스로 C코드를 연주할 때, 프렌치 호른이 파#(F#음)을 내더라도 생악기의 앙상블이 샘플링보다 아름답게 울리는 이유는 귀로 느끼면서 연주하고 있기 때문이다.

지금까지의 블루스가 단순히 '낡은' 느낌을 가지고 있었다면, 블루노트를 통해 '울림' 그 자체에 관심을 가져보기 바란다.

◀)) 음원 TRACK

51 G키에서의 블루스 진행

52 C블루스 스케일의 사운드

▶ 음률　　　　　　　　　　　　　　　*P038*

록의 금형

마이너 펜타토닉+1으로 록 음악을 만들어보자

이론적으로는 NG, 록에서는 OK

록 음악을 만들 때의 가장 간단한 아이디어를 소개하겠다. 록 사운드에 필수적인 악기는 역시 일렉트릭 기타다.

롤링 스톤즈의 앨범 〈Sticky Fingers〉에 수록된 곡을 예로 들어 코드진행을 살펴보겠다. '이 곡을 들어보지 않고 록을 논하지 말라'는 말이 있을 정도로 유명한 곡이다.

키는 C메이저다. 나오는 코드를 순서대로 카피해보자. 인트로는 'G–C–Eb–C–Ab–Bb–Csus4', 노래가 시작되면 'C–F–C–Bb'이다. 그리고 대부분의 코드에서 장3도와 5도가 들려온다.

이 코드들의 루트를 오선지에 써보자(**악보 예①**). 플랫이 3개, 아무래도 Eb인 것 같다. 하지만 여기저기서 C메이저로 해결될 것 같이 들리고, 곡의 마무리는 C메이저로 끝났다. 그렇다고 도중에 전조를 한 것 같지는 않다….

이것이 '록의 금형(金型)'이다. 이 루트의 음렬에서 Ab을 제외하면 C마이너 펜타토닉이 된다(**악보 예②**). 참고로 펜타는 'Pentagon', 'Pentagram'과 마찬가지로 '오각형', '5개의'라는 의미다. 펜타가 나온 김에 C메이저 펜타토닉에 대해서도 알아보겠다(**악보 예③**).

이 롤링 스톤즈의스 곡도 당시에는 비틀즈와 마찬가지로 '이론적으로 맞지 않는다'는 평가를 받았다. 하지만 이것은 틀린 것이 아니라 록 음악에 맞는 방법이다.

이미 이 금형을 사용해서 이 패턴으로 만들어진 곡을 수십 억 명이 50년 넘게 즐기고 있다.

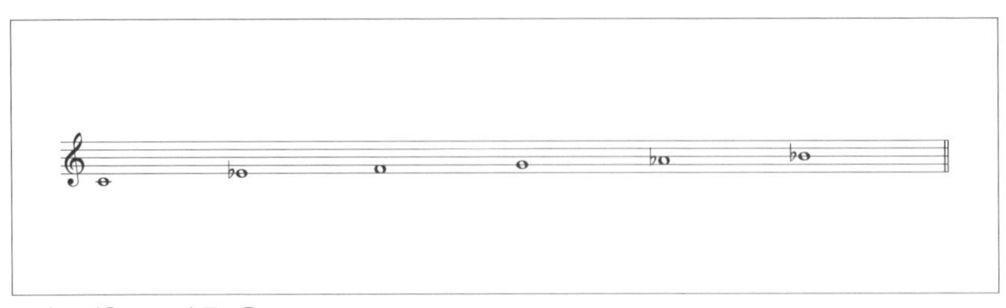

▲악보 예① 코드의 루트음.

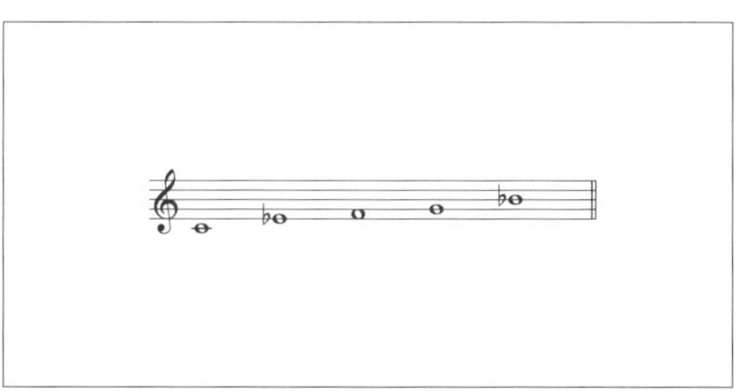

▲악보 예② C마이너 펜타토닉.

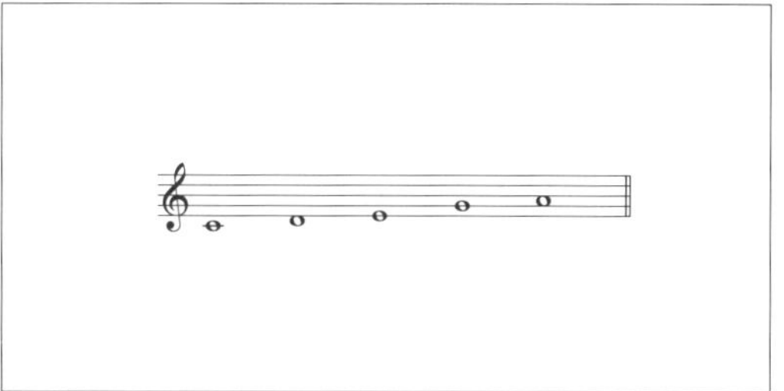

▲악보 예③ C메이저 펜타토닉.

금형을 만들어낸 코드

이 금형에 '마이너 펜타토닉+1'이라는 이름은 내 맘대로 붙였다. 마이너 펜타토닉에는 A♭이 없기 때문이다.

■C—E♭—F—G—A♭—B♭
이것을 전부 메이저 트라이어드로 해서 곡을 쓰면 된다. 이렇게만 하면 된다!

현대음악의 평행화음이 아니다. 근본적으로 정신 구조가 다르고 기타를 연주하면서 만들어졌기 때문이다. 멋있으니 OK! 이렇게 생각하면 된다(웃음).

이 금형을 사용한 곡으로는
■지미 헨드릭스 'Hey Joe'(《The Jimi Hendrix Experience》)
■섹스 피스톨즈 'Pretty Vacant'(《Never Mind the Bollocks》)
■비틀즈 'Back In The USSR'(《The Beatles(White Album》)
이밖에도 밴드이름을 쓰기 시작하면 끝이 없을 정도

로 많은 록 음악에 이 금형이 사용되고 있다.

요즘에는 화이트 스트라입스가 이 대표적인 브리티시 금형을 이어받아 만든 'Dead Leaves and the Dirty Ground'(《White Blood Cells》)는 완벽하게 이 패턴이다. 코드진행이 60~70년대 풍이거나 거의 같은 것도 있다. 하지만 사운드와 곡의 어프로치가 완전히 다르므로 새롭게 들린다.

곡을 카피하면서
■♭III(C메이저로 보면 E♭)
■♭VI(C메이저로 보면 A♭)
■♭VII(C메이저로 보면 B♭)
의 메이저 코드가 나오면 틀림없이 록의 금형에 해당된다고 보면 된다. 대부분의 곡이 기타로 작곡되었다고 생각하기 바란다.

◀)) 음원 TRACK

53 록의 금형 사용 예

▶ 펜타토닉 _P080_

엔딩을 만드는 방법
다양한 베리이에션을 마련해두자

음악적 어휘량을 늘려보자

CD에 수록되어있는 곡 중의 상당수는 페이드 아웃으로 끝난다. 라이브에서 또는 악보로 남길 때에는 엔딩이 필요하다. '끝이 좋으면 모든 것이 좋다'라는 말처럼, 엔딩은 곡의 여운과 마칠 때까지의 인상을 좌우하는 중요한 부분이다. 라이브에서 10곡을 연주하기 위해서는 10가지 엔딩이 필요하다. 엔딩에 관련된 어휘량도 작곡가에게는 필수과목이다.

코다로 날아가기 전의 코드진행이 **악보 예①ⓐ**의 1625(순환코드) 패턴이라고 하자(♪1). C메이저이므로 전형적인 방식인 C로 마무리한다면, G7 뒤에 C를 넣어 마무리하는 패턴이 가장 먼저 떠오른다.

악보 예①ⓑ(♪2)는 대리코드를 넣는 방법이다. 다이어토닉 안에서 C를 대신할 수 있는 것이 Ⅲm와 Ⅵm이다. Ⅲm로 끝나면 너무 비참하게 느껴진다. 따라서 Ⅵm, 그러니까 Am9으로 끝나는 패턴은 다음 곡이나 가사에 따라서 가능할 수도 있다.

C로 마치는 것보다 기대감을 주는 분위기를 내고 싶다면, **악보 예①ⓒ**처럼 F△9으로 마치는 것도 가능하다(♪3).

아이디어를 더욱 동원해보자. 다른 키로 전조해서 마치는 패턴이 **악보 예①ⓓ(♪4)**다. 어쩔 수 없이 2곡 이 같은 키로 이어지는 경우에는 이처럼 완전히 다른 인상으로 마치는 것이 효과적이다.

G7의 구성음인 시(B음)와 파(F음)가 각각 도(C음)와 미(E음)로 안정되는 것이 도미넌트 모션의 최소조건이다. 마찬가지로 도와 미를 포함한 C7 계열로도 진행할 수 있다는 확대해석이 **악보 예①ⓔ**다. C7에 C7sus4(Bb△7/C)의 Bb△7 울림으로 멋을 내면 이렇게 마칠 수도 있다(♪5).

G7에 13th→b13th의 흐름을 추가해서 Eb△9으로 마치는 패턴이 **악보 예①ⓕ(♪6)**다. 이것은 곡조에 따라서 맞지 않는 경우도 있지만, 맞으면 문제없이 사용할 수 있다. E△9에서 반음 떨어지면 재지한 느낌이 든다. 하지만 듣는 세대에 따라서는 올드한 느낌을 줄 수도 있다.

이밖에 재즈의 엔딩 방법도 있으며, 그것은 다른 페이지에서 다루기로 한다.

요란한 엔딩은 NG

지나치면 모자란 것만 못하다. 엔딩 전까지의 여운을 자연스러운 느낌으로 마치는 것이 좋은 엔딩이다.

솔로 파트를 만들어보는 것도 좋다. 하지만 곡의 분

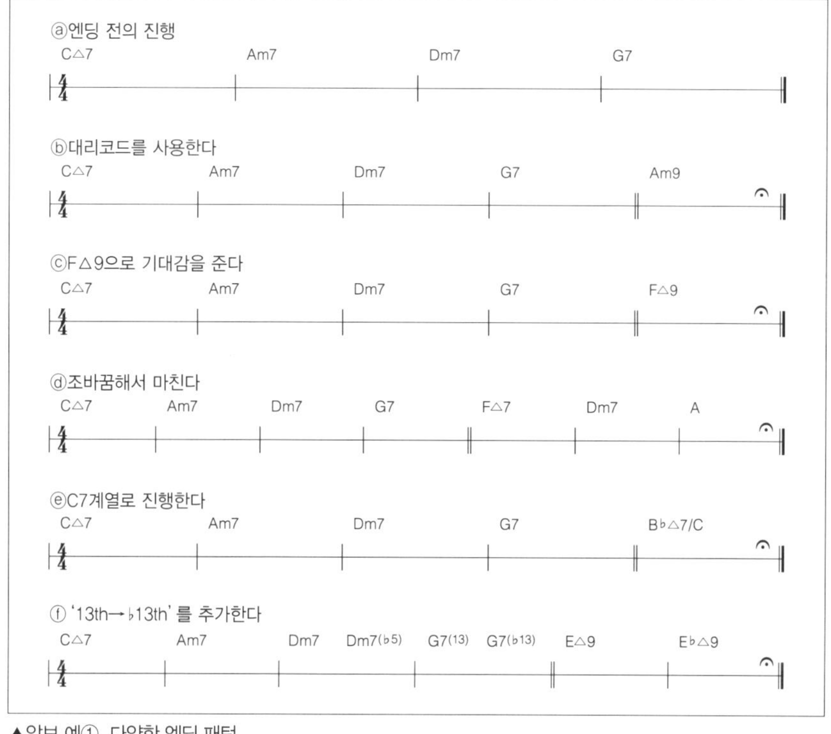

▲악보 예① 다양한 엔딩 패턴.

위기가 손상되지 않도록 주의해야 한다. 너무 많은 아이디어를 동원하면 듣는 이에게 자연스럽지 않은 인상을 줄 수 있다. 따라서 테크닉을 과시하는 것은 금물이다.

라이브 공연을 볼 기회가 있으면 어떤 엔딩으로 곡을 마치는지 주의 깊게 들어보자.

◀)) 음원 TRACK

54 6가지 엔딩 예

♪1 엔딩 전
♪2 대리코드
♪3 F△9로 분위기를 바꾼다
♪4 조바꿈을 한다
♪5 멋진 느낌
♪6 약간 재지한 느낌

⊙ 간주를 만드는 방법   P140

작곡가 **미츠다 야스노리**

Q1 작곡을 시작하게 된 계기는?

A 고등학생 시절에 피에트로 제르미 감독의 '철도원'을 보고 난 후부터입니다. 그때 나도 영화음악을 해보고 싶다는 생각을 했습니다

Q2 공들여 만든 곡이 NG가 되었을 때, 어떻게 기분 전환을 하나요?

A 어디가 좋지 않았는지 클라이언트에게서 정확한 이야기를 들으면 기분 전환이 빨리 됩니다. NG의 이유를 알 수 있으면 스스로도 납득이 되고, 무엇보다 다음에 쓸 곡의 아이디어로도 연결됩니다.

Q3 음악을 오래 하기 위한 좌우명이 있다면?

A 항상 다양한 사람들과 이야기를 하며 자극을 받으려고 합니다. 그리고 작품마다 나름대로의 테마를 정해서 작곡을 합니다('이번 작품에서는 이것을 배워보자' 또는 '이 악기를 사용해보자' 등).

Q4 곡에 자신감이 없을 때(슬럼프)에는 어떻게 극복하나요?

A ①한동안 곡을 쓰지 않는다.
②다른 일을 하면서 자극을 준다.
③잘 되지 않더라도 멈추지 않고 곡을 쓴다
이 3가지 중에서 하나를 합니다.

Q5 초보자에게 해주실 말씀이 있다면.

A 작곡가가 되고 싶다면 많은 곡을 들어보기 바랍니다. 이것이 성장에 가장 큰 도움이 된다고 생각합니다.

작곡가 10인 10색

− Q&A로 알아보는 작곡가의 마음 −

다양한 작곡 테크닉

지금부터 본격적인 영역으로 들어가겠다. 조바꿈과 간주를 만드는 방법, 스트링스와 오케스트라에 대한 테크닉, 기성곡의 애널라이즈로 힌트를 얻는 방법, 다른 장르에서 아이디어를 빌려오는 방법 등, 작곡의 폭을 넓혀줄 수 있는 테크닉을 모아보았다.

COMPOSITION
TECHNIQUE

53 > 70

금지된 방법(음의 충돌)
금지된 규칙을 내것으로 만들어보자

음을 겹치는 방법과 타이밍

음이 부딪히는 경우가 있다. 반면에 반음으로 쌓아도 충돌하지 않는 경우도 있다. 300년 전과 달리 요즘은 화음에 종교상의 제약이 없어 금기를 깨는 것은 특별한 일이 아니다. 작곡을 시작하는 단계에서는 어떻게 되면 음이 충돌하는지에 대해서 알고 싶을 것이다.

작곡가가 의도적으로 충돌시킨 예가 있다. 미국 드라마 〈FRINGE〉의 테마곡(절반이 충돌한다)이다. 작곡자 마이클 지아치노는 이밖에도 영화 〈업〉과 〈라따뚜이〉 등의 일반적인 작품도 만들었다. 〈FRINGE〉는 확실히 의도적이다. 충돌로 생기는 독특한 분위기를 노린 것이다. 어떤 목적으로 충돌시키고 싶다면 그 방법에 대해서 알아야 한다.

예를 들어 **악보 예①(♪1)**은 위에서부터 2번째의 파와 3번째의 미가 반음으로 충돌한 것 같다. 하지만 충돌하지 않았으며 울림도 아름답다. **악보 예②(♪2)**는 어떨까? 모두 C메이저의 구성음으로 아래부터 시, 미, 솔, 도 모두 틀린 것은 없으며 직접 충돌하지도 않았다. 그럼에도 뭔가 이상한 느낌이 든다.

이해하기 어렵다면 아래의 시와 위의 도만 연주해보자. C△7과는 완전히 다른 울림으로 들린다.

음이 충돌하는 느낌은 타이밍과도 관계가 있다. **악보 예③(♪3)**처럼 경과음으로 사용하면 도 음이 이상하게 들리지는 않는다. '레~도~시'의 프레이즈로 들

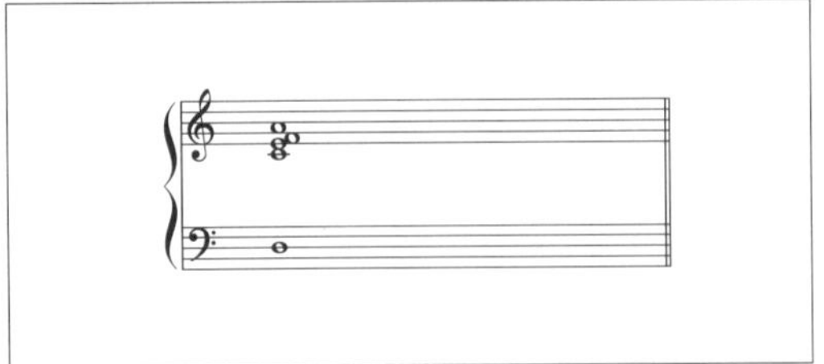

▲악보 예① Dm9의 반음 충돌.

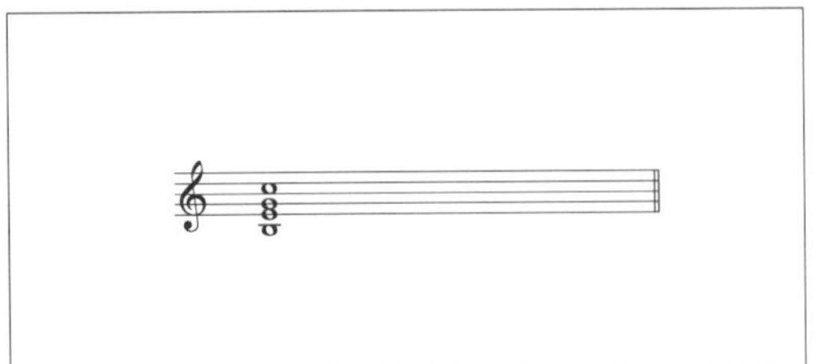

▲악보 예② 단9도의 관계가 좋지 않다.

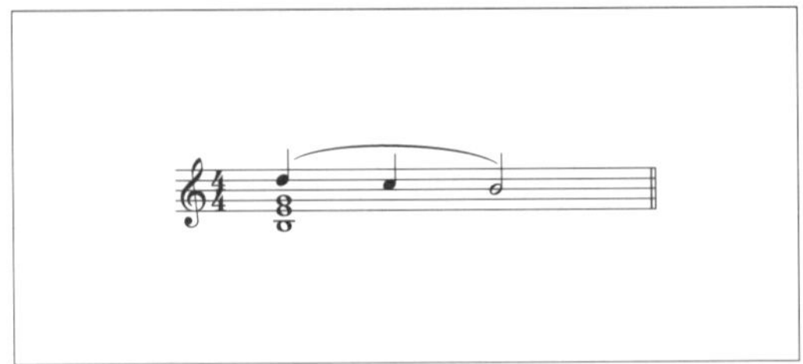

▲악보 예③ 도를 경과음으로 사용한다.

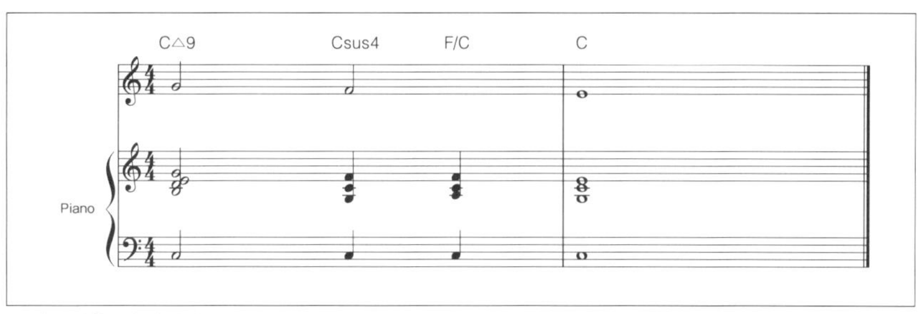

▲악보 예④　파의 아래는 Csus4 또는 F/C.

린다. 재즈의 애드리브, 록 기타 솔로에서도 경과음으로 울린다면 전혀 문제될 것이 없다. 다만 시퀀스 프레이즈 또는 아르페지오를 하면 반복하는 동안에 코드가 울리는 것과 같은 효과가 되므로 주의해야 한다.

핵심은 ♭9이다

어보이드 노트는 피해야 하는 음이다. 내가 기타 연주를 시작했을 무렵에 읽은 이론서 중에는 어보이드 노트에 대해서 간단히 답해주는 책이 없었다. 가장 짧은 문장으로 쓰면 '1옥타브 올렸을 때 코드 음과 ♭9의 관계가 되는 음이 어보이드 노트'다.

　예를 들어 C△7과 C메이저 스케일(아이오니안 스케일)의 음을 보면, 위의 파가 코드 음 미와 ♭9의 관계가 된다는 것을 알 수 있다. ♭9 관계는 느낌이 좋

지 않다. **악보 예①&②**도 코드 노트의 음이지만, ♭9의 관계가 되는 경우도 있다. 달리 보면 여기에 파 음을 길게, 멜로디로 사용하고 싶은 경우에는 파일 때에 코드를 Csus4 또는 F/C로 하거나 다시 한 번 C로 돌아가면 문제가 없는 것이다(**악보 예④/♪4**).

　다시 한 번 말하지만 충돌한 상태의 '사운드'를 어떻게 느낄 것인가는 사람마다 다르다. 이 책의 설명은 어디까지나 가이드라인일 뿐이다.

◀》) 음원 TRACK

55　음의 충돌

♪1　반음의 충돌
♪2　♭9의 충돌
♪3　경과음으로 충돌을 완화시킨다
♪4　♭9 음을 사용하는 경우

▶▶　모드 연습(믹솔리디안②)　　　　　　　*P078*

금지된 방법(평행5도와 평행8도)

클래식과 록의 차이점

평행5도와 평행8도 설명서

2성이 동시에 진행되는 경우, 완전5도의 나란한 진행을 평행(연속)5도, 마찬가지로 완전8도의 나란한 진행을 평행(연속)8도라고 하며 금기시하고 있다. 하지만 팝스, 록을 작곡해본 적이 있는 사람이라면 알 수 있듯이 그렇게 이상하게 들리지는 않는다. 특히 다른 악기의 음이 옥타브 관계를 이루는 경우는 흔히 일어난다.

이 룰은 앞에 '4성으로 생각할 때에는'이라는 조건을 붙어야 한다. 예를 들어 아카펠라의 코러스와 스트링스 어레인지를 생각할 때 고려할 필요가 있다는 것이다.

록 기타를 메인으로 어레인지를 할 때에도 기타와 베이스는 옥타브 관계로 움직이고 있고, 기타의 파워코드(루트와 5도만 연주하는 코드)는 완전5도로 울린다. 즉, **악보 예①**과 같은 상태인 것이다. 이 경우, 기타는 가로의 흐름이 아닌 '파워코드'의 사운드로 생각해야 한다. 만약 평행5도를 사용하지 않는 보이싱이라면, 그 순간 '록'이라는 장르에서 벗어나게 되

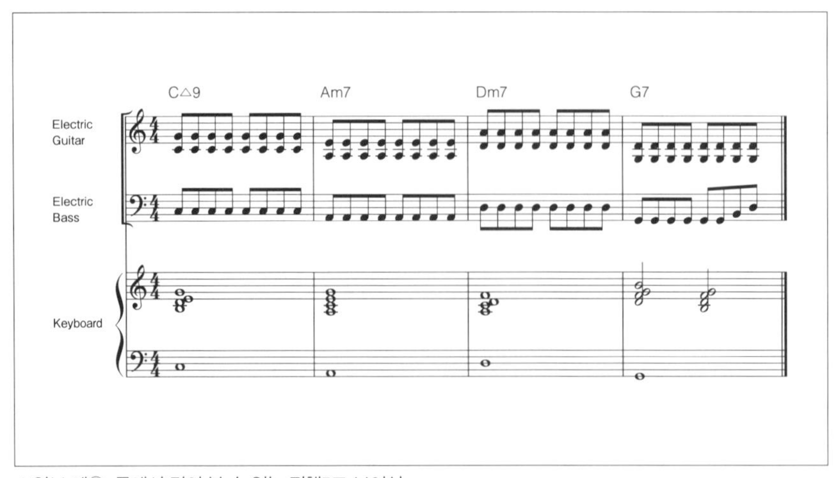

▲악보 예① 록에서 많이 볼 수 있는 평행5도 보이싱.

▲악보 예② 클래식에서도 유니즌을 한다.

는 것이다.

베이스가 기타의 1옥타브 아래를 연주해 평행8도로 진행한다. 이것도 클래식에서 금기시하는 것과는 근본적으로 다른 내용이다.

클래식에 대해 전혀 모르면서 클래식에서 평행8도의 진행은 안된다고 하는 사람을 종종 볼 수 있다. 이것은 스스로의 무지를 드러내는 것과 다름없다.

화성의 움직임에 주의한다

악보 예②는 모차르트 'Eine Kleine Nachtmusik, K. 525'의 시작 부분이다. 비올라와 첼로가 1옥타브 간격으로 유니즌을 하고 있다. 첼로 파트를 잘 보면 더블 베이스(콘트라베이스)도 있다. 이것은 '앙상블에 콘트라베이스가 있으면 첼로와 1옥타브 간격으로

연주하세요'라는 의미다. 첼로와 콘트라베이스가 같은 악보는 자동적으로 옥타브 유니즌이 된다. 1st 바이올린과 2nd 바이올린이 같은 멜로디를 연주하므로 이 2소절만으로도 유니즌이다.

평행8도가 금지하는 것은 '음향적'인 측면이 아니다. 가로의 흐름으로 본 화성의 움직임에 대해서 '평행8도의 움직임을 피해야 아름답게 울린다'는 의미다. 이것은 일단 록과는 큰 연관성이 없다는 점을 기억해두자. 록을 어레인지 할 때에는 평행5도, 평행8도에 신경을 쓰지 않아도 된다.

◀))) 음원 TRACK

56 평행5도의 보이싱

▶▶ 바탕을 어디에 둘 것인가?   *P190*

모달 인터체인지

모달 인터체인지에 대해서 알아보자

모달 인터체인지란?

C메이저 곡에서 다이어토닉 이외의 코드가 나오는 경우, 세컨드리 도미넌트 이외의 것을 조바꿈이라 하지 않는다. 빌려온 코드, 차용코드, 영어로 '모달 인터체인지(Modal Interchange)'라고 한다(M.I.라고 줄여서 부르겠다).

메이저 키의 경우는 '같은 루트음에서는 모든 M.I.가 가능하다'고 기억해두자. 예를 들어 C메이저라면 C아이오니안의 다이어토닉 코드부터 **악보 예①**(TRACK57)의 코드를 모두 사용할 수 있는 시스템이다(**악보 예②/TRACK58**).

이렇게 많은데 어째서 제목대로 마이너 스케일에서 빌려온 것인가? 팝스/록은 에올리안 스케일에서의 M.I.가 압도적으로 많기 때문이다. 114페이지 '록의 금형'도 이론적으로는 M.I.에서 온 것이다. **악보 예①**의 C에올리안의 다이어토닉 코드를 확인해보면 Eb△7, Ab△7, Bb△7의 3가지 메이저 트라이어드를 찾을 수 있다. Fm7도 마찬가지다. 이에 따라 C−Fm−C와 같은 4도 마이너도 에올리안의 M.I.라고 설명할 수 있다.

그렇다면 왜 '록의 금형'만 따로 썼는가? M.I.는 모두 사용가능하지만 예를 들어 실제 현장에서 프리지

안의 Ⅱb을 빌려오는 경우는 거의 없다. 또한 사용빈도에 큰 차이가 있다고 느끼기 때문이다.

모달 인터체인지를 배우는 방법

실전적인 개념으로 내 경험에 비추어 다음의 순서를 권장한다.

❶기분대로 곡을 쓰고 코드진행을 만든다. 또는 다른 아티스트의 곡을 트랜스크라이브(카피)한다.

❷다이어토닉 이외의 코드가 나오면 M.I.가 아닌지 생각해본다. **악보 예①**(이것은 C메이저)을 보거나 다른 키로 세어본다.

❸마음에 드는 M.I.를 기록해두거나 여러 번 사용해서 몸에 익힌다.

◀)) 음원 TRACK

57	메이저 키에서 사용하는 M.I.
58	M.I.의 사용 예

▶▶ 록의 금형   *P114*

▲악보 예① 메이저 키에서 사용할 수 있는 모달 인터체인지 일람.

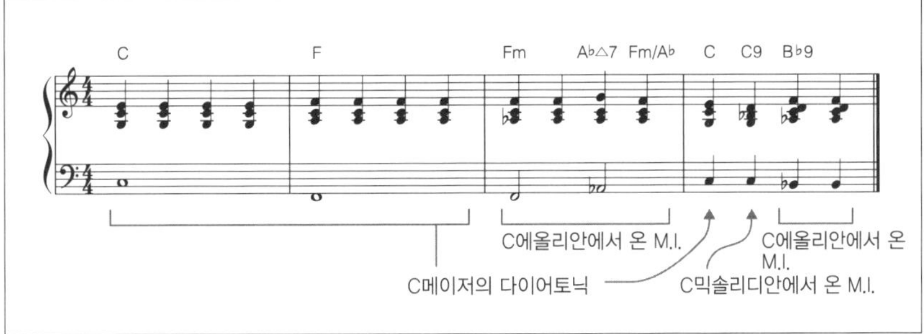

▲악보 예② 예를 들어 모달 인터체인지는 이렇게 사용한다.

마이너 키의 모달 인터체인지

마이너에서의 사용빈도는 낮다

나폴리 화음과 피카르디 3도

마이너 키에서 사용할 수 있는 모달 인터체인지(차용화음. 이하 M.I.)는 **악보 예①**처럼 3가지 마이너 스케일과 프리지안 스케일의 다이어토닉 코드라고 기억해두자(TRACK59). 메이저 계열의 M.I.와 구분한 이유는 한 번에 모든 것을 설명하면 의욕이 떨어질 것 같아서다(웃음).

악보 예를 보는 것만으로는 부족하므로 실제의 진행으로 생각해보자. 클래식의 코드진행도 M.I.로 해결할 수 있다.

악보 예②는 18세기 전반의 이탈리아, 나폴리의 작곡가들이 즐겨 사용한 '나폴리 화음(TRACK60)'이다. 클래식 화성학 책에는 '원래 첫 번째 코드는 Ⅱmb5(Bmb5)다. 하지만 그 루트가 반음씩 내려간 형태'라고 쓰여있는 경우가 많다. 이것을 M.I.로 해석하면 **악보 예①** 프리지안 스케일의 2번째 Bb부터의 M.I.라고 설명할 수 있다. 참고로 처음의 코드가 3도

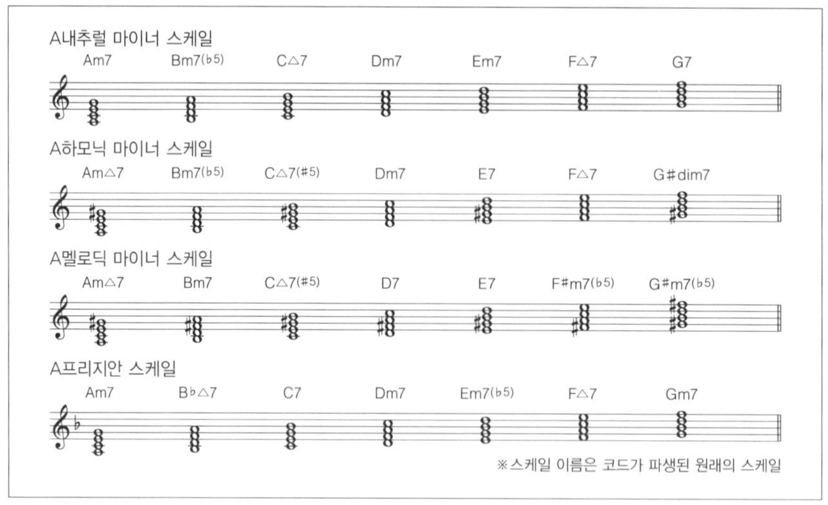

▲악보 예① 마이너 키에서 사용할 수 있는 모달 인터체인지 일람.

▲악보 예② 나폴리 화음은 오페라의 느낌이 난다.

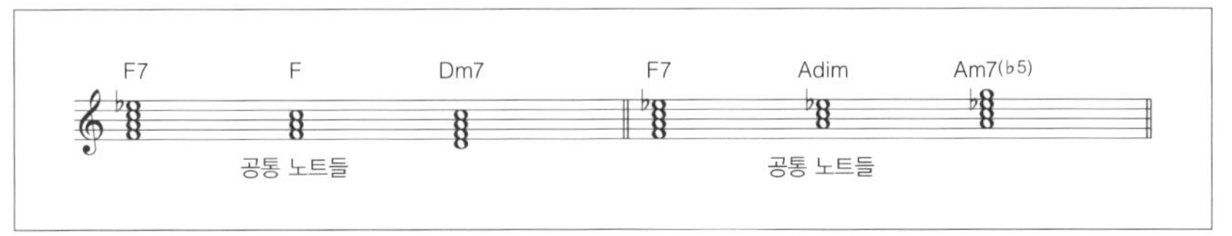

▲악보 예③ 공통 노트를 찾아보자.

루트의 분수코드인 것은 '나폴리 화음'에서는 공식과 같은 것이다.

마이너 키에서 사용할 수 있는 M.I.의 스케일은 3가지 마이너 스케일과 프리지안 스케일이다. 하지만 여기에는 유일한 예외가 있다. '피카르디 3도'라는 이름의 마이너에서 토닉 메이저로 마치는 진행이다. 베토벤의 '운명' 제4악장에도 '피카르디 3도'를 사용한 부분이 있다.

모달 인터체인지를 찾는 방법

일반적인 팝스에서는 사용하기 어려운 코드들이라 내 경험상 마이너 키에서 M.I.의 사용빈도는 낮다. 그렇지 않아도 마이너인데, M.I.를 사용하면 더욱 어두워질 수 있기 때문이다. 물론 어디에 어떤 가능성이 있을지 모르기 때문에 누군가가 히트시키면 유명해질 수도 있다.

모든 M.I.의 사용방법에 공통된 것으로 **악보 예③**처럼 공통된 트라이어드 등의 작은 단위에 멜로디로 사용하고 있는 노트가 포함되어있으면 M.I.를 사용할 수 있는 가능성이 높아진다. 반대로 멜로디 노트가 포함되어있지 않은 경우, M.I.를 적용한 코드진행에 일종의 필연성이나 흐름의 매력이 없으면 부자연스럽게 들린다. 시행착오를 거치며 자신의 귀로 판단하기 바란다.

🔊 음원 TRACK

| 59 | **마이너 키에서 사용할 수 있는 M.I.** |

| 60 | **나폴리 화음** |

⏩ 모달 인터체인지   *P124*

조바꿈의 순서

서브스티튜트 도미넌트와 투 파이브의 사용

조바꿈의 기본과 기교

최근에는 브레이크 후에 갑자기 조바꿈을 하는 곡이 많아졌으며 듣는 이에게도 친숙해졌다. 여기서는 조바꿈의 순서를 설명하겠다. 간단하게 말하면 도미넌트 모션의 흐름을 만들면 어디로든 갈 수 있다(이론적으로는 가능하며, 음악적으로 아름다운가는 별개의 문제다).

　악보 예①ⓐ는 전형적인 패턴(♪1)이다. C메이저에서 Eb메이저로의 조바꿈 예다. **악보 예①ⓑ**는 ⓐ의 Bb7을 서브스티튜트인 E7으로 바꿔서 루트의 반음진행(미(E음)→미b(Eb음))을 강조한 예(♪2)다. **악보 예①ⓒ**는 ⓐ의 Bb7 앞에 Fm7을 붙여서 투 파이브로 진행했다. 원쿠션으로 약간은 부드러워졌다(♪3). **악보 예①ⓓ**는 투 파이브를 넣을 수 있으면 세컨드리 도미넌트 모션으로 해도 좋다. ⓒ보다 더욱 기교가 들어간 느낌이다(♪4). 곡 중에서 1번째와 2번째 모두 같은 인터벌로 후렴구 앞에서 조바꿈하는 곡이라면 2번째 후렴구 앞에서 이런 변화를 주는 것도 가능하다. 간주에 후렴구의 코드진행을 사용한다면 그 앞에만 이 패턴으로 하는 것도 베리에이션으로는 좋다. 　마이너 키로의 조바꿈도 같은 개념이다(**악보 예①ⓔ**). C메이저에서 평행조인 A마이너 키로의 조바꿈

은 깜빡하면 C메이저인 VIm7(Am7)으로 자연스럽게 코드진행을 하는 것처럼 들릴 수 있다. 마이너 키로의 조바꿈이라는 표현을 확실하게 하고 싶다면 A마이너로의 투 파이브 'IIm7(b5)–V7'를 사이에 넣으면 효과가 있다. 조바꿈은 이렇게 V7에서 익힌 모든 지식을 활용할 수 있으며 텐션을 추가하면 베리에이션은 더욱 늘어난다.

　악보 예①ⓕ는 기교가 들어간 예(♪6)다. C메이저의 도미넌트 G7과 Eb메이저의 도미넌트 Bb7을 각각 분수코드로 해서 분위기를 바꾸면서 '조바꿈을 하지 않는' 선택이다(웃음).

◀)) 음원 TRACK

61　다양한 방법의 조바꿈

♪1　C메이저에서 Eb메이저로
♪2　반음진행을 강조한다
♪3　투 파이브
♪4　세컨드리 도미넌트 모션
♪5　C메이저에서 A마이너로
♪6　분수코드로 해서 분위기를 바꾼다

▶▶　인상적인 조바꿈　　　　　　　　　　P130

▲악보 예① 조바꿈의 베리에이션.

인상적인 조바꿈

테크닉을 사용해서 더욱 인상적으로 만든다

반음조바꿈으로 깜짝 놀라게 한다

투 파이브를 사이에 두는 조바꿈은 조바꿈의 분위기를 풍기기 때문에 그렇게 놀랄 일은 없다. 여기서는 깜짝 놀라는 것은 물론이고 음악적으로도 놀라게 하는 예 2가지를 소개한다.

오프코스(off course)의 유명한 곡을 소개하겠다. **악보 예①**은 인트로의 코드진행이며 후렴구의 진행을 반음 내린 것과 같다. **악보 예①**의 4소절 패턴을 4번 반복해서 완전히 Ab마이너의 느낌으로 만든다. 시간적으로 30초 정도이므로 귀가 Ab마이너에 익숙해진다.

참고로 2소절째는 Db의 신서사이저 리드 음이 나온다. Db을 톱으로 하는 E6와 Gb도 좋지만, 의도적으로 Gb/E를 넣은 것은 센스가 넘친다. 그리고 이

코드진행의 흐름으로 기분이 좋아진 30초 후, 사건이 발생한다.

A멜로디로 진행하기 직전에 반음 위인 A마이너로 조바꿈한다(**악보 예②**). 인트로 마지막의 2박자는 E에서 F로 간다. 그리고 멜로디는 2박자째에서 시작한다. 노래가 2박자째부터 시작된다는 것을 의식적으로는 알 수 없다. 하지만 보컬리스트는 조바꿈 후의 코드가 울린 후에 노래를 하는 편이 피치를 쉽게 잡을 수 있다.

기대감을 높인 후 배신한다

또 하나, 갑자기 전환하는 예로 10cc의 히트곡을 들 수 있다. 10cc의 곡 중에는 'I'm Not in Love'도 유명

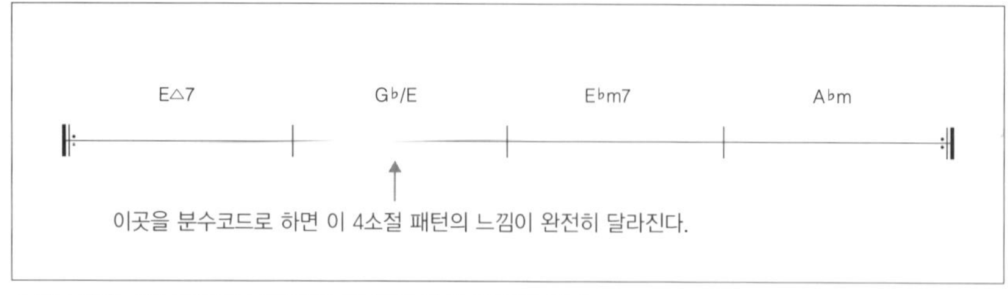

▲악보 예① 4회 반복해서 Ab 마이너가 귀에 익숙해지도록 한다.

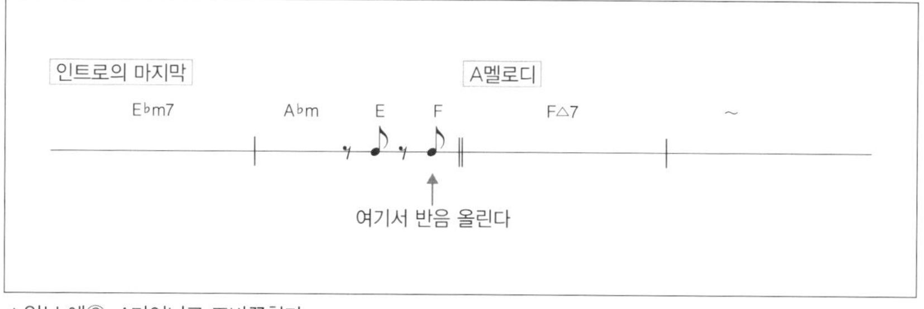

▲악보 예② A마이너로 조바꿈한다.

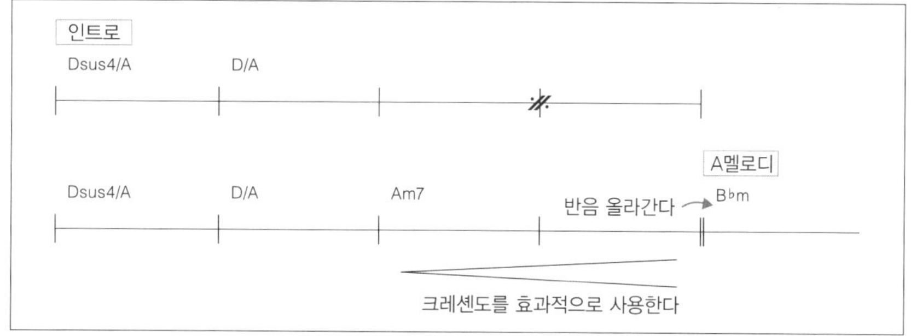

▲악보 예③ 크레셴도를 효과적으로 사용한다.

하다. 항간에는 'I'm Not in Love'의 보이스를 멜로트론으로 착각하는 사람도 있다. 이것은 코러스의 다중녹음이므로 주의해서 들어보기 바란다.

이 곡의 인트로 코러스 워크도 다중녹음이다. 이 곡도 오프코스의 곡과 마찬가지로 인트로에서 반음 조바꿈을 해서 A멜로디로 들어간다. 우연인지 후렴구의 코드진행이 인트로에도 사용되었다. 이 수법은 테크닉으로 확립되었다. 여기서 주목할 점은 인트로의 마지막 2소절 동안 크레셴도로 기대감을 높였다가 배신하는! 테크닉이다(**악보 예③**). 또 한 군데가 있다. 오프코스와 공통된 부분으로 A멜로디가 뒷박자에서

시작하고 조바꿈이 된 것이 확실하게 들린 곳에서 멜로디를 시작한다는 것이다. 사운드도 이때까지는 다중 코러스로 공간을 느끼게 하는 어레인지였다. 하지만 비교적 데드한 사운드로 크게 바뀌어 매우 효과적이다.

이밖에도 다양한 곡에서 조바꿈이 재미있게 사용되고 있다. 의문이 생기면 반드시 애널라이즈를 해서 내 것으로 만들자.

▶▶ 조바꿈의 순서   P128

기성곡의 애널라이즈

'Happy Birthday To You'를 분석해보자

멜로디의 기승전결

기성곡을 참고하는 몇 가지 아이디어를 소개하겠다. 기왕이면 남들 앞에서 연주할 가능성이 높은 곡이면 좋다. 그래서 'Happy Birthday To You'를 준비했다.

이 곡은 8소절 멜로디의 심플한 구조다(**악보 예①**). 원곡은 F메이저지만 애널라이즈의 이해를 돕기 위해서 C메이저로 했다. 생일파티에서는 멜로디가 도(C음)로 시작하는 F메이저가 남성도 여성도 노래하기 쉬운 음역이다.

멜로디의 요소는 리듬과 음정(인터벌)의 2가지다. 먼저 리듬부터 살펴보자. 악보를 읽을 수 없어도 도형으로 보면 점8분음표가 눈에 띈다. 이 리듬을 경계선으로 하면 총 4개의 구역으로 나눌 수 있다. 가장 알기 쉬운 멜로디의 '기승전결'의 예다.

'기'와 '승'을 비교해보면 리듬은 같고 음정이 약간 다르다. '승'의 후반부가 조금 더 높다. 일종의 예감과 기대를 하게 한다. '기' 부분을 잘 이어받은 것이다. 3번째 블록이 '전'이다. 멜로디의 분위기가 고조되도록 옥타브 점프를 했다. 노래하는 사람의 키에 적절하게 맞추면 표현력이 부족하더라도 분위기를 고조시킬 수 있는 테크닉이다. 여기서 리듬을 제시하는 부분(점8분음 부분)도 약간 높은 곳으로 이동시켜 집결하는 준비와 예감을 주면서 토닉으로 돌아간다.

기억하기 쉽고 애널라이즈도 쉽다. 게다가 설명하는 나도 편한 멋진 곡이다.

▲악보 예① C메이저의 'Happy Birthday To You' 멜로디.

▲악보 예② 코드를 붙여보았다.

코드를 붙여서 분석한다

지금까지 멜로디의 의미와 흐름을 애널라이즈(분석)해보았다. 이번에는 좀 더 음악적으로 검증해보자. 코드가 붙은 악보를 보기 바란다(**악보 예②/TRACK62**).

❶첫 음인 솔(G음)은 아우프닥트(독일어 Auftakt), 또는 픽업(영어 Pick Up)이라 불리는 부분으로 첫 소절선 바로 앞을 의미한다.

❷2소절째 마지막의 라(A음)는 기음이다. C메이저의 코드 톤인 솔(G음)로 내려간다. 맨 처음의 라를 미(E음) 또는 솔로 바꾸어 사운드를 확인해보자. 이곳을 기음으로 할 것인가, 코드 톤으로 할 것인가의 차이를 쉽게 이해할 수 있을 것이다.

❸2~3소절째와 4~5소절째는 리듬과 음의 상하행이 같다. 주의할 점은 2~3소절째의 도→시(B음)와 4~5소절째의 레(D음)→도는 음정이 2도 높아졌다는 것이다. 이 흐름 때문에 다음에 오는 피크가 더욱 효과

적이다.

❹5~6소절째의 옥타브 인터벌의 점프와 그 후의 하행부분은 코드톤이다. 이 곡에서는 크게 의식할 필요가 없다. 하지만 리하모나이즈를 할 때에는 솔→미→도와 같은 코드 톤의 아르페지오를 어렵게 만들면 노래의 음정을 잡기 힘들어지는 경우가 있다. 다만 이 곡처럼 잘 알려져있다면 난해한 리하모나이즈를 하더라도 별 문제 없이 노래할 수 있을 것이다.

❺마지막의 '해피~' 이후는 모두 코드 톤으로 울리면서 토닉으로 마친다. 많은 사람이 노래하고 알기 쉬운 곡에서 이것은 중요한 포인트다. '모두가 노래할 수 있는 곡'의 멜로디는 토닉으로 마치면 무난하다.

🔊 음원 TRACK

| 62 | **'Happy Birthday To You'의 멜로디+코드** |

⏩ 멜로디를 울리게 하는 방법(넌코드 톤)　　　*P070*

리하모나이즈(시작)
한 음을 더하는 것부터 시작하자

리하모나이즈도 작곡의 일부다

원래의 코드진행에서 다른 코드진행으로 바꾸는 것을 '리하모나이즈'라고 한다. 어레인지라고 생각할 수도 있다. 하지만 이 책에서 다루는 정도의 리하모나이즈는 정확히 말해서 작곡의 범위다.

재즈는 리하모나이즈, 리하모나이즈라고 하면 역시 재즈다. 재즈 스탠더드에서 참고하기 좋은 작곡의 수법이 리하모나이즈다. 원곡의 멜로디는 그대로 두고 코드의 컬러링을 바꾸는 리하모나이즈 수법은 록을 듣고 음악을 시작한 나 같은 뮤지션에게는 많은 참고가 된다.

포인트 코드를 찾는다

악보 예①은 'Happy Birthday To You'의 코드다(♪1). 여기에 1음을 더한다면 6th나 7th, 또는 9th가 될 것이다(**악보 예②**/♪2). **악보 예①**과 비교하면 사운드가 상냥해진다.

악보 예③은 조금 더 리하모나이즈를 한 예로(♪3) 그 방법에 대해서 알아보자.

❶펑셔널(functional) 코드를 조금씩 사용해본다. 여기서도 9th는 사용하기에 좋다(1소절째와 3소절째 등).

❷예를 들어 G7을 발견했다면 그 앞에 m7을 두어 투 파이브로 한다(1~2소절째 등).

❸투 파이브를 발견하거나 새로이 리하모나이즈를 했다면, 그 앞에 추가로 세컨드리 도미넌트를 둘 수 있는지 검증한다. 곡의 마지막에 도미넌트 모션이 있으므로(G7-C), G7 앞에 Dm7을 넣어본다. 잘 맞으면 이번에는 Dm7에 대한 도미넌트(세컨드리 도미넌트)를 넣어본다. 그리고 멜로디와 비교하면서 미세조정을 한다. 이 경우 A7 부분의 멜로디가 파(F음)이므로 b13으로 하면 잘 맞으며 흐름도 아름다워진다.

❹A7을 사용할 수 있다면 그 앞에 Em7을 두어 투 파이브화 한다.

이런 방법으로 리하모나이즈를 생각한다. 처음에는 ❸의 순서처럼 도미넌트 모션을 맞춰 가면 생각하기 쉬울 것이다.

🔊 음원 TRACK

63 간단한 리하모나이즈

♪1 'Happy Birthday To You'의 코드진행
♪2 한 음을 추가한다
♪3 투 파이로 해본다

⏩ 토닉으로 돌아오는 방법　　　　　　　　　*P108*

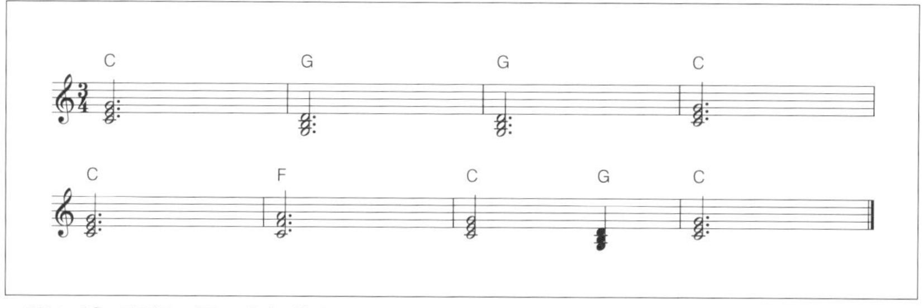

▲악보 예① 이것을 리하모나이즈한다.

▲악보 예② 우선 각각의 코드에 한 음을 더해본다.

▲악보 예③ 펑셔널 코드를 사용하거나 투 파이브화 해본다.

리하모나이즈(한 단계 업)
이론의 지식으로 리하모나이즈를 해보자!

식상한 진행에 양념을 추가한다

이론적으로 생각해서 리하모나이즈를 해보자. 'Happy Birthday To You'를 이렇게 하는 것이 실용적인가에 대해서는 생각하지 말고, 작곡 연습이라고 생각하고 해보자.

우선 베이스 노트를 바꿔서 사운드를 변화시킨다(**악보 예①/♪1**). 이것은 베이스의 하행과 상행 모두 4도진행으로 움직임지 않고, 2도씩 움직인다는 제한으로 리하모나이즈한 예다. 독학을 하거나 시행착오를 거칠 때에는 이렇게 간단한 규칙에 바탕을 둔 작곡과 어레인지를 하면 좋은 성과가 나온다.

악보 예②는 유명한 코드진행에 다른 멜로디를 올리는 수법이다. ⓐ는 '파헬벨의 캐논'이라 불리는 코드진행이다(♪2). 이것의 베리에이션이 ⓑ(♪3)다. ⓐ의 코드진행의 베이스를 하생하는 움직임으로 만들고, 코드 네임을 다시 붙인 것이다. 만약 ⓐ의 코드진행을 여러 번 반복할 필요가 있는 경우에는 질리는 타이밍에서 이런 베이스의 움직임을 넣어서 신선하게 만든다. 원래의 진행으로 돌아갈 때에는 다시 변화를 준다.

룰을 정해서 멜로디를 쫓는다

악보 예③(♪4)은 베이스를 움직이고 싶어 하지 않는 패턴이다. 베이스 페달 포인트로 팬디어토니시즘(Pandiatonicism)이라는 어려운 이름의 수법이다. 어려운 이름에 비해 의외로 간단하다. 하지만 키와 모드에 따라 난이도는 달라진다.

정해진 모드 안에서(**악보 예③**은 아이오니안) 멜로디(톱 노트)에 대해서 정해진 간격으로 내성을 평행 이동 시키는 수법도 있다. **악보 예③**은 멜로디 아래의 3도, 추가로 아래로 2도의 룰을 만들어 멜로디를 쫓아간다. 키가 C라면 건반에 익숙하지 않은 사람이라도 간단히 연주할 수 있을 것이다.

🔊 음원 TRACK

64 아이디어를 추가한 리하모나이즈
♪1 베이스 노트를 바꾼다
♪2 캐논진행에 올라탄다
♪3 캐논진행에 올라탄다(베이스 하행형)
♪4 팬디어토니시즘

↔ 캐논진행　　　　　　　　　　　　　　　　　　　P110

▲악보 예① 베이스 노트를 2도씩 움직인다.

▲악보 예② 캐논진행에서 빌려온다.

▲악보 예③ C아이오니안에서 베이스 페달 포인트로 평행이동한다.

리하모나이즈(멋지게)
세밀한 울림을 만들어보자

재즈 느낌으로 만든다

이번에는 'Happy Birthday To You'를 세밀하게 리하모나이즈해보자.

　악보 예①은 콘스탄트 스트럭쳐(Constant Structure)라는 수법이다(♪1). 콘스탄트는 '항상 일정하다'라는 의미이며 스트럭쳐는 '구조'라는 의미다. 따라서 '구조가 일정한' 하모니라는 뜻이다. 오른손에 임시기호가 많이 붙어서 어려워 보인다. 하지만 건반으로 눌러보면 4도를 겹쳐서 평행이동을 하고 있을 뿐이어서 연주 자체는 어렵지 않다. 다만 이 정도로 리하모니아즈를 한다면 이 곡을 어디에 쓸 것인가가

더 문제다(웃음). 내 경험에 비춰 조언을 하자면 재즈에 흥미가 없는 청중들은 상당히 싫어할 것이다. 작곡가에게서도 '음이 충돌한 거 아니야?'라는 말을 들을 정도다.

　악보 예①처럼 베이스를 페달 포인트로 사용하면 문제 없지만(또는 리듬을 연주하지 않고 늘인다), 베이스를 마이너의 리프(전문용어로는 오스티나토(Ostinato))로 하면 충돌할 가능성이 크게 높아져 불쾌감이 느껴지는 경우가 생길 수도 있을 것이다. 하지만 나는 개인적으로 이런 것을 좋아한다. 재즈 클럽에서 연주한다면 문제 없을 것이다.

▲악보 예① 모두 4도를 쌓아서 구조는 같다.

▲악보 예② 모달 인터체인지로 오케스트라의 느낌을 낸다.

오케스트라 스타일의 사운드

악보 예①의 재지한 울림에 비해, **악보 예②**는 오케스트라 느낌의 울림이다(♪2).

메이저 트라이어드 또는 메이저 세븐스로 쌓는 방법이다. 연주하는 악기에 따라서 이미지는 달라질 것이다.

어째서 이런 음을 골랐는지 살펴보자.

❶C메이저 키이므로 C노트를 토널 센터(조성의 중심)로 한다.

❷오리지널 키가 C메이저다. 모달 인터체인지로 C프리지안 모드에서 Db△9을 빌려온다.

❸Db△9에서 Ab의 트라이어드를 찾을 수 있다.

❹Ab트라이어드를 콘스탄트 스트럭쳐의 '종점'으로 정하고 멜로디를 쫓는다.

❺페달 포인트는 모달 인터체인지에서 빌려온 Db메이저의 루트를 채용한다.

Ab트라이어드의 선택 방법에 대해서는 다른 관점도 있다. 콘스탄트 스트럭쳐에서 사용하는 트라이어드는 3rd를 톱으로 하면 울림이 좋아지는 경우가 많다. 그러므로 C노트가 장3도인 코드는 Ab트라이어드다. 따라서 Ab트라이어드를 콘스탄트 스트럭쳐의 종점으로 정하고 멜로디를 쫓는다.

이것은 하우스 뮤직의 일부에서 사용되는 수법과 같다. Cm9 코드를 일렉트릭 피아노(대부분은 Fender Rhodes라고 생각한다)로 연주한 사운드가 신서사이저의 프리셋에 하나 정도는 있을 것이다. 그것을 건반으로 연주하면 평행이동으로 울리는 것과 같다. 생연주와 샘플링은 질감에서 차이가 있지만 말이다(웃음).

🔊 음원 TRACK

65 세밀한 리하모나이즈

♪1 콘스탄트 스트럭쳐
♪2 모달 인터체인지를 사용한다

⏩ 모달 인터체인지   *P124*

간주를 만드는 방법

평범하지 않은 간주를 만들어보자

A멜로디를 이용한 간주 만들기

간주는 노래의 경우 1번과 2번 사이에 들어간다. 연주곡의 경우는 테마를 연주한 후 한동안 반복된다. 악기 실력이 좋지 않은 상황에서 간주는 매우 애매할 것이다. 애드리브를 넣으려 해도 연주를 제멋대로 해버리면 곡의 분위기를 망칠 우려가 있다.

단순히 간주=애드리브로 생각해서는 안 된다. 어설픈 애드리브처럼 위험한 것은 없다. 어레인저 관점에서 보면 1번째의 여운을 잘 살리면서 2번째로 연결하거나, 또는 간주에서 분위기를 바꾸어 2번째로 연착륙시키는 등의 방법으로 간주에도 의미를 주어야 한다.

연주에 자신이 있다면 애드리브를 하지 말고 A멜로디를 활용해서 간주를 연주해도 좋다. 1번~2번째를 마치고 후렴구를 지나서 엔딩 또는 페이드 아웃을 할 때에는 2번째의 후렴구를 마친 후에 A멜로디의 느낌을 다시 한 번 가지고 오는 구성을 만들어본다. 그리고 간주의 시작 부분에 116페이지에서 소개한 엔딩의 아이디어를 활용해볼 수도 있다. 간주를 만들 때 참고가 되도록(좋은 앨범을 소개한다는 의미도 포함해서) 2곡의 예를 들어보겠다.

■ 'あまく危「な香リ(아마쿠 키켄나 카오리)'
30년도 더 전의 야마시타 타츠로의 앨범 〈FOR YOU〉에 수록되어 있는 곡이다. 간주의 A멜로디를 인용한 피아노 솔로(야마시타 타츠로 본인이 연주)에 주목해보자. '인용'의 효과로 멋지고 어른스러운 분위기가 난다.

■ 'フォーカス(포커스)'
위의 곡과 같은 시대의 마츠모토야 유미의 앨범 〈PEARL PIERCE〉에 수록되어 있다. 이 곡은 일렉트릭 기타로 A멜로디를 연주하고 있다. 디스토션 기타로 애절한 멜로디를 연주하는 것이 아니다. 컴프레서가 걸린 깔끔한 기타 사운드로 저음 줄을 심플하게 연주한다. 그래도 효과는 엄청나다.

위에서 소개한 2곡의 간주는 어레인지 수준이다. 여러분도 이와 같은 아이디어를 사용해서 간주를 만들어보자.

9th노트에서 시작한다

모든 곡의 간주를 A멜로디 인용으로 만들 수는 없으므로 다른 아이디어를 소개한다. 아마추어의 데모 트

▲악보 예① 루트음이 아닌 음으로 시작해본다.

랙에 많이 나오는 것으로(우연일지도 모르지만) 코드의 루트음에서 간주를 시작하는 패턴이다.

틀린 것은 아니지만 연주곡의 경우, 간주의 계기가 되는 음으로는 좀 평범하다.

자신의 데모 트랙을 다시 들어보고 간주가 루트음으로 시작되었다면(**악보 예①ⓐ/♪1**) 시험 삼아 9th 노트로 시작하는 룰을 적용해보기 바란다(**악보 예 ①ⓑ/♪2**). 코드의 루트는 중력적인 감각으로 보아도 침착하게 안정된다. 따라서 간주의 시작이 루트가 되는 것은 이야기를 전개한다는 면에서 보아도 피하는 것이 좋다. 숙제라고 생각하고 9th로 시작하기 바란다.

입으로 흥얼거릴 수 있는 기타 솔로

드디어 기타 솔로에 대해서다. 당신이 기타리스트라면 충고 한 마디 하겠다. 너무 심하게 연주하지는 말라! 그 마음은 이해가 된다. 하지만 기타 연주곡이 아닌 이상, 기타 솔로를 듣고 싶어 하는 사람은 기타리스트 본인 외에는 없다(웃음). 그보다는 사람들이 입으로 흥얼거릴 수 있을 정도의 음수가 좋다. 레코딩

이나 리허설을 마친 후, 누군가 자신도 모르게 휘파람을 불게 되는 멜로디의 솔로를 만들어보자.

그 자리에서 영감이 떠올랐다 하더라도 고도의 테크닉이 있어야만 주위 사람의 마음에 드는 솔로를 만들 수 있다. 작곡해서 가지고 있던 프레이즈를 마치 애드리브처럼 한 방에 연주하면 당신의 음악적 신용은 크게 높아질 것이다.

미국의 기타 메이커 깁슨의 광고에 '가사, 기타 솔로와 솔로 사이의 지루한 시간'이라는 문구가 있었다(웃음). 기타리스트라면 대부분 이런 마음을 가지고 있다. 일단 기타리스트가 연주를 했다면 혹평을 하기 전에 '오~ 멋진데. 혹시 모르니 지금 것도 기록해두고, 음수가 적은 멜로디어스한 것도 하나 만들어보자'라는 말로 테이크2를 진행해보자. 칭찬을 해주면 괜찮을 것이다.

◀)) 음원 TRACK

66 간주의 아이디어
♪1 루트음으로 시작한다
♪2 9th음으로 시작한다

▶▶ 엔딩을 만드는 방법　　　　　　　　　　P116

스트링스 MIDI 입력 노하우
세밀한 뉘앙스로 자연스럽게 만든다

비브라토와 피치

악보 예①ⓐ와 같은 화음을 스트링스로 연주한다고 하자. 프로그램 입력은 간단하다. **악보 예①ⓑ**처럼 된다(♪1), 이것을 생연주로 할 때에는 비브라토가 있는지에 주의할 필요가 있다. ⓑ를 리얼 스트링스로 연주하려고 해도 2nd바이올린에는 비브라토가 걸리지 않는다. 바이올린의 가장 낮은 음인 G2는 개방현이기 때문이다. 같은 이유로 **악보 예①ⓒ**도 비올라의 가장 낮은 음 C2에 비브라토를 걸 수 없다.

여기에 얼마나 신경을 쓸 것인가는 곡의 템포와 어떤 표정이 필요한지에 따라서 달라진다. 템포가 빠르고 개방현을 4분음표 정도로만 사용하는 경우라면 나는 신경 쓰지 않는다. 하지만 발라드 어레인지 또는 배경음악에서 온음표로 길게 늘이는 경우에는 어떻게 할 것인가에 대해서 생각을 한다. 비브라토가 표현상 필요하다면 **악보 예②**처럼 한다(♪2). 비올라는 G2에 비브라토를 걸 수 있기 때문이다. 샘플링 라이브러리 중에는 바이올린의 개방현 G2에 비브라토가 걸린 것도 있고, 그렇지 않은 것도 있다. 이것을 비올라로 설명하면 C2인 개방현 C선(기타의 경우 4번 줄)만 연주하면서 이웃한 G선(3번 줄) 위의 C3의 포지션(**악보 예③**의 작은 음표)을 눌러서 비브라토를 걸면 C2에도 비브라토가 걸린다. 샘플링 라이브러리는 이 방법을 사용했을 것이다.

편성이 작은 스트링스의 특징 중 하나는 피치가 미

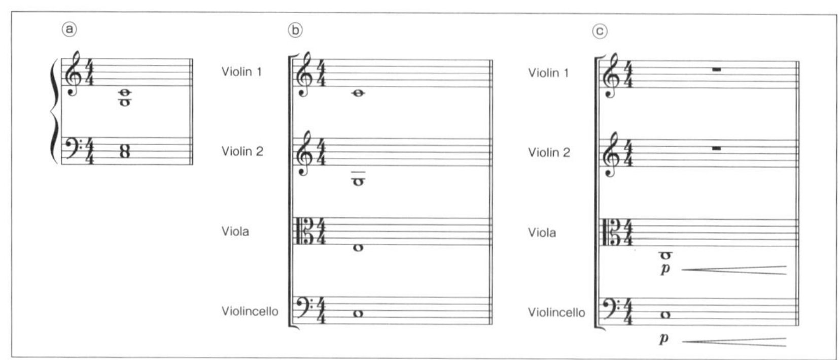

▲악보 예① 비브라토에 주의해야 한다.

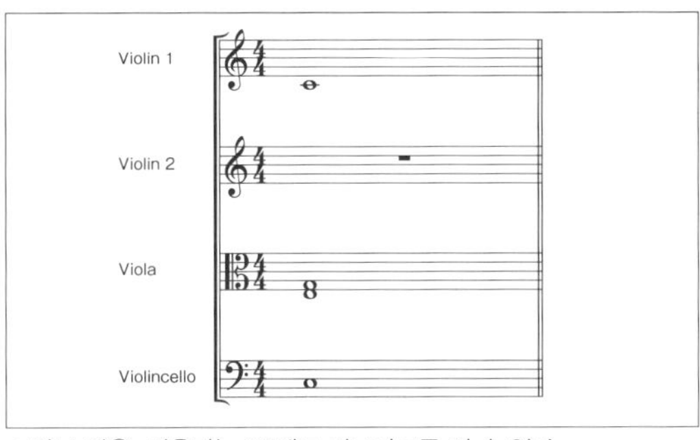

▲악보 예② 비올라는 G2에도 비브라토를 걸 수 있다.

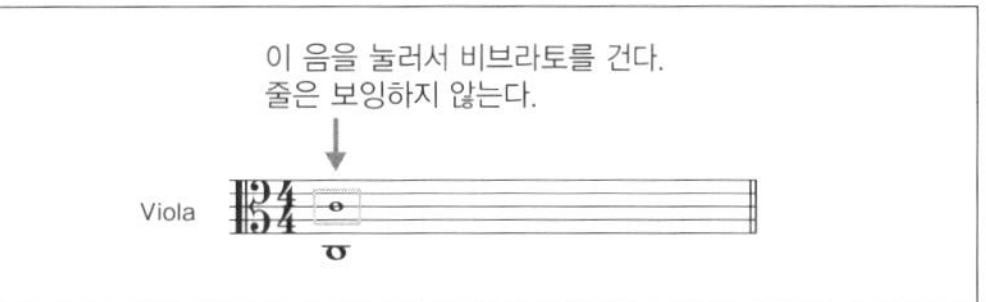

▲악보 예③ 비올라의 개방현 C2에 비브라토를 거는 방법.

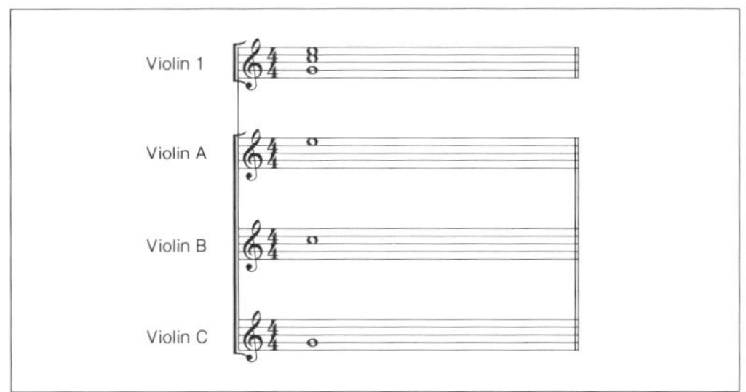

▲악보 예④ 리얼한 divisi를 재현한다.

묘하게 어긋난다는 것이다. 사람이 많으면 피치가 어긋난다는 생각이 쉽게 들지는 않을 것이다. 하지만 사실은 역학적으로 공명이 작용해서 피치가 안정된다. 팝스의 경우 스트링스 어레인지는 표준인 6-4-2-2(6형)로도 충분하지만 12형과 비교하면 역시 피치가 약간 어긋난다. 그러므로 데이터 입력으로 스트링스 어레인지를 할 때에는 여러 라이브러리를 겹쳐서 재현해야 한다.

페이더와 라이브러리를 사용하는 방법

더욱 리얼하게 MIDI 입력을 하고 싶다면 페이더를 사용한 익스프레션 입력이 필수적이다. 나도 스트링스의 MIDI 데이터를 작성할 때에는 오른손은 건반, 왼손은 페이더에 둔다. 레가토 연주를 하고 싶을 때에는 퀀타이즈도 하지 않는다. 오디오로 출력한 후에도 마음에 걸리는 곳이 있다면 페이더로 표정을 준다.

요즘의 라이브러리는 더욱 세분화되어 처음부터 1st 바이올린을 A, B, C의 3그룹의 인원수로 나눈

것이 있다. 3그룹에 의해 어긋나는 피치를 재현하는 능력도 높아서 나도 자주 사용하고 있다. 스트링스에 반드시 있는 divisi(디비지)를 재현할 때 특히 편리하다. 과거의 스트링스 라이브러리는 1st 바이올린을 3성으로 사용하면 보이스와 비례해서 더욱 두터워졌지만, 실제로는 1보이스 부근의 인원수가 줄어들기 때문에 두께가 줄어드는 것이 자연스럽다. 요즘의 라이브러리에서 A, B, C를 **악보 예④**처럼 사용하면 생음과 두께가 비슷해진다(♪3).

◀)) 음원 TRACK

67　스트링스의 MIDI 입력

♪1　MIDI 입력을 한 경우
♪2　비올라의 비브라토
♪3　그룹을 나눠서 두께를 자연스럽게 만든다

▶▶　스트링스에서 주의할 점　　　　　　　　　　P170

오케스트라 악기의 레이어

쌓아야 맛이 난다

악기를 쌓기 어려운 이유

최근에는 듣기 힘든 것 중 하나가 '레이어'라 불리는 쌓는 기술이다. 이것을 듣기 힘들어진 이유는 예산상의 이유로 악기를 추가하기 어렵기 때문이다.

예를 들어 플뤼겔호른과 알토 플루트를 각각 4성으로 쌓고 싶다고 하자. 이것만으로도 8명의 뮤지션을 불러야 한다. 예산이 비교적 많은 광고음악이라면 가능하다. 하지만 수십 곡을 녹음하는 드라마 배경음악에서 1곡만 많은 뮤지션으로 해보고 싶다는 요구는 현실적으로 어려울 것이다. 미국의 빅 밴드의 경우에도 색소폰 연주자가 플루트와 바꿔가며 연주하는 일은 드물지 않아서('Gordon Goodwin's Big Phat Band'의 색소폰 연주자 전원이 플루트를 연주할 수 있다) 많은 악기를 사용하는 것이 가능했을 것이다.

레이어의 구체적인 예

몇 가지의 기술을 악보로 보며 다양한 악기로 레이어를 해보자.

■알토 플루트&플뤼겔호른(악보 예①ⓐ/♪1)
부록 음원은 샘플링이어서 약간 딱딱한 느낌이 있지만 실제로는 더 멋지다.

■바순&첼로+콘트라베이스(악보 예①ⓑ/♪2)
극의 배경음악에서 비교적 많이 사용되는 액션 계열 시퀀스에 바순을 섞는 방법이다. 첼로와 유니즌시키면 어택이 더욱 또렷해진다. 음량의 밸런스는 바순이 너무 크게 소리를 내지 않는 것이 포인트다.

■플루트&바이올린(악보 예①ⓒ/♪3)
이것도 현과 목관을 쌓는 기술이다. 모차르트의 느낌이 난다(웃음). 플루트는 작은 음량이 좋다. 아마추어가 들었을 때 '플루트가 들어가 있다고?'라고 물을 정도가 적당하다.

■트럼펫&글로켄슈필(악보 예①ⓓ/♪4)
글로켄슈필은 멀리서 울리도록 하는 게 철칙이다. 밸런스는 글로켄슈필의 어택이 트럼펫의 서스테인과 같은 정도면 된다.

추가 설명을 하자면 이러한 방법을 사용할 경우에는 DTM에서 작업하는 경우가 많다. 실제로 오케스트라를 들어보고 악기의 원근감을 잘 파악하기 바란

▲악보 예① 다양한 악기를 조합해서 레이어를 만든다.

다. 재즈의 브라스와 달리 오케스트라의 스트링스 섹션은 뒤쪽에 위치해 있다.

이 악기의 원근감을 DTM으로 재현하기란 어렵다. 음량을 내리고 리버브로 보내는 것을 프리와 포스트에서 선택할 수 있다면, 프리로 보내서 악기의 페이더를 내리는 설정으로 비슷한 분위기를 낼 수 있다.

◀》) 음원 TRACK

68 오케스트라 악기의 레이어

♪1 알토 플루트&플뤼겔호른
♪2 바순&첼로+콘트라베이스
♪3 플루트&바이올린
♪4 트럼펫&글로켄슈필

▶▶ 팝스/록의 레이어　　　　　　　　　　　P146

팝스/록의 레이어
자연스럽게 쌓는다

기타와 베이스를 쌓는 방법

오케스트라 악기뿐만 아니라 팝스/록에도 쌓는 기술이 있다.

우선 일렉트릭 기타는 여러 대의 앰프를 한 번에 울리게 해서 녹음하는 방법(**그림①**)이 있다. 일렉트릭 기타는 너무 심하게 왜곡을 시키면 믹스 때에 어택감이 부족해지는 경우가 있다. 특히 디스토션을 사용하면 이런 점이 잘 발생되므로 주의해야 한다. 이 기술은 일렉트릭 기타로 멜로디를 연주할 때에도 효과가 있다. 이때 2대의 앰프 위상을 맞추어야 한다. 위상이 맞지 않으면 음상이 앞으로 나오지 않는다.

다음은 조지 해리슨 같은 사운드를 내기 위한 레이어 기술이다. 보틀 넥을 사용한 리드 기타가 하모니를 이루게 하는 것이다. 각각을 더빙했으므로 총 4트랙을 사용했다(**TRACK69**).

일렉트릭 베이스에 신서사이저 베이스를 쌓는 것도 좋은 방법이다. 제대로 조정이 되지 않은 일렉트릭 베이스의 경우는 데드 포인트가 있을 수 있다. 이것은 피치는 맞지만 미묘하게 음이 그곳만 안으로 들어간 느낌이 나는 경우다. 이런 현상은 새 악기에서도 잘 발생되며, 줄의 메이커를 바꾸면 해소되는 경우도 있다. 여기에 필터를 단 신서사이저 베이스를 추가해서 믹스의 중량 배분이 일정해지도록 한다. 이것도 들었을 때 티가 잘 나지 않게 하는 것이 좋다.

보컬의 레이어 기술

서양음악 중에는 싱글로 들리는 리드 보컬이라도 알고 보면 딱 맞는 타이밍으로 더블링된 경우가 많다. 이 방법의 장점을 잘 아는 아티스트 중에는 잘 쌓아서 믹스에서 활용하는 경우가 있다. 이것은 끈기가 필요한 작업이다. '감정을 담은 테이크는 두 번 다시 똑같이 노래할 수 없다'고 인터뷰를 한 보컬리스트가 있다(절대로 거짓말이 아니라고 생각한다). 하지만 레코딩 테크닉으로서의 더블링은 전혀 다른 것으로 생각하기 바란다.

작곡의 테크닉은 아니지만 더블링을 잘 활용하기 위해서는 헤드폰 모니터도 잘 사용할 수 있어야 한다. 한 가지 주의할 점으로, 베이식 트랙의 보컬 패닝을 센터로 하고 있지는 않은가?

패닝을 가운데로 두면 리듬과 음정을 알아듣기 힘든 경우가 있다. 약간 오른쪽이나 왼쪽으로 배치해서 모니터해보자. 완전히 왼쪽으로 배치해놓고 노래해야 잘 들린다는 보컬리스트도 내 경험으로는 몇 명 있었

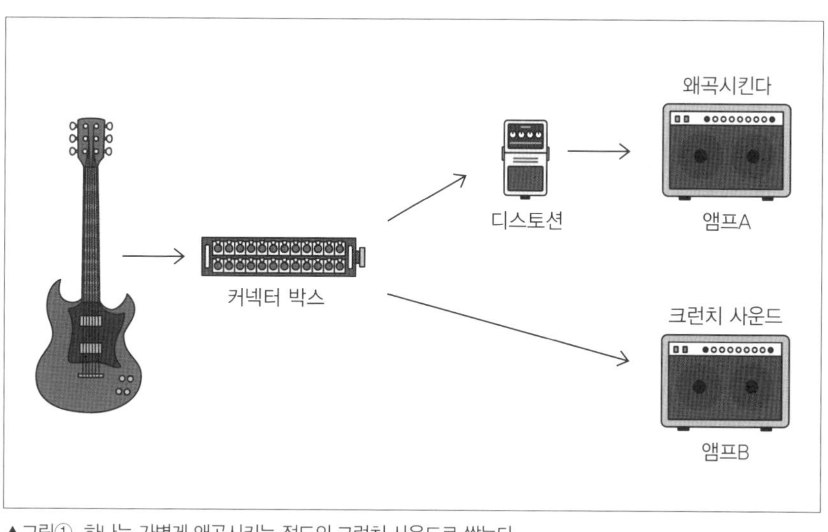

▲그림① 하나는 가볍게 왜곡시키는 정도의 크런치 사운드로 쌓는다.

다. 리버브를 걸어달라거나 빼달라는 요청도 있다. 헤드폰의 음량도 중요하다. 필요 이상으로 크게 들으면 음정을 잡기 어렵다. 따라서 자신에게 가장 잘 맞는 모니터 밸런스도 찾아보아야 한다.

원래의 주제로 돌아가서 보컬을 쌓는 기술에 대해서 설명하겠다. 3성의 하모니를 2회씩 총 6트랙을 쌓는 것은 대부분이 해본 적이 있을 것이다. 여기에 자음부분을 강조한 위스퍼 보이스를 추가로 쌓으면 R&B 계열의 보컬 워크와 잘 맞는다. 일본어는 (영어와 비교하면) 모음이 강하고 자음이 약하기 때문에 목소리가 마이크에 들어가는 느낌과 컴프레서의 효과가 미국인 가수에 비해 좀 빈약하게 들린다. 이럴 때 자음의 리듬을 보강하기 위해 사용할 수 있는 테크닉이다.

다시 한 번 말하지만 레이어 기술에서 중요한 것은 '쌓았는지 모를 정도'로 밸런스를 잡는 것이다. 지나치면 모자란 것만 못하다.

🔊 음원 TRACK

69 **보틀 넥을 사용한 리드 기타의 하모니**

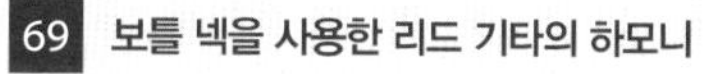

⏩ 오케스트라 악기의 레이어   *P144*

후렴구를 부각시키는 기술
리듬과 코드진행으로 계기를 만든다

후렴구를 부각시키는 기술

B멜로디가 없는 구성에서 A멜로디→후렴구로 진행되는 경우, 후렴구 앞에 리듬의 포인트 또는 계기가 되는 부분을 넣고 싶은 경우가 있다.

이것은 자주 볼 수 있는 패턴 중 하나로 밴드 전체의 리듬 포인트를 만들어 브레이크를 건다. 여기에 상행 멜로디를 넣어 후렴구로 들어가는 패턴이다(**악보 예①/♪1**). 겹세로선 바로 앞에서 드럼 필을 넣는 것도 잊지 않도록 하자. 이렇게 하면 그루브가 자연스럽게 이어진다.

A멜로디와 후렴구 사이에 짧은 코드진행을 넣는 방법도 있다. 우선 A멜로디가 **악보 예②ⓐ(♪2)**이고 후렴구가 1625(순환코드)인 패턴이라고 하자(**악보 예②ⓑ**). 이 사이에 4소절을 넣으면,

■A멜로디가 메이저 코드의 반복이므로 B섹션의 시작부분에 Dm7인 마이너를 넣어 분위기를 바꾼다.

■베이스 라인이 상행하는 코드진행으로 만든다. 후렴구를 향해서 분위기를 고조시킨다.

이렇게 해서 **악보 예②ⓒ**처럼 되었다(♪4).

가사의 내용에 따라서는 B섹션의 시작부분을 마이너로 하고 싶지 않을 수 있다. 그런 경우에는 메이저 세븐스 또는 9th 등의 텐션을 빼고 심플한 메이저 트라이어드를 넣어 후렴구로 진행시키는 방법도 있다(**악보 예③/♪5**). B섹션의 시작부분이 F가 되어서 A멜로디로부터의 변화가 **악보 예②ⓒ**만큼은 아니다.

코드진행의 아이디어 이외에도 다음과 같은 것들이 있다.

■리듬 패턴을 바꾼다.

예를 들어 스네어를 빼거나 2박자째, 4박자째의 스네어를 4박자째에만 남기는 방법 등.

■후렴구에 들어가는 악기가 먼저 나온다.

만약 후렴구부터 스트링스가 나온다면, 좀 더 움직임이 적은 심플한 라인의 스트링스를 만든다.

■베이스의 움직임도 심플하게 한다. 또는 리프 패턴을 바꾼다.

A멜로디와의 변화를 정확히 알 수 있는 파트를 만드는 것이 중요하다.

◀)) 음원 TRACK

70 후렴구 앞의 계기

♪1 멜로디가 상행해서 후렴구로 간다
♪2 A멜로디
♪3 후렴구
♪4 후렴구 앞의 짧은 코드진행
♪5 메이저 트라이어드에서 후렴구로 간다

▶▶ 베이스가 하행하는 진행　　　　　　　　　P164

▲악보 예① 2소절째 3박자째부터 후렴구를 향해서 상행한다.

▲악보 예② 후렴구 전에 조바꿈을 하고 베이스 라인으로 분위기를 띄운다.

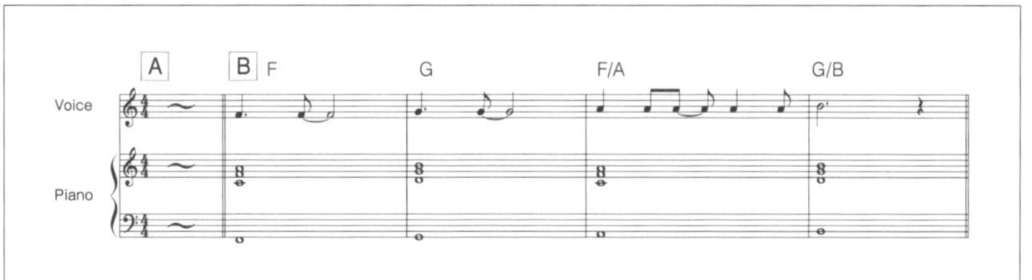

▲악보 예③ 그다지 변화가 없지만 이것도 한 가지 방법이다.

얼터너티브에서 배우는 아이디어
형식에 구애받지 않는 음악

라디오헤드로 보는 90's 얼터너티브

90년대의 얼터너티브 신은 라디오헤드와 앨범 《OK Computer》(1997년)를 중심으로 움직였다고 해도 과언이 아닐 정도로 다양한 아티스트에게 영향을 주었다. 드럼, 베이스, 기타, 보컬, 키보드의 평범한 구성의 록 밴드지만 일렉트로니카, 사이케델릭, 어쿠스틱, 현대음악적인 처리, 재즈 계열 하모니, 그러면서 자신들의 컬러가 뚜렷한 정말 훌륭한 밴드다. 이 앨범의 대표곡이라 할 수 있는 것이 'Paranoid Android'다. 이런 곡은 키보드로 카피하고 코드 네임을 붙여서 애널라이즈하면 약간 느낌을 줄 수도 있다. 구성음은 F9이지만 느낌은 Cm와 Gm(도미넌트 마이너)의 반복 시퀀스 아래에서 베이스 라인이 독립해서 움직이는 분위기다. 실제로 어쿠스틱 기타 파트를 연주하면 왼손 3번 손가락과 4번 손가락을 고정시킨 상태로 1번 손가락과 2번 손가락으로 베이스를 연주하게 된다. 그리고 메이저 신에서 한동안 잘 사용하지 않았던 변박자를 적극적으로 사용한 것도 포인트다.

라디오헤드의 멜로디는 코드 이외의 음(넌코드 톤)을 늘여서 코드가 가진 중력에서 이탈한 듯한 느낌이 든다. 이것은 보컬 톰 요크가 가지고 있는 뉘앙스의 영향도 크다. 팔세토를 사용하지 않으면서도 노래할 수 없는 음역을 멜로디에 넣는 것을 전혀 주저하지 않는다.

창법은 악보에서는 보이지 않는 요소다. 브레스를 의도적으로 어긋나게 한 것이 아닌가 싶은 부분이 톰의 노래에서 느껴진다. 톰에게는 이것이 자연스러울 수 있지만 '좀 더 앞에서 브레스를 하는 게 편하지 않을까?'라고 생각되는 부분도 있다. 하지만 결과적으로는 브레스가 강조되어 노래에 더욱 현장감이 느껴진다. '브레스'는 엔지니어에 따라서 느끼는 방법이 다르다. 체질적으로 싫어하는 사람도 은근히 많다(웃음). 앞으로 여러분이 함께 일할 엔지니어와 이런 것에 대해서도 작업 전에 의논하는 것이 좋다. 내 경험상 믹스의 밸런스보다 이런 포인트를 잘 살려주는 것이 장시간 함께 작업할 것이라면 더욱 중요하다.

음악신은 복잡하고 심플한 시기를 반복한다. 라디오헤드가 등장했던 때는 심플한 구성의 얼터너티브가 최후를 맞이하는 시기이기도 했다.

얼터너티브의 요소

앞에서 잠시 나왔던 변박자. 이것은 록 계열에서도 사용되는 것으로 카운트 하는 방법만 이해하면 그렇

라디오헤드의
〈OK Computer〉,
반드시 들어보기 바란다!

게 어렵지는 않다. 7박자든 11박자든 3과 4로 나누면 된다. 7박자=3+4, 또는 4+3. '원투쓰리, 원투쓰리 포'로 카운트한다. 11박자는=4+3+4. 나누는 방법은 곡의 어디에 악센트를 두느냐에 따라 달라진다.

그리고 얼터너티브에서 또 하나의 중요한 요소는 '노이즈'다. 다양한 음원의 여기저기에 고스트 노이즈가 늘어가 있다. 하지만 이것도 '공기감'이다. 오해하지 말아야 할 것은 여기서 말하는 노이즈는 험 노이즈(일정한 피치로 계속 울리는 노이즈)가 아니라는 것이다. 레드 제플린을 비롯한 영국의 록 밴드는 옛날부터 이런 '노이즈'를 넣는 것을 좋아했다. 실수로 우연히 들어갔다고 볼 수도 있다. 하지만 처음부터 멤버와 엔지니어의 공통 인식으로 적극적으로 노이즈를 넣었다고 여겨진다. 그렇지 않다면 기침소리 정도

는 제거되었을 것이다.

마지막으로 최근에는 아마추어 뮤지션도 고가의 콘덴서 마이크를 사용한다. 다이내믹 마이크인 SHURE SM58(라이브 하우스에서 많이 볼 수 있다)을 한 번 사용해보기 바란다. 다이내믹 마이크는 가격이 저렴하므로 침이 튀더라도 크게 신경이 쓰이지 않는다(습기는 콘덴서 마이크의 천적).

'Alternative'는 '전통과 관습에 얽매이지 않는다', '형식에 얽매이지 않는다'는 의미다. 이런 음악을 만들고 싶다면 기존의 코드진행과 악기 사용방법 모두를 부정하는 것부터 시작해도 좋을 것이다.

▶▶ 멜로디를 울리게 하는 방법(넌코드 톤) P070

재즈 스탠더드에서 배우는 아이디어
재즈의 멜로디, 리듬, 하모니에는 힌트가 한가득!

재즈 스탠더드를 고르는 방법

재즈 스탠더드는 멜로디 연주방법과 리듬을 잡는 방법(4/4의 곡을 3/4 또는 6/8로 연주한다), 하모니를 붙이는 방법, 리하모나이즈를 하는 방법 등에서 많은 참고가 되는 보물창고다. 나도 특별히 애드리브를 잘 하는 편은 아니지만 옛날부터 재즈를 즐겨 듣고 있다. 특히 리하모나이즈는 재즈로 공부했다고 해도 과언이 아니다.

재즈에 흥미를 가지고 스탠더드곡을 골라서 들으려고 한다면 '노래' 작품부터 시작하는 것이 좋다고 생각한다. 심플한 어레인지의 멜로디 진행과 오리지널에 가까운 코드진행부터 듣는 것이 좋다.

여기서 나의 옛날 이야기를 하나 하겠다. 재즈에 흥미를 가지기 시작했을 때, 피아니스트 빌 에반스와 기타리스트 짐 홀의 듀오 앨범 〈Under Current〉를 구입했다. 그 앨범의 첫 번째 곡이 스탠더드곡인 'My Funny Valentine'. 내가 처음 들은 'My Funny Valentine'이었다. 사실 이것은 오리지널 멜로디의 음표와 완전히 다르다. 따라서 노래로 부른 'My Funny Valentine'을 처음 들었을 때에는 같은 곡으로 생각할 수 없었다. 이런 괴로운(부끄러운?) 과거도 있었다. 여러분은 꼭 노래를 먼저 들어보고 멜로디를 기억하기 바란다.

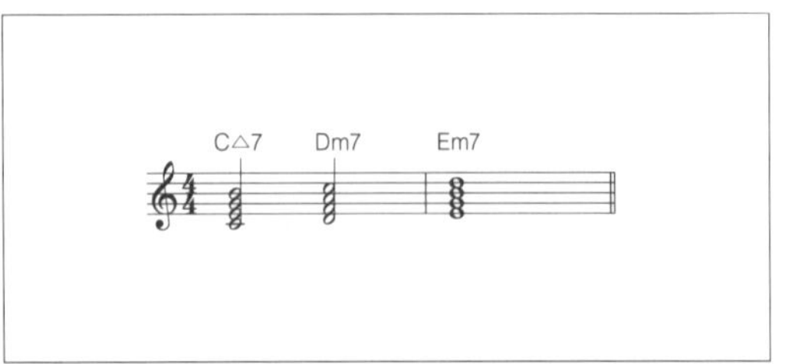

▲악보 예① C△7과 대리코드 Em7을 사용해서 진행한 예.

▲악보 예② Dm7–Em7을 반복한다.

▲악보 예③ 코드의 공통음을 연결시킨 예.

G7이
있다면 → 서브스티튜트
도미넌트인
D♭7을 찾아서 → 바로 앞에 D♭7과
‘Ⅱm7-Ⅴ7(투 파이브)’의 관계를
이루는 A♭m7을 둔다 → G7-A♭m7-D♭7
완성!

▲그림① 기본적인 재즈의 리하모나이즈 순서.

재즈 스타일의 코드진행

말만으로는 실전에 도움이 되지 않는다. 따라서 팝스에도 응용하기 좋은 재즈의 사고방식을 소개하겠다.

C△7의 대리로는 Ⅲm7인 Em7(C△9의 루트를 생략한 코드)을 사용할 수 있다. **악보 예①(♪1)**을 보면 C△7과 Em7 사이에 Dm7이 있다. C△7-Dm7-Em7은 자연스러운 흐름의 진행이다. 이것을 이용해서 C△7의 보이싱이 Dm7-Em7을 왔다갔다 한다고 해석한다. 재즈 기타리스트가 모든 멜로디에 코드를 붙이면서 연주하는 ‘Dm7-Em7’을 사용하는 부분이기 때문이다. 그 예가 **악보 예②(♪2)**다. 톱 노트를 바꾸면서 Dm7-Em7을 왔다갔다 한다.

악보 예③(♪3)은 공통음(커먼 톤)이 코드를 연결하고 있다. 코드진행만 보면 도미넌트 모션이 연속되어 공통음이 없을 것 같다. 하지만 도미넌트 세븐스의 경우는 텐션 선택의 가능성이 커지고, 찾으면 반드시 찾을 수 있다. 또는 커먼 톤으로 하고 싶은 음이 다음 코드의 어떤 텐션에 해당되는지를 세면 된다. 응

용으로는 톱 노트를 스트링스의 라인에 적용시킬 수도 있다. 팝스에 바로 응용할 수 있을지는 모르겠지만 작곡가의 교양으로 이 정도는 알아두자.

리하모나이즈에 대해서는 다른 페이지에 상세히 설명하겠지만, 재즈 리하모나이즈의 기본적인 사고방식은 **그림①**과 같은 순서라는 점은 기억해두기 바란다. 이것은 어디까지나 ‘기능’으로 생각한 것이다. ‘음악’으로서 좋은가 나쁜가는 자신의 귀로 판단하자. 교본을 읽은 것만으로는 사고방식과 개념, 시스템만을 이해할 수 있다. 실제로 여러 곡을 카피하고 연주해서 그 음악이 가지고 있는 본질을 파악하는 것이 가장 중요하다.

🔊 음원 TRACK

71 재지한 코드진행

♪1 C△7-Dm7-Em7의 사운드
♪2 Dm7-Em7의 사운드
♪3 공통음으로 연결된다

⏩ 리하모나이즈(시작) P134

보사노바에서 배우는 아이디어

텐션을 축으로 전개한다

텐션으로 베리에이션을 준다

보사노바에는 텐션이 많이 사용된다. 달리 말하면 보사노바는 텐션을 포함하지 않은 코드(심플한 메이저 트라이어드 등)는 넣기 힘든 양식이라 할 수 있다.

텐션이 많지만 긴장감 없이 오히려 부드럽고 여유 있게 들리는 이유는 대리코드를 사용해서 매끄럽게 연결시키기 때문이다. 투 파이브를 Ⅱm7→Ⅴ7으로 하지 않는다. Ⅱm7-bⅡ7-Ⅰ△7의 도미넌트 세븐스의 서브스티튜트 도미넌트로 바꾼 보이스 리딩을 만들고, 여기에 9th, 11th, 13th의 텐션을 추가해서 더욱 매끄럽게(직설적으로 말하면 움직임이 적은) 만든다. 그렇다면 이것을 악보 예와 함께 해설하겠다.

■일반적인 투 파이브를 2번 연속해서 G메이저로 해결하는 패턴(악보 예①ⓐ/♪1).

■악보 예①ⓐ의 2가지 도미넌트 세븐스를 서브스티튜트 도미넌트로 바꾼다(악보 예①ⓑ/♪2). 톱 노트에 반음 라인이 보일 것이다.

■악보 예①ⓑ를 바탕으로 텐션을 추가한다. 우선 m7에서 5th를 뺀다. 이렇게 하면 조금 가벼워져서 세련된 느낌이 들고, 특히 거트 기타(클래식 기타)의 경우는 상성부의 울림이 좋아진다. 그리고 도미넌트 세

브스에 13th를 더한다(악보 예①ⓒ/♪3).

■악보 예①ⓒ의 13th를 b13th로 하면(악보 예①ⓓ/♪4) 움직임이 적어지고 약간의 그늘이 진다.

이제부터는 다양한 베리에이션이다.

■악보 예①ⓓ의 m7과 △7의 톱을 9th로 해서 b13th의 코드에서 2nd를 제외한다(악보 예①ⓔ/♪5). 톱 노트를 연결하면 반음 라인이 된다.

■악보 예①ⓕ는 m7의 톱을 11th로 한 형태다(♪6).

텐션을 피봇(축)으로 해서 주변의 하모니를 어긋나게 하는 느낌이다. 좋은 곡을 찾아서 10곡 정도를 연주해보면 '보사노바'의 흐름이 몸에 익숙해질 것이다. 일단 연주하고, 듣고, 또 연주하자!

◀)) 음원 TRACK

72 **보사노바 스타일의 코드진행**

♪1　투 파이브
♪2　서브스티튜트 도미넌트
♪3　텐션을 더한다
♪4　13th를 b13th로 한다
♪5　반음 라인
♪6　m7의 톱을 11th로 한다

▶▶ 텐션 9th　　　　　　　　　　　　　　　*P094*

▲악보 예① 서브스티튜트 도미넌트, 9th, 11th, 13th의 보사노바 스타일 사용방법.

작곡가 **무라마츠 테츠야**

Q1 작곡을 시작하게 된 계기는?

A 고등학교 때 밴드를 만들어 라이브를 했습니다. 하다보니 카피가 아닌 우리들의 오리지널 곡을 연주해서 관객들에게 감동을 주고 싶다는 생각을 하게 되었습니다. 이것이 작곡을 시작하게 된 계기입니다.

Q2 공들여 만든 곡이 NG가 되었을 때, 어떻게 기분 전환을 하나요?

A 더 좋은 곡을 만들겠다는 각오로 기분 전환을 합니다. 다음 작곡에 집중하면 NG의 부정적인 기분은 자연스럽게 사라집니다. 작곡은 자신의 표현이 상대방에게 잘 전달되어야 비로소 잘 된 것이라 생각합니다. 따라서 제대로 전달이 되지 않아 NG가 되는 것은 어쩔 수 없습니다.

Q3 음악을 오래 하기 위한 좌우명이 있다면?

A 좋아하는 음악을 늘려나갑니다. 긍정적으로 발신하고 수신합니다. 별로 흥미가 없는 장르나 곡을 들었을 때에도 좋은 부분을 하나 이상 찾아봅니다. 그러다보면 음악을 듣는 즐거움이 커지고 작곡에도 분명 도움이 됩니다.

Q4 곡에 자신감이 없을 때(슬럼프)에는 어떻게 극복하나요?

A 우선 '슬럼프는 오래 가지 않는다'는 인식을 강하게 가집니다. 그리고 데이터 정리, 기자재 메인터넌스, 청소 등 작곡 이외의 음악제작에 관련된 일을 합니다. 영감을 받을 수 있는 영화, 책, 그림 등의 작품도 접합니다. 그러다가 조금이라도 동기가 부여되면 다시 작곡을 시작합니다. 이렇게 하면 어느새 슬럼프에서 벗어나곤 합니다.

Q5 초보자에게 해주실 말씀이 있다면.

A 즐기면서 많은 곡을 만들고, 다양한 사람에게 들려주시기 바랍니다. 그들에게서 감상과 의견을 받고, 또 많은 곡을 만들기 바랍니다. 그런 과정에서 명곡이 탄생된다고 생각합니다.

작곡가 10인 10색

– Q&A 로 알아보는 작곡가의 마음 –

PART 5

다양한 작곡 노하우

작곡가는 고독하다. '이럴 때는 어떻게 하면 되지?', '다른 사람은 어떻게 할까?'의 의문이 생기는 경우에도 물어볼 사람을 찾기란 어렵다. 이번 장은 선배 작곡가인 나의 경험과 지식을 아낌없이 담았다. 혼란과 고민에 빠졌을 때 틀림없이 도움이 될 것이다.

71 > 99

템포에 대해서

온에어를 의식하자

곡의 길이를 계산하는 방법

최근에는 대부분 DAW로 작곡 작업을 한다. 따라서 작업 중인 곡이 몇 분 몇 초인지 한 눈에 알 수 있다. 예전에는 스톱워치와 계산기로 계산을 했다(웃음). 참고로 스톱워치와 전자계산기로 템포를 구하는 방법을 소개하겠다. 먼저 1소절의 길이를 잰다. 다음은 멜로디나 리프를 흥얼거리면서 스톱워치를 누른다. 4/4 박자의 경우는 카운트 1로 시작해서 다음 소절 시작 부분에서 스톱한다. '1, 2, 3, 4, 1'의 2회째 '1'에서 누른다. '4'에서 누르지 않도록 하자.

❶예를 들어 측정한 수치가 1.73sec(초)라면 이것이 1소절의 길이다.

❷다음은 1.73÷4(4박자이므로 4. 3박자라면 3)=0.4325sec를 계산기로 구한다. 이것으로 1박자의 길이를 알 수 있다. 그 후, 전자계산기의 'M+'버튼을 눌러 메모리에 잠시 저장해둔다.

❸'C'를 눌러서 표시를 지운다. 이어서 60(초)÷ 'MR(메모리 리콜)' 버튼을 누르면 방금 전에 저장한 '0.4325'가 호출되어 =138.7283이라는 답이 나온다.

❹따라서 이 곡의 템포는 BPM=138~139 사이다.

여기서 일반적인 구성의 곡이 몇 소절 정도 되는지를 생각해보자.

■Intro: 8소절

■A멜로디(A Verse): 8소절

■B멜로디(B Verse): 4소절

■1st 후렴구(1st Chorus): 16소절

■간주(Link): 8소절

■A멜로디(A Verse): 8소절

■B멜로디(B Verse): 4소절

■2nd 후렴구(2nd Chorus): 2×16소절

■엔딩(repeat to fade): 16소절

이렇게 하면 총 104 소절이다. 이전에 템포를 구한 곡이 이 구성이라고 한다면 곡의 길이는 소절수에 1bar 1.73sec를 곱해서 179.9sec=약 3분이 된다. 적절한 길이다.

TV와 라디오용 곡의 길이

TV와 라디오에서 1곡을 모두 내보내주는 경우는 드물다. 미국에서는 핵심 파트가 1분 정도에서 나오도록 '라디오 에디트'를 편집해서 만들기도 한다. 앞에서 소개한 구성의 경우, A멜로디에서 첫 후렴구 끝까지는 총 28소절, 시간으로는 49초다. 라디오의 인트로

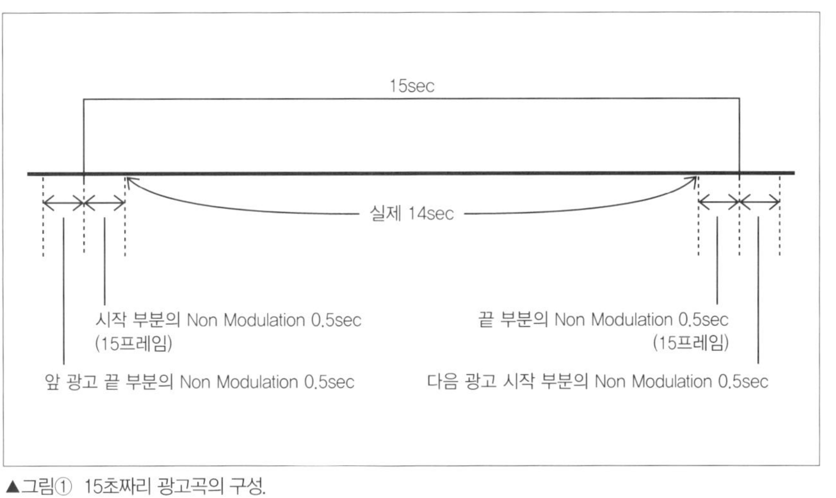

▲그림① 15초짜리 광고곡의 구성.

부분에서 DJ가 곡 소개를 하면 딱 1분이 된다.

만약 히트곡을 만들고 싶다면 이 정도는 의식하고 템포와 구성을 생각하는 것이 좋다.

참고로 TV 광고에서 신곡의 홍보를 위해 PV를 내보내는 경우를 이야기하겠다. 레코드 회사가 한 명의 아티스트를 위해 30초의 광고를 구입하는 것은 매우 드문 일(금액이 비싸기 때문)이다. 따라서 기본은 15초로 생각한다. 이 15초 안에 일본의 경우는 'Non Modulation'이라 불리는 무음 부분이 포함된다. 시작과 끝에 0.5초씩의 무음 부분이 있으므로 실제로 음성을 내보낼 수 있는 시간은 14초(**그림①**)다. 여기에 레코드 회사의 CI(코포레이트 아이덴티티)가 1.0~1.5초 정도 들어가므로 실제로 곡을 내보낼 수 있는 시간은 12.5~13초다. 그렇다면 이번에 계산한 곡의 후렴구를 광고에서 사용한다면 8소절을 내보낼 수 있다. 후렴구부터 방송되면 클라이맥스 전에 시간이 끊길 수 있다. 또는 후렴구 후반부터 내보내면 후렴구가 끝나기 직전에 CI를 내보내게 된다.

물론 이렇게만 생각한다면 히트곡의 템포가 모두 같아지겠지만, 현실적으로 그런 일은 없다. 아티스트는 쓰고 싶은 곡을 쓰지만 미리 광고에서의 사용을 염두에 두거나 드라마에서의 사용이 정해진 후에 곡을 제작하는 경우에는 이런 식으로 계산을 해서 템포를 정하기도 한다.

⏩ 곡의 구성을 생각한다   *P022*

매우 간단한 반주
건반 이외의 악기 반주를 만드는 방법

'1625' 진행으로 연습한다

작곡을 할 때 건반은 편리한 악기다. 구입 즉시 정확한 음정으로 연주할 수 있고, 신서사이저 피아노라도 요즘 제품이라면 음수도 충분하다. 음역도 넓다. 기타도 넓은 음역을 가지고 있지만 베이스 파트까지 커버할 수는 없다.

여기서는 건반 플레이어가 아닌 사람을 위해 간단한 반주를 만드는 방법을 소개하겠다.

'C메이저의 1625로 하면 되지?'라는 말은 뮤지션끼리 자주 하는 대화다. 1도 메이저, 6도 마이너, 2도 마이너, 5도 세븐스를 줄인 말이다. '1625(순환코드)'는 매우 자주 나오는 코드진행이다. 따라서 이 진행으로 연습해보자. 악보 예는 왼손으로 코드, 오른손으로 멜로디를 연주하는 건반용이다.

우선은 루트(**악보 예①**/♪1)다. 반주에는 역시 루트가 있는 편이 좋다. 익숙해지면 생략하는 경우도 있지만 처음에는 루트를 연주하자. 이정도면 기타리스트도 간단하게 연주할 수 있을 것이다.

악보 예②의 왼손은 2성이다(♪2). 기본 구성이라면 이정도로도 충분하다. 여기서 간단한 규칙 2가지를 소개한다.

❶코드에 완전5도가 포함되어 있다면, 필요 없다(디미니시 계열, 어그먼트 계열, 플랫 계열은 예외).

❷왼손은 가능한 이동하지 않는다.

악보 예②와 같은 코드진행의 경우는 5도 음이 필요 없다. C메이저에는 3rd 음인 미(E음)가 들어가면 알기 쉽다.

Am7은 루트와 7th를 연주한다. Dm7도 단3도가 중요하므로 레(D음)와 파(F음)를 누른다. G7은 3rd가

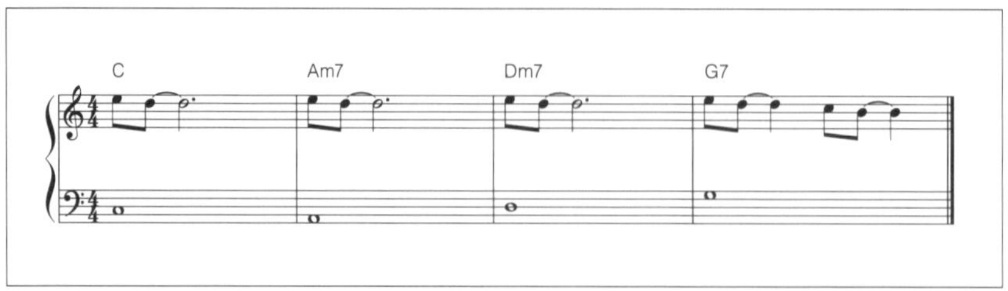

▲악보 예① 일단은 루트다.

▲악보 예② 루트에 1음을 더한다.

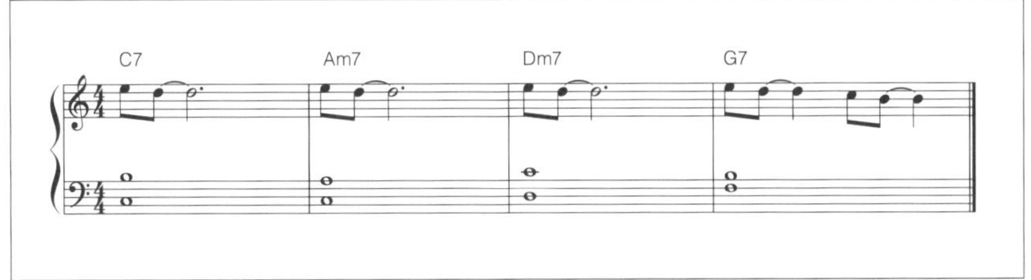

▲악보 예③ 다르게 연주하는 방법.

루트보다 아래에 배치되어있다. 하지만 이것은 손을 최소한으로 이동하기 위해서다.

다음은 **악보 예③(♪3)**이다. 멜로디도 1박자째에 미음이 울리고 있으므로 왼손의 3rd를 생략해서 메이저 세븐스를 넣어도 된다. Dm7은 3rd를 생략해서 7th를 누르면 이렇게 된다. G7은 시(B음)와 파, 세븐스의 중요한 역할인 트라이톤을 형성하고 루트는 과감하게 생략한다. 멜로디가 코드 톤인 경우는 왼손에서는 생략한다는 것도 기억해두자.

'1625'진행은 많은 곡에서 사용되었다. Wham!의 'Last Christmas'는 인트로에서 엔딩까지 D메이저의 '1625'뿐이다. '1625'의 2번째 코드는 팝스라면 Am7,

재즈에서는 일반적으로 A7이 된다. 재즈의 경우 처음 코드가 C△7 대신에 Em7이 사용되는 경우도 많다. 'Em7→A7→Dm7→G7'의 투 파이브(m7→7의 코드 진행)가 2번 연속된다.

🔊 음원 TRACK

73　1625진행에 반주를 붙인다

♪1　루트음을 사용한다
♪2　2성으로 한다
♪3　루트 또는 3rd를 생략해본다

⏩ 경제적인 반주　　　　　　　　　　　　*P162*

경제적인 반주
불필요한 손의 움직임을 없앤다

음악적=이코노미

건반 연주자가 자주 사용하는 오른손 코드 백킹을 소개한다. 어째서 경제적(이코노미)인가? 오른손이 별로 움직이지 않기 때문이다. 'Dm7-G7-C'의 진행을 예로 살펴보자.

우선은 **악보 예①**(TRACK74/♪1)이다. 이렇게 연주하는 것도 틀린 것은 아니다. 하지만 톱노트가 너무 많이 움직여서 멜로디를 방해할 우려가 있다. 그리고 오른손의 움직임이 너무 바쁘다. 따라서 더욱 음악적이면서도 경제적인 움직임으로 바꿔보겠다.

악보 예②(♪2)는 음악 전체를 방해하지 않으면서 '하모니를 지탱하는' 코드 백킹으로 사용하기에 좋다 (물론 곡에 따라 다르다).

이밖에 **악보 예③**도 좋다(♪3). 울림이 약간 달라진 것을 알 수 있겠는가? 코드 네임 Dm9의 톱은 9th인 미(E음)를 연주하고 있다. 다음의 G7은 이어서 연주한 미의 음이 이번에는 13th가 되었다. 마지막의 C△7도 3rd를 톱으로 가지고 오며 톱은 계속 미다.

'코드 네임에 쓰여 있지 않은 음을 연주해도 되는가?'라고 묻는다면 팝스와 록에서는 연주해도 된다. 들었을 때 좋으면 어떤 음이라도 연주해도 좋다! 코드 네임은 기본적으로 코드를 쌓은 상태(음을 쌓는 순

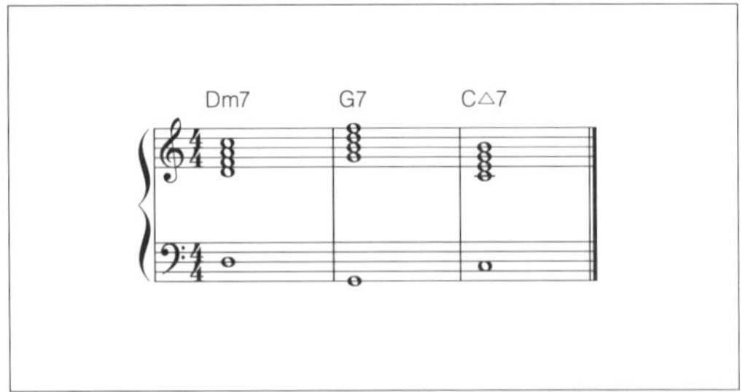

▲악보 예① 톱 노트가 너무 많이 움직여서 오른손이 바쁘다.

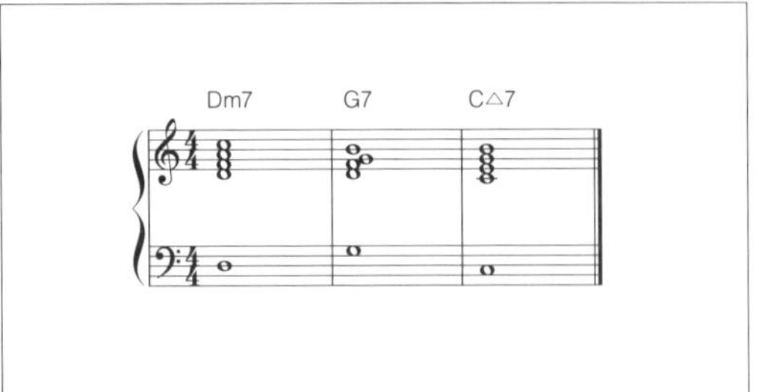

▲악보 예② 톱 노트의 움직임이 없어서 좋은 느낌의 코드 백킹이다.

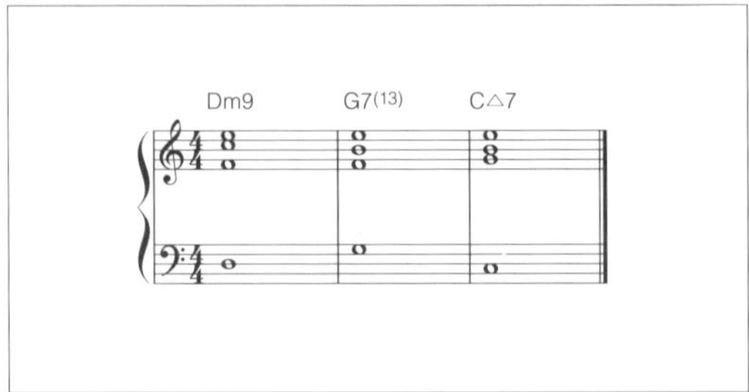

▲악보 예③ 9th와 13th를 넣어서 울림을 살짝 바꿔본 예.

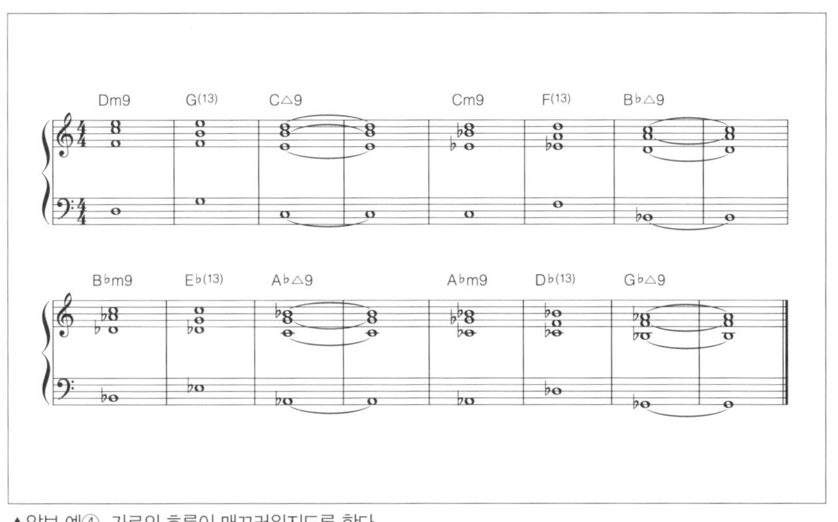

▲악보 예④ 가로의 흐름이 매끄러워지도록 한다.

서)를 표현할 수 있을 정도로 완벽한 구조가 아니기 때문에 많은 부분이 연주자에게 맡겨진다. 'C메이저'로 쓰여 있어도 연주자의 판단에 따라서 라b(Ab음)도 미b(Eb음)도 연주할 수 있다. 정말 중요한 것은 원하는 음을 연주하면서 다른 악기와 어떻게 잘 어울리게 할 지를 생각하는 것이다.

이 3소절만 봐서는 실제로는 큰 도움이 되지 않으므로 사이클 오브 피프스의 시계 반대방향을 적용하는 연습으로 몸에 익혀보자(**악보 예④/TRACK75**).

스트링스의 어레인지를 할 때에도 이처럼 가로의 흐름이 원활해지도록 할 필요가 있다. 코드 네임이라는

세로의 표지판을 보면서 가로의 움직임이 울퉁불퉁해지지 않도록 차를 운전하는 느낌이다.

◀⑴ 음원 TRACK

74　**오른손으로 연주하는 코드 백킹**

♪1 톱 노트가 너무 많이 움직이는 코드 백킹
♪2 톱 노트가 많이 움직이지 않는 코드 백킹
♪3 텐션을 추가한 코드 백킹

75　**미끄러지는 듯한 투 파이브 원**

▶▶ 5도권(사이클 오브 피프스)　　　　　*P032*

베이스가 하행하는 진행

패턴을 익히자

2가지 진행

악보 예①ⓐ와 같이 베이스가 메이저 스케일로 하행하는 패턴은 많이 들어볼 수 있다(♪1). 이러한 패턴에는 반드시 분수코드(Slash Chord) 표기가 나온다. 따라서 분수표기에 대해서 잘 알아둘 필요가 있으며, 이런 경우는 패턴으로 기억해두면 된다. **악보 예①ⓐ**는 모두 다이어토닉 코드 안의 코드 노트 중에서 하나를 베이스로 가지고 왔다.

그러므로 1번의 A멜로디를 **악보 예①ⓑ(♪2)**의 패턴(베이스를 하행시키지 않는다)으로 진행하고, 2번의 A멜로디와 후렴구 후의 기타 솔로를 **악보 예①ⓐ**의 패턴으로 하는 방법도 가능하다. 백킹하고 있는 보이싱의 톱 노트가 너무 많이 움직이지 않아야 사운드가 잘 와 닿는다.

다이어토닉 안에서 하행하는 베이스 진행 다음은 반음으로 하행하는 진행(**악보 예②/♪3**)이다. 이런 패턴의 어레인지도 계속 연주할 수 있는 노트를 찾으면 아름답게 울리는 경우가 많다. 다만 중음역에서 이렇게 하면 멜로디와 리드악기가 충돌할 수 있으므로 **악보 예②**처럼 고음역의 스트링스를 사용해서 당기는 것이 비교적 정석이다.

▲악보 예① 다이어토닉 코드의 코드 톤을 사용한다.

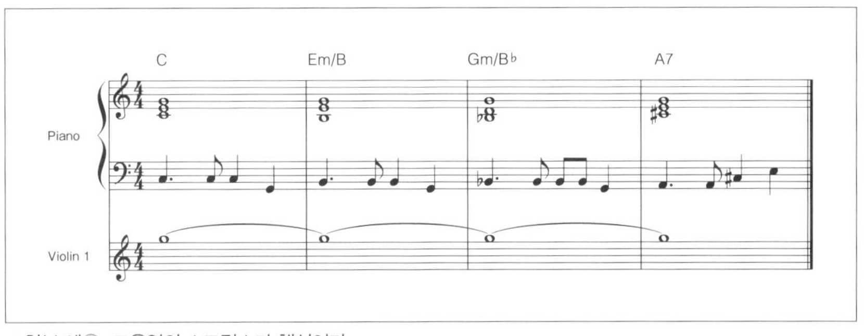

▲악보 예② 고음역의 스트링스가 핵심이다.

하행 한계점

보충설명이다. 베이스의 하행 패턴은 어디까지 내려
갈까? 스튜디오 뮤지션이 가지고 오는 5현 베이스는
5번 줄이 시(B음)로 튜닝된 경우가 많다. 미국 스튜디
오 뮤지션이 표준으로 가지고 오는 콘트라베이스는
도(C음), 일반적인 일렉트릭 베이스는 미(E음)까지다
(**악보 예③**). 그러므로 여기까지는 연주할 수 있으며
사운드가 좋은지는 별개의 문제다.

악기마다의 차이도 있지만 5번 줄의 로우 B까지 낮
아지면 TV나 작은 라디오에서는 소리가 제대로 나오
지 않는다. 라이브 공연장에서는 '음이 돈다'라는 식
으로 말하기도 한다. 정위를 알기 어렵고, 피치도 듣
기 힘들어지기도 한다. 그때마다 들어서 판단할 수 있
으면 좋겠지만 일렉트릭 베이스는 미, 최대한으로 봐
도 2도 아래의 레(D음)까지를 기준으로 기억해두자.

할리우드의 사운드트랙, 힙합의 신서사이저 베이스
에서도 로우C까지 사용하는 경우는 있다. 이것은 첼

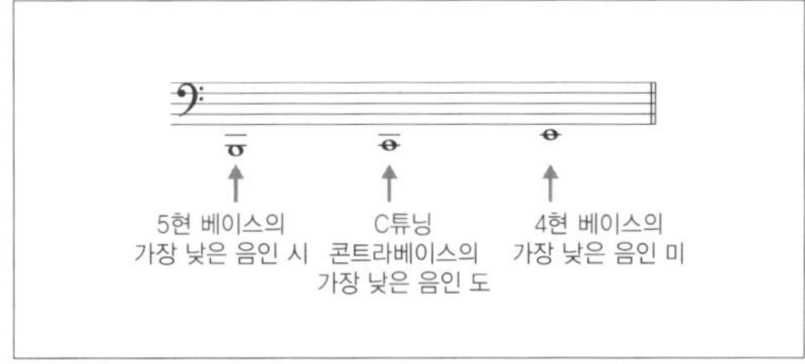

▲악보 예③ 베이스의 가장 낮은 음.

로가 1옥타브 위에서 유니즌하고 있거나, 신서사이저
베이스를 왜곡시켜서 2차배음을 부가한 믹싱을 한 경
우가 많다.

🔊 **음원 TRACK**

76 베이스의 진행

♪1 **다이어토닉 코드 안에서**
♪2 **A멜로디의 예**
♪3 **반음 진행**

⏩ 베이스 페달 포인트   *P166*

베이스 페달 포인트
페달 포인트로 어레인지의 폭을 넓혀보자

토닉을 사용한다

악보 예①과 같은 진행은 베이스의 음정을 바꾸지 않고 그 위에 올라가는 악기의 코드만 변화시키는 흔한 예다(♪1). 가장 아래에서 길게 울리고 있는 베이스, 이것을 '베이스 페달 포인트'라고 한다.

우선 베이스 페달 포인트에 사용하는 음에 대해서 이야기하겠다. 기타, 베이스의 튜닝은 낮은 쪽부터 순서대로 미(E음)→라(A음)→레(D음)다. 개방현을 사용하면 베이스 페달 포인트가 울리는 상태로 코드를 연주하거나, 시퀀스 프레이즈를 연주할 수 있다. 이것을 기억해두면 어레인지의 폭을 넓힐 수 있을 것이다(**악보 예①**에 나오는 G와 F코드는 A메이저의 bVII과 bVI에 해당된다. 이 코드들이 어디서 온 것인가는 114페이지에서 확인하자).

악보 예①은 조금씩 분위기가 고조되는 느낌의 베이스 페달 포인트다. 이밖에도 옛날의 소울과 R&B에 많이 있었던 것 중에는 **악보 예②**도 들 수 있다(♪2). 베이스가 E7의 리프를 계속 연주하고, 그 위에 올라가는 악기의 코드를 순환시키는 것이다.

도미넌트 음을 사용한다

지금까지 소개한 것은 토닉을 베이스의 페달 포인트로 하는 패턴이다. 또 다른 패턴은 도미넌트 음을 베이스 페달 포인트로 설정하는 진행이다. 그것이 **악보 예③**이다(♪3).

도미넌트 음을 중심으로 한 프레이즈, 시퀀스는 조 바꿈되지 않는 한, 대부분은 곡 전체에서 계속적인 연주가 가능하므로 기억해두면 쓸모가 있을 것이다.

여기서는 다양한 베이스 페달 포인트에 대해서 소개했다. 이것은 기타 프레이즈 또는 프로그램 입력의 시퀀스 패턴으로도 응용될 수 있다.

🔊 음원 TRACK

77 베이스 페달 포인트의 패턴

♪1 음정이 바뀌지 않는 베이스
♪2 소울/R&B스타일
♪3 도미넌트 음을 사용한다

⏩ 베이스가 하행하는 진행　　　　　　　　　　*P164*

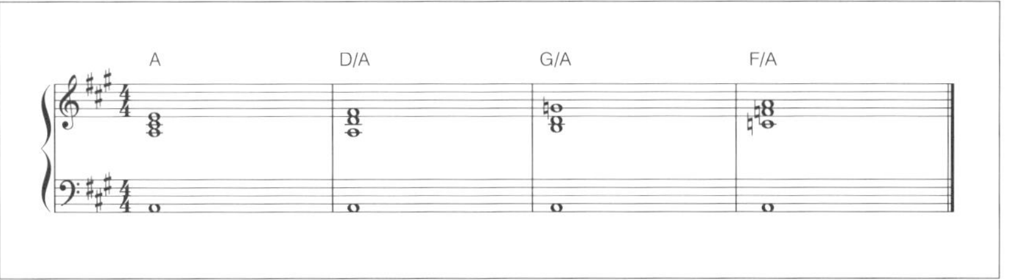

▲악보 예① 코드진행으로 조금씩 분위기를 띄운다.

▲악보 예② 소울/R&B의 느낌을 내고 싶은 경우.

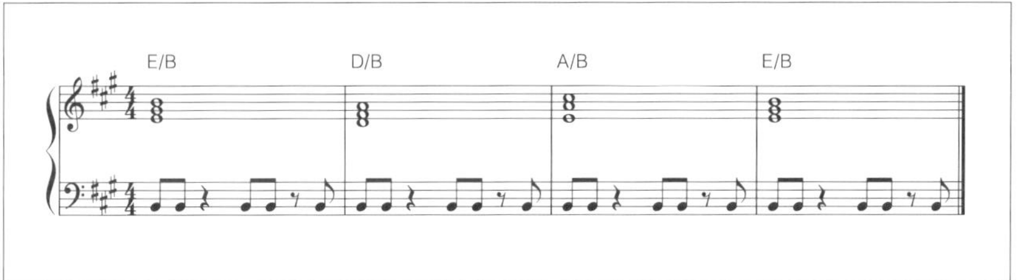

▲악보 예③ 조바꿈을 하지 않는다면 이것을 계속 연주해도 OK.

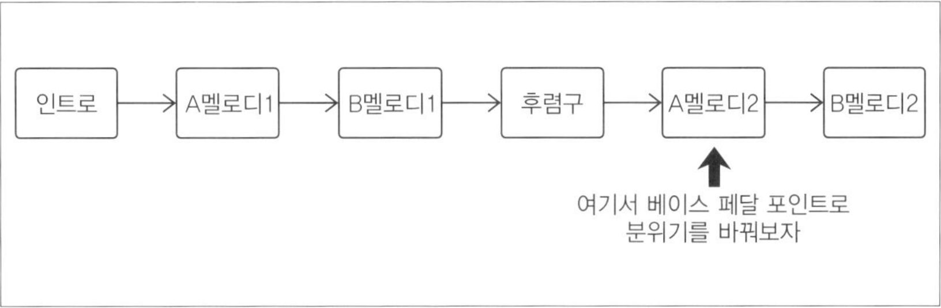

▲그림① 베이스 페달 포인트의 사용 예.

콘덴스드 어레인지

효율적인 프로의 어레인지

곡의 울림을 기록해둔다

'콘덴스드 어레인지'라는 말을 들어본 적이 있는가? 영어로는 'Condenced Arrange'라고 쓰며 '응축된'이라는 의미다. 즉 '응축된 어레인지'다. 프로 작곡가/어레인저의 상당수는 이 방법을 사용하고 있다.

작곡 초기에는 코드 네임과 멜로디만 기록해두어도 충분하다고 생각한다. 프로도 빠르게 스케치를 할 때에는 코드 네임과 멜로디만 기록하기도 한다. 코드 네임이라는 시스템은 매우 편리한 반면, 이 코드를 구성하고 있는 노트만을 나타낼 수 있다. 예를 들어 **악보 예①**을 보면 멜로디에 대해서 C△7이라고 쓰여 있을 뿐이다. 이 경우, 이 상태를 나타내는 것은 ⓐ, ⓑ, ⓒ 모두 정답이다(TRACK78). 따라서 '울림' 그 자체

를 기록하고 싶을 때에는 코드 네임만으로는 충분하지 않다. 오선지만으로는 베이스의 움직임과 다른 악기의 오블리가토를 기록하면 어느 것이 멜로디인지 알기 어렵다. 그래서 콘덴스드 스코어를 사용한다. 일반적인 악보는 1단이 1파트다. 콘덴스드 스코어는 섹션을 몇 개의 단으로 집약해서 쓴다. 사용하는 악보는 대보표도 좋고, **악보 예②**처럼 3개의 악보를 조합해도 된다(TRACK79). 가운데를 높은음자리표나 낮은음자리표로 하는 등, 편리하게 사용하면 된다. 이렇게 하면 오케스트레이션 준비에서 떠오른 프레이즈, 하모니를 명확하게 기록할 수 있다.

나도 배경음악의 준비단에서는 대부분 이 방법으로 곡을 쓰고 있다.

매일 작곡을 해도 마음에 내키지 않을 때가 있다.

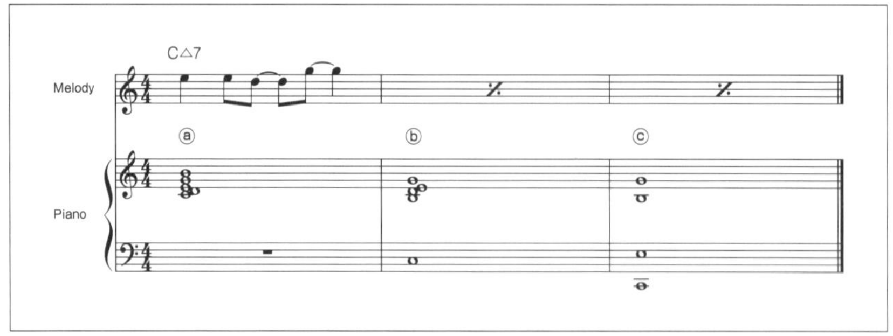

▲악보 예① 코드 네임만으로는 '울림'까지 전해지지 않는다.

▲악보 예② 콘덴스드 스코어는 3개의 악보를 조합해도 된다.

그럴 때에는 악보를 각 악기로 나누는 콘덴스드 어레인지 오케스트레이션 작업을 하기도 한다. 어느 정도 기록한 콘덴스드 어레인지의 경우, 그 곡을 쓴 날에는 구체적으로 어떻게 악기를 구성하고 싶었는가, 어떤 악기의 사용을 구상했는가 등에 대해서 나중에 쉽게 떠올릴 수 있다. **악보 예③**은 콘덴스드 어레인지로 오케스트레이션 작업을 한 스코어다(**TRACK80**).

🔊 **음원 TRACK**

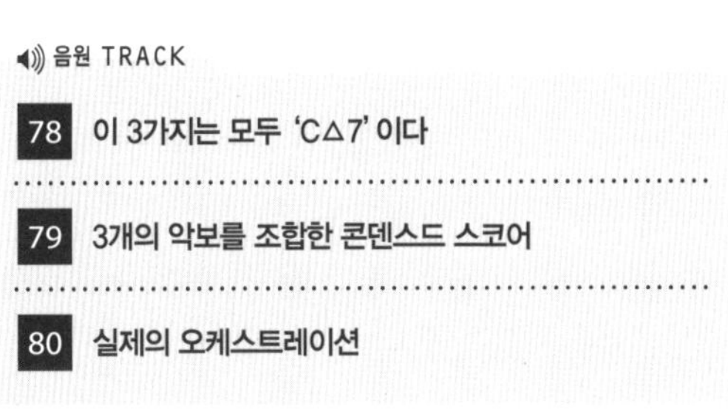

⏩ 독학으로는 알 수 없는 것   P200

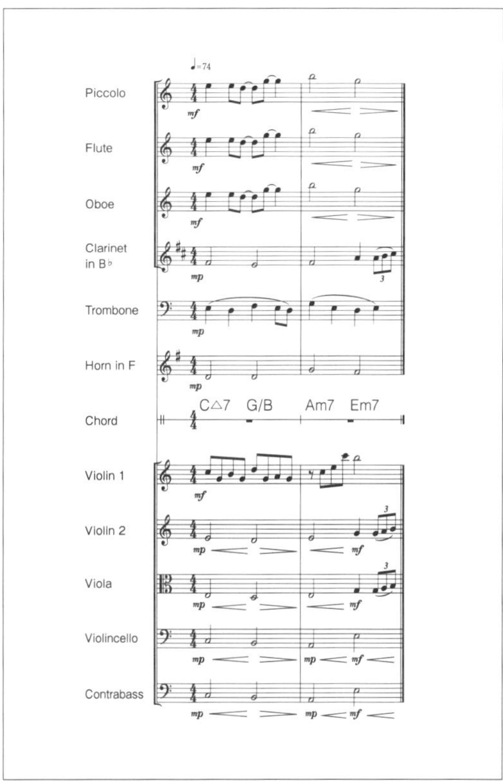

▲악보 예③ 콘덴스드 어레인지의 오케스트레이션 예.

스트링스에서 주의할 점

편성은 곡에 따라서 다르게 한다

비올라의 사용방법

록으로 시작하고 재즈를 거쳐서 프로 일을 시작한 나에게 스트링스는 인연이 별로 없는 존재였다. 기타를 연주하는 나도 가장 느낌이 안 오는 것이 비올라의 사용법이었다. 바이올린 음역과 첼로 음역으로 실제의 어레인지에 필요한 음역은 모두 커버할 수 있다. 그런데 왜, 비올라가 필요한 것인가? 어떻게 사용하면 좋은가?

작곡을 하면서 비올라의 음역을 감각적으로 파악하기 위해서는 팝스의 경우, '첼로의 1옥타브 위'로 기억해두자. 실제로 비올라의 가장 낮은 음은 C2로, 첼로의 가장 낮은 음인 C1의 1옥타브 위다. 튜닝도 마찬가지로 첼로의 1옥타브 위다.

가온음자리표도 문제다. **악보 예①**의 1~2소절째는 C3~C4를 바이올린의 높은음자리표와, 3~4소절째는 C2~C3를 첼로의 낮은음자리표와 비올라의 가온음자리표를 각각 비교한 것이다(**TRACK81**). 모두 오선 안에 다 들어간다. 음역도 가온음자리표의 오선 안에서 사용하면 '비올라다운' 울림이 된다. 일단은 이렇게 이해해두자.

각 악기의 인원

스트링스에 관한 책, 특히 클래식의 '관현악법'을 다루고 있는 책에서는 기본적으로 12-10-8-6-4(12형)의 오케스트라 편성으로 된 경우가 많다(상세한 내용은 201페이지 **그림①** 참조). 우리들이 일을 할 때 접하는 스튜디오 레코딩의 경우 큰 편성은 8-6-4-4-2(8형)이고, 일반적으로는 6-4-2-2-1(6형)이다. 도쿄의 스튜디오에도 12형이 들어가는 대형 스튜디오가 있다. 하지만 이것은 무리를 했을 때의 경우로 실제로는 인원이 초과된다. 8형이라도 다른 목관, 금관이 함께 들어가는 경우라면 빡빡하다. 이렇게 많은 인원이 들어가면 스튜디오의 '울림'을 플레이어, 사람이 흡수해버린다. 특히 겨울에 8형의 24명이 스웨터를 입고 있으면 '걸어 다니는 흡음재'가 되어 울림이 줄어든다.

때문에 현실적인 예산과 스튜디오의 규모를 생각하면 6-4-2-2-1의 편성이 많다. 나는 이 편성에서 비올라의 '2'를 별로 좋아하지 않는다. 나는 '3명 이상'의 울림을 좋아해서 6-4-3-2-1로 하는 경우가 많다. 당연히 인원은 음악에 따라서 변화되어야 한다.

프로듀서가 '예산에 여유가 있으니 스트링스를 6형으로 추가하자'라고 했다고 가정해보자. 작업하는 곡

▲악보 예① 가운데가 가온음자리표.

이 노래인지, 액션극의 배경음악인지, 스트링스가 메인이 되는 연주곡인지에 따라서 편성에 변화를 주어야 한다. 평균적인(실제로는 곡에 따라서 다르지만) 노래의 경우, 콘트라베이스를 부를 필요는 거의 없다. 대부분은 이미 베이스가 들어가 있으므로 같은 음역을 연주할 필요는 없는 것이다. 4리듬(드럼, 베이스, 피아노, 기타)으로 기본 어레인지가 되어있는 경우라면 첼로는 필요 없다고 생각한다. 스트링스가 들어간 섹션이 있다면 몰라도 피아노, 일렉트릭 기타, 일렉트릭 베이스와 음역이 겹치기 때문이다.

어떤 어레인지를 도와달라는 요청을 받은 적이 있다. 들어보니 4리듬에 6형의 현이 들어가 있어서 정말 혼돈스러웠다. 이미 녹음을 마친 후에 의뢰받은 일이라서 해줄 수 있는 게 없었다. 노래 어레인지에 스트링스를 넣을 때에는 4리듬을 레코딩할 때에 이미 현의 어레인지를 어느 정도 생각하고 있어야 한다.

액션극의 음악에서 첼로와 콘트라베이스가 옥타브 유니즌으로 마이너의 리프를 연주하는 경우에 콘트라베이스가 '1'이면 허전하다. 이 경우는 그 날 녹음하는 다른 악기도 고려해서 첼로와 콘트라베이스의 인원을 늘려보는 것이 좋다.

나는 바이올린7, 비올라3으로 한 적도 있고, 당연히 곡에 따라서 편성이 달라져야 한다고 생각한다. 첼로가 적게 들어간다면 아예 사용하지 않는 쪽으로 어레인지를 하고, 대신 바이올린을 늘려서 섹션의 매력을 내는 것이 현명하다고 생각한다.

🔊 음원 TRACK

81 비올라의 음역

▶▶ 독학을 하면서 부딪치는 문제　　　　　*P198*

브라스에서 주의할 점

연주자의 육체적 피로를 고려해야 한다

음역을 생각하는 어레인지 방법

이번에는 여러분의 데모 트랙에서 많이 사용되는 색소폰, 트럼펫, 트롬본에 대해서 작곡가 입장에서 해설하겠다.

먼저 음역이다. 브라스 중에서 가장 다루기 쉬운 것이 색소폰이다. 음역이 낮으면 테너, 바리톤으로 바꾸면 되고, 높은 음역을 연주하고 싶으면 알토, 소프라노로 바꾸면 된다. 색소폰은 각각의 음역에 맞게 설계되어있다. 따라서 예를 들어 소프라노 색소폰이 높은 음역을 장시간 연주하더라도 트럼펫만큼 지치지는 않는다.

트럼펫, 트롬본, 프렌치 호른의 연주에서 피로가 쌓이는 부분이 '입술'이다. 트럼펫을 비롯해서 '마우스피스'를 사용하는 악기는 모두 이 문제를 안고 있다. 색소폰은 리드가 진동을 하는 반면, 트럼펫과 트롬본은 연주자의 입술을 진동시켜야하므로 하이 노트를 오래 연주하면 힘이 든다. 작곡과 어레인지에서 그 곡이 광고용인지 라이브용인지에 따라서 브라스 어레인지의 방법과 내용이 완전히 달라진다. 광고용이면 길어야 30초이므로 하이 노트가 연속되어도 그렇게 힘들지는 않다. 하지만 라이브 연주를 전제로 어레인지를 할 때에는 연주자의 체력(입술)을 고려해야만 한다.

스튜디오에서 기준으로 삼고 있는 트럼펫의 음역이 **악보 예①**이다. 이보다 위의 음역이라도 지금의 플레이어는 모두 연주할 수 있지만, 여러 번 연주하면 당연히 힘이 든다. '높은 음역을 사용하면 화려해진다'라는 말은 틀린 것이 아니다. 하지만 'Tutti(모두가 연주하는 것)'의 화려함은 음역에서 나오는 것이 아니다. 화려함의 근원은 밴드 전체의 앙상블이 혼연일체가 되어서 나오는 것이다. 화려한 느낌의 어레인지를 위해서는 포인트를 만들어야 한다. 하모니를 쌓는 것은 물론, 전체적인 관점에서 생각해야 한다.

내가 트롬본을 공부할 때 들은 것으로 소개하고 싶은 앨범이 있다. 재즈 보컬리스트 아니타 오데이의 앨범 〈Anita〉다. 이 앨범은 4트롬본 어레인지의 교과서와 같은 작품(버디 브레그만의 어레인지)이다. 가끔씩 이 앨범을 듣고 '트럼펫이 멋지다~'라고 하는 사람이 있는데, 트럼펫이 아니라 트롬본이다.

이 앨범을 들으면 효과적인 화려함이 어떤 것인지 이해할 수 있을 것이다.

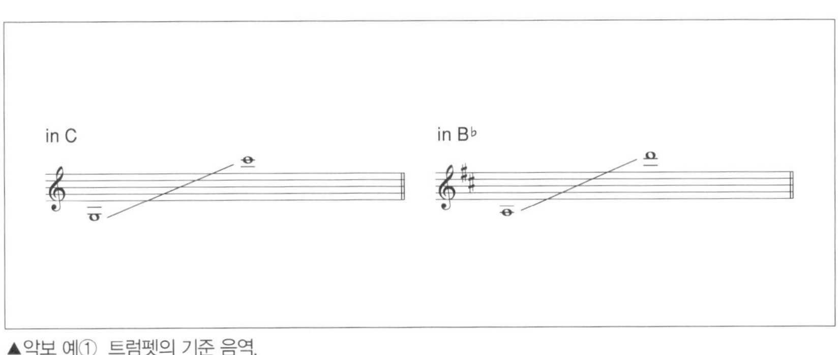

▲악보 예① 트럼펫의 기준 음역.

레코딩과 라이브

레코딩 스튜디오에서 주의할 점 하나를 소개하겠다. 어떤 작곡가든 실력 있는 연주자가 자신의 곡을 연주해주길 바란다. 뛰어난 연주자는 조옮김을 하지 않은 악보도 잠시 보면 읽을 수 있다. 하지만 조옮김을 하지 않은 악보를 좋아하는 플레이어는 없다. 조옮김과 아티큘레이션이 된 악보, 그리고 손으로 쓰여 지저분하고 조옮김도 되지 않은 악보 중에서 어느 쪽이 더 연주할 마음이 나는지는 설명할 필요도 없다. 이 시대의 작곡가라면 DAW 다음으로 악보 소프트웨어에 능숙해질 필요가 있다.

레코딩 중에는 휴식을 취할 수 있고, DAW를 사용하면 세밀하게 펀치인을 할 수도 있다. 하지만 라이브에서는 그럴 수 없다. 그래서 라이브용 어레인지에서 주의할 점을 소개하겠다. 빅 밴드의 편성은 트럼펫×4, 트롬본×4, 색소폰×5(445)다. 그렇다고 해서 앙상블에서 모두가 동시에 연주할 필요는 없다. 높은 음역의 트럼펫 파트는 2성으로 쓰고, 그것을 2인 1팀이 교대로 연주하게 한다. 그래야 남은 2인 1팀이 교대로 쉴 수 있다. 트롬본과의 옥타브 유니즌을 하는 부분도 2명씩으로 충분한 경우가 있다. 트롬본의 가장 초보적인 사용방법은 트럼펫의 1옥타브 아래에 배치해서 보강용으로 사용하는 것이다. 멜로디의 옥타브 유니즌인 것이다. 트럼펫 4개의 클로즈드 보이싱을 그대로 1옥타브 내려서 트롬본으로 연주하게 하는 것도 마감까지 시간이 없을 때에는 많이 사용되는 방법이다(진땀).

▶▶ 독학으로는 알 수 없는 것   *P200*

리하모나이즈 번외편

'울림'에 대해서 생각해보자

코드 네임과 울림

재즈에서는 60년대 말~70년대에 걸쳐서 이론적으로 완전하게 설명할 수 없는 코드진행과 리하모나이즈가 등장했다. 이것은 '울림'을 우선시해서 작곡과 임프로바이즈를 한 결과로 본인과 주변의 멤버가 좋아해서 채택된 것이라 생각된다. 아래에 코드 네임과 '울림'의 관계를 정리해보았다.

■코드는 어디까지나 화음의 구성음을 기호로 나타낸 것일 뿐이다. 따라서 어떤 특정한 울림을 표현하기에는 좋지 않다. 그런 이유로 어떤 울림에는 정확한 코드 네임을 붙일 수 없는 상황이 생긴다. 이런 면에서 코드 네임은 오히려 방해가 된다.
■울림을 중시하고 싶다면 오선악보에 기록해두자. 작곡 초기에는 멜로디와 코드진행만을 쓴다. 록으로 음악을 시작한 나도 그랬다(웃음). 그 당시에는 적어두어야 할 하모니도 떠오르지 않았다.

'귀'로 찾는다

코드 네임으로는 재현할 수 없는 리하모나이즈에 대해서 소개하겠다. 곡은 'Happy Birthday To You'. 일련의 리하모나이즈의 항목에서도 'Happy Birthday To You'를 사용해서 해설을 했으므로 이번 항목과 비교해서 보기 바란다.

너무 추상적이면 실용적이지 않으므로 **악보 예①**(TRACK82)은 쉽게 들을 수 있는 수준으로 해보았다. 해외의 재즈 교본에서도 '귀로 판단하라'라는 말을 자주 찾아볼 수 있다. 기본적으로 뭐든 자신의 귀로 판단해야 한다.

리하모나이즈와 함께 '수법'이라는 것이 있다. 이것은 여러 번 연습하고 잊는다! 그리고 자신의 귀로 그 '울림'을 찾아보자. 이것이 가장 좋은 방법이라고 생각한다.

끝으로 '이론적으로 설명할 수 없는 울림'의 관점에서 앨범 하나를 추천하겠다.

■커트 로젠윈클 〈Heartcore〉
만약에 멜로디와 코드 네임을 받아서 만들었다면 이와 같은 사운드가 될 수는 없었을 것이다.

◀)) 음원 TRACK

82 리하모나이즈의 '울림'을 들어보자

▶▶ 리하모나이즈(멋지게)   *P138*

▲악보 예① 이론으로는 설명할 수 없는 'Happy Birthday To You'의 리하모나이즈 예.

DTM과 DAW의 필요성

작곡을 더욱 원활하게 해주는 도구

정보수집도 중요하다

프로 음악가 중에도 DAW를 사용한 작업은 작곡, 어레인지와 다르다고 생각하는 경우가 있다. 그런 의견도 이해는 된다. 프로페셔널 프로듀서라도 DTM과 DAW에 대한 깊은 지식을 가지고 있는 사람은 그리 많지 않다. '화려한 느낌으로!'라는 오더가 왔다고 하자. A씨가 보내온 mp3와 B씨가 보내온 mp3를 비교해서 들어보고 어느 쪽이 좋은지는 감각적으로 선택할 것이다. 요즘 프로가 되려는 작곡가 지망생은 장비와 음원에 많은 투자를 하고 있다. 이런 현실 속에서 역시 DAW의 지식은 필수적이다.

다만, 우선순위는 작곡이 1번, 악기 연습이 2번, 그 다음이 DAW다. DAW의 지식은 효율적으로 모으는 것이 중요하다. 가장 좋은 방법은 Rittor Music(일본)에서 발행하고 있는 〈사운드&레코딩 매거진〉을 매달 구독하는 것이다. 나는 광고음악을 하고 있으므로 편성이 큰 오케스트레이션부터 더브 스텝까지 모든 지식이 필요하다. 하지만, 모든 것에 정통하기란 어려운 일이다. 그래도 〈사운드&레코딩 매거진〉을 매달 보면 어느 정도의 지식이 쌓이고 활용폭도 넓어진다. 1년에 한 번 나오는 '마스터링 특집'에서는 몰랐던 플러그인 정보에 대해서도 알 수 있다.

최근에는 트위터를 통해 기자재 마니아들과 이야기를 주고받으며 많은 도움을 받고 있다. 소프트웨어 업데이트는 자주 이루어지므로 모두를 직접 확인하기란 어렵다. 이럴 때에 이 부분에 대해 잘 아는 사람의 경험을 들을 수 있으면 좋을 것이다.

Mac과 Windows의 컴퓨터에 대한 지식도 중요하다. 작업 효율을 얼마나 올릴 수 있는가는 단축키를 얼마나 잘 알고 있는가에 달려있다.

Loop 소재의 검색과 소스 관리도 처음부터 잘 생각해서 구축해야 한다. 이러한 것들이 쌓여서 노하우가 되는 것이다. 집중해야 할 것은 작곡과 제작 작업이며, 장비에 너무 매달려서는 안 된다. 작곡을 위해 지식이 필요한 것이다.

지식을 갱신한다

DTM을 사용하더라도 손으로 악기를 연주하는 경우도 많으며(스타일은 각자 다르지만), 레이턴시(지연)가 커지는 것은 누구나 좋아하지 않을 것이다.

하지만 좋은 사운드로 만들려는 생각에 DSP파워를 플러그인이나 소프트웨어 신서사이저에 할당하면 레이턴시는 커진다. 작업 때에 어느 쪽을 중요시할 것

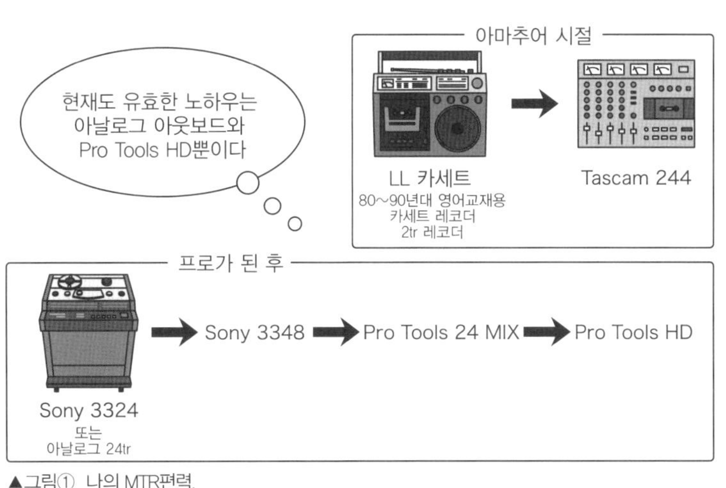

▲그림① 나의 MTR편력.

인가를 판단할 때에도 DAW와 컴퓨터에 대한 지식이 필요하다.

하지만 이런 장비와 관련된 지식은 시간이 흐르면 소용이 없어지는 경우가 있다. 20년 이상이 지나도 현장에서 쓸 수 있는 것은 역시 작곡에 관련된 지식과 경험뿐이다. 그래서 DAW와 컴퓨터를 효율적으로 다루는 방법을 익혀야 한다. 내 경험상, 장비 관련으로 짜증내거나 힘들어하는 사람일수록 트러블도 자주 발행된다(어디까지나 내 경험이지 과학적인 근거는 없다). 따라서 트러블에 대해서는 가능한 논리적인 접근이 필요하다.

장비에 관련된 지식은 하나씩 잊어버려도 된다. 록/팝스의 역사를 보아도 녹음 스타일과 장비의 사용방법이 과거로 되돌아간 적은 없다. 아날로그 신서사이저와 빈티지 마이크의 사용은 일종의 악기로서 사용하는 측면이 있다. 아날로그 멀티테이프로 녹음하거나(가능하지만 많은 예산이 든다), Pro Tools의 10년 전 버전으로 녹음하는 식의 방법으로 돌아가는 일은 절대로 없을 것이다. 악보를 쓰는 방법과 보이싱은 한 번 익혀두면 장비가 바뀌는 것과 관계 없이 무덤까지 가지고 갈 수 있다. 시간을 투자해야 할 곳은 역시 작곡과 같은 음악적인 부분이다.

⏩ DAW와 DTM을 잘 사용하는 방법　　　　　P178

DAW와 DTM을 잘 사용하는 방법

작업의 효율성을 추구한다

기록 시간 단축방법

템플레이트를 바탕으로 작곡/어레인지된 데이터는 오디오로 기록해 믹스 작업을 한다. 이렇게 해야 DAW 내부의 레이턴시가 적은 샘플로 보정, 외부 MIDI 장비의 지연 수정도 간단하다. MIDI를 사용한 장비에는 오차가 발생되기 마련이다.

오디오로 기록하는 것을 스트라이프라고 하며, 아무 생각 없이 작업을 하면 은근히 시간이 많이 걸린다. Pro Tools의 바운스 기능을 사용해서 모든 트랙을 기록하면 곡의 분수가 그대로 오디오로 기록하는 시간이 된다. 이렇게 하면 5분짜리 곡에 20트랙을 사용했다면 단순히 계산해도 1시간 40분이나 걸린다. 하나의 프로그램에서 40~50곡을 만드는 극의 배경음악 등의 작업에서 스트라이프를 얼마나 효율적으로 진행하는가는 매우 중요한 문제다. 취미로 DAW를 사용해서 작곡을 하더라도 스트라이프에 시간을 빼앗기고 싶지는 않을 것이다.

템플레이트 안에 하나의 악기에 대해서 **그림①**과 같은 버스를 사용한 루틴을 처음부터 전부 만들어 둔다. 작곡 작업 중에는 기록용 오디오 트랙을 오프(Inactive)로 한다. 이것은 오디오로 보내는 버스를 사용할 때까지 쓸데없는 CPU 파워를 사용하지 않기 위해서다. 작곡 작업이 끝나고 오디오로 기록할 때, 오

◀그림① 오프(Inactive)로 해서 부담을 줄인다.

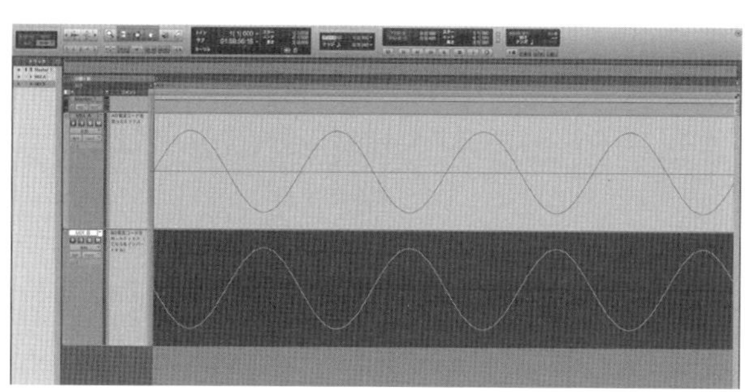

▲화면① 복제한 한쪽 데이터를 인버트해서 역상으로 하고 동시에 재생하는 것이 '서밍 제로'다.

프(Inactive)로 한 버스와 트랙을 모두 온(Active)으로 해서 기록을 시작한다.

Pro Tools HD3의 경우, 드라마 배경음악용으로 오케스트레이션한 곡이라도 기록은 1회, 다소 복잡한 구성이라도 2회의 기록으로 끝난다. 5분짜리 곡을 오디오로 기록하는 데에는 5분 또는 10분이면 되는 것이다.

음질 체크

내가 장비 체크와 바운스를 하는 방법, 또는 DAW에 의한 음질 차이를 검증할 때에는 **화면①**과 같은 방법을 사용한다. 이 방법으로 '서밍 제로(더해서 제로)'의 상태, 즉 스피커에서 아무 소리도 나오지 않는 경우에는 디지털 레벨에서 동일한 데이터라고 할 수 있다. 예를 들어 DAW의 I/O에 사용되는 전원케이블(파워드 스피커용 케이블은 I/O보다 나중에 사용하므로 이때는 무관하다) 2종류를 비교할 경우, 마찬가지로 바운스해서 서밍 제로가 되는지 확인한다. 아무 소리도

들리지 않으면 어느 쪽을 사용해도 같은 효과가 난다고 판단한다.

예전에 잡지 특집에서 DAW를 비교해 들어본 적이 있었다. 같은 오디오 파일을 같은 레벨, 같은 패닝으로 믹스한 것은 매우 미세한 차이로 동일하거나, 누구도 차이를 모를 정도의 작은 차이만 난다는 것을 알 수 있었다. 물론 세상에는 올림픽 수준의 청각을 가진 사람도 있을 것이고, 그런 사람은 차이를 알아낼 수 있을지도 모르겠다. 하지만 현재의 주류 스트리밍 포맷에서 일반 리스너가 그 차이를 구분할 수는 없을 것이다. 달리 말해서 DAW 내부의 음질은 어느 메이커의 제품을 사용해도 같다는 것이다. 그렇다면 작업 환경의 취향과 얼마나 자신에게 효율적인가를 판단의 근거로 삼는 것이 좋다.

끝으로 한 마디 하겠다. DAW 내부의 프로세스 이외의 것으로, 외부의 아웃보드와 모니터 스피커의 전원에는 아날로그 영역의 '매직'이 여전히 존재하고 있다.

▶ 음학의 시간 500+400=100, 1+1=0　　　　*P042*

현장의 스트링스 악보
효과적인 스트링스 사용방법과 연주기호

스트링스의 상행

록/팝스의 스트링스 어레인지에서 리얼 바이올린을 넣거나, 넣을 수 없을 때에도 최대한 진짜 같은 소리를 내고 싶어 할 것이다. 이때는 더욱 진짜에 가깝게 데이터 입력을 하는 것이 좋다.

스트링스의 대표적인 주법 중 하나로 상행을 들 수 있다. 상행을 하면 스트링스가 제대로 들어간 느낌이 난다. 평소에 스트링스 스코어를 보지 않으면 뭐가 어떻게 되는지 알기 어렵다. 특히 악보가 어떻게 되어있는지, 어떻게 쓰면 되는지, 이것을 알면 MIDI 입력도 같은 방법으로 해서 리얼 바이올린의 느낌을 낼 수 있다.

악보 예①을 보자. 바이올린의 C3에서 C4로의 옥타브 스케일 런(스케일 음을 순서대로 연주한다)의 예다(TRACK83 ♪1). 4박자째부터 다음 소절 1박자째까지 일곱잇단음으로 옥타브를 상행한다. 리듬이 어긋날 것 같은 기분이 들 수도 있지만 문제 없다. 악보를 잘 보면 4박자째의 시작이 C노트, 다음 1박자째도 C노트다. 시작점과 종점이 모두 박자의 머리 부분이다. 따라서 실제의 바이올린 연주자가 이 일곱잇단음 리듬을 연주하는 것은 매우 간단하다. '도레미파솔라시'의 7가지라서 자연스럽기도 하다.

이것을 응용한 것이 열하나잇단음(**악보 예②**/♪2)이다. 이것도 코드 톤의 솔(G음)~레(D음)까지 스케일 런을 하므로 운지가 간단하고 스피드감도 난다. 도착지점도 소절의 박자 머리 부분이라 어렵지 않다. MIDI 입력의 잇단음은 셋잇단음 또는 여섯잇단음을 주로 사용하는 경향이 있다. 어떤 DAW라도 일곱잇단음, 열하나잇단음 입력이 가능하므로 반드시 시도해보기 바란다.

▲악보 예① 일곱잇단음 상행.

페르마타와 강약기호의 표현

현장에서 사용하는 악보에 대한 이야기를 하나 더 하겠다. MIDI 입력의 경우, **악보 예③ⓐ**의 데이터를 만들기는 쉽다. 레코딩 현장에서도 평소에는 어려울 것이 없다. 하지만, 드라마나 애니메이션의 배경음악은

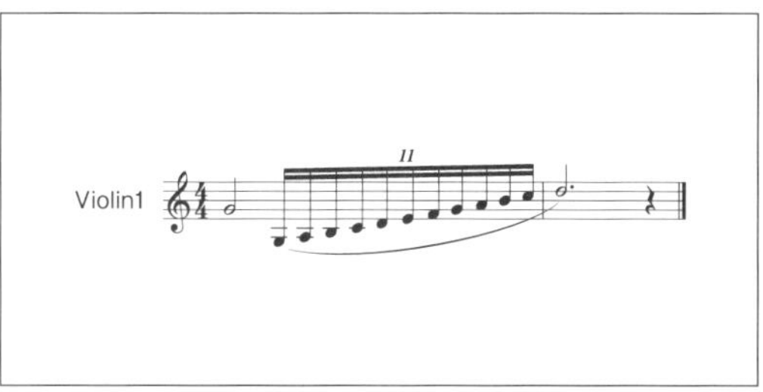

▲악보 예② 열하나잇단음의 상행.

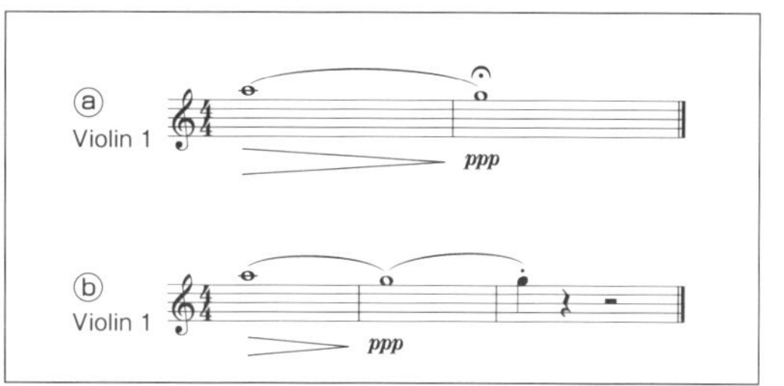

▲악보 예③ 이렇게 하면 페르마타의 공통인식이 가능하다.

3시간에 수십 곡을 녹음해야 하는 마라톤 레코딩이다.

1곡만 레코딩한다면 몇 번 리허설을 하면서 확인을 할 수 있겠지만, 배경음악은 그럴 시간이 없다(진땀).

악보 예③ⓐ의 경우, 피아니시모를 어느 정도로 약하게 연주해야 좋은지가 어렵다. 페르마타 기호를 표기하면 어디까지 늘일지(멈출지)가 플레이어에 따라 달라질 수 있다. 감정적인 장면에서의 음악 엔딩이 영상과 맞지 않으면 곤란하다. 그렇다고 이 부분만 리허설을 할 시간도 없다. 그래서 나는 현장에서 **악보 예③ⓑ**(TRACK84)처럼 쓴다. 스튜디오 레코딩에서는 클릭을 들으면서 연주하므로 **악보 예③ⓑ**의 경우는 1박자째 머리에서 멈춘다는 공통인식을 할 수 있다. 이렇게 쓰는 것은 작곡가의 취향에 달려있으며, **악보 예③ⓐ**처럼 쓰는 사람도 있다.

클래식 콘서트는 피아니시모부터 포르테시모까지의 다이내믹스를 사용하는 것에 비해, 일반적인 스튜디오 레코딩의 다이내믹스는 포르테시모부터 피아노 정도까지다. 클래식 CD를 들으면서 볼륨을 올리면 갑자기 포르테시모가 쏟아져 나와서 깜짝 놀라게 되는 경우가 있다. 팝스의 레코딩에는 일반적으로 드럼 등의 라우드한 악기가 앙상블에 들어간다. 드라마 배경음악에도 기본적으로 대사와 효과음이 들어가므로 스트링스가 클래식과 같은 레벨로 피아니시모 연주를 하면 잘 들리지 않는다. 스튜디오 레코딩에 사용하는 스코어에서 피아니시모는 '그 정도로 살살 연주하는 기분으로'라는 의미로 사용된다. 이것은 스트링스 연주자들의 암묵적인 약속으로 피아노 정도의 세기로 연주한다.

🔊 음원 TRACK

83 **바이올린의 스케일 런**

♪1 옥타브 스케일 런
♪2 솔~레의 스케일 런

84 **페르마타를 공통으로 인식한다**

▶▶ 스트링스에서 주의할 점　　　　　　　　P170

실력향상의 비결 – 카피

구석구석까지 카피하자

귀카피의 이점

내가 학생 때에는 카피라고 했지만 최근에는 영어로 transcribe(트랜스크라이브)라고도 한다.

우리 세대에는 카피를 많이 했다. 그것도 귀카피다. 상업음악에 관련된 일을 하는 작곡가들은 상당히 많은 양의 귀카피를 했다고 한다. 하지만, 클래식 작곡가는 처음부터 악보가 있는 환경에서 음악을 시작했기 때문에 다를 수 있다.

귀카피의 장점은 여러 가지를 들 수 있다.

- ■귀를 단련시킨다.
- ■악보를 쓰는 연습이 된다.
- ■곡의 구성을 생각할 기회를 늘릴 수 있다.
- ■악보에는 기록할 수 없는 음악적인 뉘앙스가 축적된다.
- ■전체 사운드, 악기 음색에 관한 지식이 늘어난다.

나는 고등학생 때에 재즈 기타에 눈을 떠서 카피 작업을 많이 했다. 처음에는 애드리브를 채보했지만 리듬을 제대로 썼는지는 알 수가 없었다. 부끄럽지만 셋잇단음인지 점8분음의 싱커페이션인지도 알 수가 없었다(진땀). 그때까지 록과 퓨전만 들었다. 처음 조 패스의 'For Django'를 들었을 때에는 세상이 뒤집어진 듯한 기분이 들었다. 첫 번째 곡인 'Django'라는 3분 정도의 곡을 카피하는데 1개월 이상이 걸렸다. 애드리브도 비밥은 기본적으로 코드진행을 따르는 아르페지오를 한다. 따라서 테마부분의 코드진행을 채보하고 그 코드의 구성음을 따라가면 쉽겠지만, 그 시절에는 전혀 그런 내용을 몰랐다.

카피한 것을 악보로 남기느냐 마느냐는 어느 쪽이든 좋다. 악보로 쓰는 편이 악보를 읽는 능력도 향상되므로 악보를 잘 못 읽는 사람일수록 악보로 기록해 보는 것이 좋다.

▲악보 예① 스윙 표기.

▲그림① 스윙의 통통 튀는 방식은 다양하다.

채보한 후에는 음원과 함께 연주하면서 똑같아질 때까지 연습하자. 악보는 기본적으로 음의 높이와 길이만 기록할 수 있으며, 연주의 뉘앙스까지는 표현할 수 없다. 카피 작업은 음을 파악하는 것으로 끝나지 않는다. 똑같이 연주할 수 있을 때까지 연습하는 것이 중요하다.

스윙 리듬

아마추어 피아노 연주자 중에는 리듬 음치가 많다. 그 이유는 악보를 중심으로 '학습'을 시작해서 그루브의 차이를 접할 수 없었기 때문이라고 생각한다. 리듬 음치라고 해서 비트에서 크게 벗어나지는 않는다. 진짜를 들으면 스윙은 셋잇단음이 아니라는 것을 알 수 있다. 하지만 악보에는 **악보 예①**과 같이 표기된 경우가 많아서 셋잇단음으로 생각할 수 있다. 스윙하는 애드리브에서도 스윙의 비율은 다양하다. 따라서 **그림①**처럼 스윙의 비율을 숫자로 표기하는 것 자체가 넌센스일 수 있다.

이외에 악보에 절대로 남길 수 없는 것이 바로 사운드다. 곡을 여러 번 듣고 같은 분위기가 될 때까지 그루브 퀀타이즈를 조절하거나 원곡에 가까워지기 위한 방법은 다양하다. 어레인지 공부를 시작했을 때에는 채보에 지치면 그 곡의 재현에 필요한 트랙과 악기를 파악하기도 했다. 어떤 리듬 머신을 사용했는가? 이 신서사이저 베이스 음색에는 어떤 컴프레서를 사용했는가? 이런 것들도 모두 '카피'에 포함된다.

▶ 트랜스크라이브(카피)를 한다   *P020*

멀티플레이어가 되자

어레인지는 멀티플레이어가 유리하다

악기별 코드진행을 파악하는 방법

최근에는 작곡에 DTM이 포함되는 경우가 많다. 따라서 건반악기를 연주할 수 있으면 다른 악기는 신서사이저의 라이브러리로 해결할 수 있을 것이라 생각할 수 있다. 틀린 생각은 아니다. 하지만 작곡의 길을 걸으면 어레인지의 영역으로도 들어가게 될 것이다. 이때는 다른 악기도 연주할 수 있으면 좋다. 평소에 피아노를 친다면 기타. 기타를 연주한다면 일단은 베이스. 베이스를 친다면 피아노를 연습하는 등의 방법이다. 하나의 악기를 평생 꾸준히 연습해서 실력을 향상시키는 것도 중요하다. 하지만 이 책은 작곡을 위한 책이므로 '작곡과 어레인지'의 시점에서 생각해보는 것이 좋다.

코드진행은 악기에 따라서 다르게 보인다. 베이스로 코드진행을 따라가기는 간단하지만, 다음 코드로 가기 직전의 음을 무엇으로 할 것인가는 피아노와 기타보다 중요하다. 기타는 리프형식이 아닌 경우에는 코드진행의 움직임이 크지 않은 라인으로, 하지만 약간 부각시키고 싶은 느낌으로 라인을 찾는다. 피아노는 보컬의 음역과 기타의 라인에 따라서 어느 정도의 음수로 할 것인가를 느낄 수 있어야 한다.

기타리스트에게 '많은 음을 연주하지 않아도 된다'

라고 일러두어도 키보디스트가 생각하고 있는 것의 2배 정도의 음을 연주한다(웃음). 그 이유는 기타가 감쇠 계열의 악기이기 때문이다. 바이올린과 달리 한 번 연주된 음은 감쇠될 뿐, 볼륨을 올릴 수는 없다. 따라서 음수가 적으면 연주가 멈춰지는 듯한 느낌이 드는 것이다. 기타도 일렉트릭이냐 어쿠스틱이냐에 따라서 달라진다. 예를 들어 DTM으로 어쿠스틱 기타의 음색으로 아르페지오를 하는 데모를 들려주었다고 하자. 기타리스트는 키가 뭔지, 코드는 어떻게 되는지, 카포를 사용해도 되는지 등을 당장 걱정한다.

신체적인 구조를 생각한다

악기의 구조를 조금이라도 잘 알면 어레인지에서 연주자의 부담을 줄여줄 수 있다. 음악에서 매일의 연습은 일종의 스포츠다. 하지만 '연주'로 남에게 들려주는 것은 스포츠가 아니므로 상대를 즐겁게 해준다는 포인트에 더욱 집중해야 한다.

어쿠스틱 기타의 경우, 바레 코드(세하)로 장시간 연주하는 아르페지오는 육체적으로 힘들다. 아르페지오는 코드가 바뀌는 순간까지 줄을 누르고 있어야하는 경우가 많아서 더욱 힘이 들어간다. 레귤러 튜닝으로

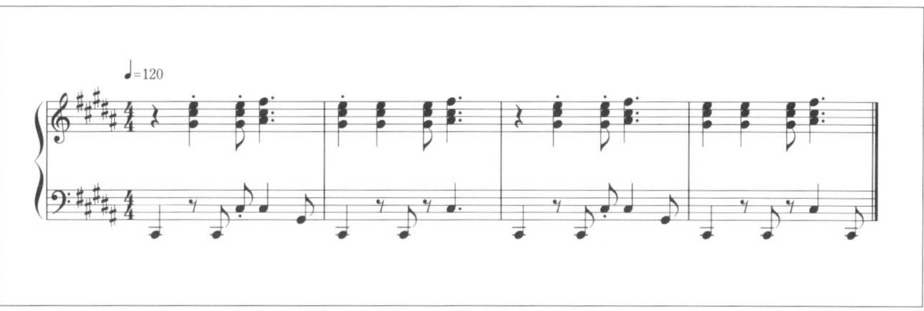

▲악보 예① 검은 건반의 필링을 느껴보자.

D메이저 코드를 연주하기란 간단하지만, 반음만 올리더라도 E♭메이저가 되면 상황은 크게 달라진다. 카포를 사용하면 D메이저와 핑거링이 같아져 난이도는 내려간다. 록 기타도 E메이저의 곡에서 키를 반음 내리면 가장 낮은 미(E음) 음을 사용할 수 없게 된다. 따라서 미♭(E♭음)은 1옥타브를 올리게 되고 뭔가 가벼운 사운드로 변할 우려가 있다.

피아노에서도 이와 비슷한 경우가 있다. 클래식의 아크로바틱한 협주곡의 키가 C# 또는 F#인 경우, 악보는 확실히 C메이저나 F메이저가 읽기 쉽다. 하지만 실제로 연주해보면 멀리 있는 음은(MIDI에서는 F#6 또는 C#0) 검은 건반이 흰 건반보다 연주하기 쉽다. 레이 찰스의 곡 중에 **악보 예**①과 같은 리프가 있다. 이 부분의 키는 C#마이너다. 레이는 앞이 안 보이기 때문에 검은 건반을 사용하는 곡이 많다. 검은 건반

을 만지면 음정을 알 수 있기 때문이다. 이것을 반음 올려서 D마이너로 하면 터치의 느낌이 크게 달라진다. 이 반음의 차이가 기타와 베이스의 경우는 어느 쪽이든 상관없는 정도다.

드럼도 직접 연주를 해보면 왜 그렇게 하고 싶은지 이해가 되는 부분이 있다. 어째서 롤링스톤스의 찰리 워츠는 스네어가 들어가는 박자에서 하이햇을 빼는지. 반대로 퀸의 로저 테일러는 왜 스네어가 들어가는 곳에서 하이햇을 강하게 연주하는지. 모두 연주해보면 생리적으로, 신체적으로 알 수 있다.

🔊 음원 TRACK

85 **검은 건반을 연주하는 느낌**

▶ 작곡은 몸으로 생각한다　　　　　　　　　*P010*

버릇과 개성

버릇은 개성과 종이 한 장 차이

무엇으로 개성을 표현할 것인가?

버릇이 들지 않도록 하려면 우선 자신의 버릇을 만들어야 한다. 어려운 말을 해서 미안하지만 '작가의 개성과 패턴은 종이 한 장 차이'라는 말이 있을 정도로 버릇은 미묘한 요소다.

팝스와 드라마의 배경음악에 특수한 코드진행은 그다지 많지 않다. 하루 종일 TV를 보고 있으면 '1625(순환코드)' 코드진행을 사용한 곡을 한 두 번은 들을 수 있다. 이런 상황에서 자신의 개성을 표현하기란 정말 어렵다. 그래서 광고음악을 들은 사람들에게서 '이거 세가와가 쓴 거 아니야?'라는 말을 들으면 상당히 기쁘다(웃음).

개성을 어디서 표현할 것인가는 사람마다 다르다. 멜로디일 수도 있고, 보이싱일 수도 있다. 베이스의 패턴에 뭔가 공통된 그루브가 있을 수도 있다. 100곡 정도 쓰면 비슷한 부분이나 패턴이 나오기 마련이다. 그것이 당신의 개성이 될 수 있는 부분이다. 그러므로 우선은 버릇이 필요하다.

다만 같은 멜로디와 드럼 패턴은 여러 번 사용할 수 없다. 기타로 많은 곡을 만들었을 때 흔히 볼 수 있는 것이 조성과 키가 비슷하다는 점이다. 기타의 특성상, 평범하게 기타를 잡고 연주한 것이 Eb메이저가 되는

경우는 거의 없다. 쉽게 울릴 수 있는 D메이저, E메이저, G메이저, A메이저 키의 곡을 주로 만들게 된다. 곡 단위로 생각하면 키가 같아도 문제는 없다. 하지만 라이브에서 같은 키의 곡이 연속되면 변화가 없다. 내 경험상, 여러 번 사용해도 주위에서 뭐라고 하지 않고 개성으로 인정해주는 것이 코드의 보이싱과 음색과 그루브다. 모두 내 것으로 만들 때까지는 시간이 걸리겠지만 서두르지 말고 천천히 전진해보자.

보이싱은 아이디어, 음색은 사용방법

보이싱을 어떻게 개성으로 만들 것인가는 여러분의 취향과 아이디어에 달려있다. C△7으로 4가지의 예를 들어보겠다. **악보 예①**을 보면서 **TRACK86**을 듣고 어느 것이 각자의 취향인지 느껴보기 바란다. 마음에 드는 것을 찾았다면 그것을 응용해서 좋아하는 울림을 몸에 익히자! 그리고 지겹도록 많이 사용해보자.

당연히 곡에 잘 맞아떨어지는 형태로 사용해야 한다. 보이싱은 아이디어가 중요하므로 많은 시간을 들이지 않고도 자신의 '개성'을 찾을 수 있다. 나머지는 좋아하는 아티스트의 곡을 귀카피하면서 '울림'을 기억해두자. **악보 예①**의 4가지 중에서 마지막만 MIDI

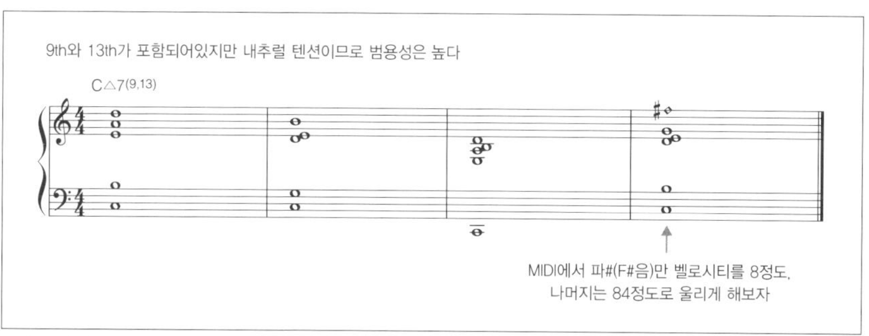

▲악보 예① 여러분은 어떤 보이싱이 마음에 드는가?

입력을 전제로 하고 있다. 이것은 인공적으로 배음을 울리게 하는 수법이다. 이런 울림은 반복 실험을 해서 자신의 취향에 맞는 것을 찾아보자.

음색과 사운드는 아무도 사용하지 않는 악기나 프리셋을 사용하는 방법도 있다. 10대의 어린 나이에 유명 프로듀서가 된 로드니 저킨스. 곡 자체도 훌륭하지만 들어보면 바로 '아, 이거 로드니네'라며 알 수 있는 음색의 선택적인 부분도 대단하다. 로드니가 프로듀스로 참가한 데스티니스 차일드의 'So Good'과 'Bills, Bills, Bills'에서 들을 수 있는 '슈포포포포포포'하는 GM 음원의 SE 프리셋을 사용한 리듬. 당시에 이 프리셋은 누구나 가지고 있었지만, 이렇게 사용한 것은 로드니가 처음이다. 마찬가지로 신서사이저 하프 음색의 아르페지오는 로드니가 당시에 맡은 브랜디의 'Never Say Never'에서도 들을 수 있다. 여기

저기에서 자주 사용한 버릇이지만 모두가 그 사운드를 원했던 것이다. 이것도 '개성과 패턴은 종이 한 장 차이'의 좋은 예다.

자신의 악기와 신서사이저의 프리셋에 의외로 개성이 될 수 있는 부분이 잠들어있을 수도 있다. 자신도 모르게 버릇이 들지 않기 위해서는 무엇이 나의 버릇인지를 확실하게 인식하는 것이 중요하다. 그 후에 이것을 계속 버릇으로 사용할 것인지를 판단해서 개성, 'Signature'로 만드는 것이다.

🔊 음원 TRACK

86 C△7을 사용한 4가지 보이싱 예

▶▶ 토닉으로 돌아오는 방법　　　　　　　*P108*

늦게 작곡을 시작한 분들에게

늦게 시작하더라도 길은 있다

일찍/늦게는 상관없다?

음악은 어릴 때부터 시작하지 않으면 잘 하기 어렵다는 말이 있다. 바이올린 같은 악기의 경우, 귀보다 몸의 골격을 어렸을 때부터 악기에 맞추지 않으면 현실적으로 어렵다. '절대음감'이 작곡에 꼭 필요한 것은 아니다. 내 경험에 비추어보면 상대음감도 문제없다. 아무리 뛰어난 절대음감을 가지고 있더라도 좋은 곡을 쓸 수 없다면 작곡가로서 의미가 없다. 작곡은 스포츠와 달라서 듣는 이들에게 즐거움을 주는 것이 무엇보다 중요하다.

요즘의 DTM과 DAW 환경은 여러 번 반복하고, 천천히 소프트웨어 음원으로 연주를 시키면서 작업을 할 수 있기 때문에 악기 연주를 잘 하지 못하더라도 작곡이 가능하다. 따라서 신체적인 면보다 본인의 의욕이 중요하다.

레이트 스타터를 돕는 아이템

요즘에는 작곡 관련 서적이 많이 나와 있고, 밴드 스코어와 악보도 쉽게 구할 수 있다. 음악을 머리로 이해하기 위한 자료는 풍부하다. 나도 이 책을 쓰기 위해 작곡 서적을 몇 권 읽어보았는데 내용 자체는 모두 크게 다르지 않았다. 작곡이론도 난해한 현대음악이 아니라면 기초를 위해 알아두어야 할 부분은 크게 다르지 않다. 다른 점이 있다면 관점, 즉 설명방법이다. 예를 들어 장비의 사용방법을 A씨와 B씨가 각각 설명을 해주었을 때 A씨의 설명이 더 이해가 잘 되는 경우와 비슷하다. 어느 정도 시간이 흐르고 장비에 익숙해진 후에야 그때의 B씨의 설명이 이해되기도 한다. 그러므로 두 사람에게서(다양한 책을 통해) 설명을 듣는 것은 의미가 있다. 동시에 여러 가지 작곡 서적을 읽는 것은 좋은 방법이다. 여기서는 Rittor Music에서 출간된 작곡 관련 서적을 신간 순서로 정리해보겠다.

■〈思いどおりに作曲ができる本〉 지은이: 카와무라 켄

이 책과 내용은 비슷하지만 설명방법이 다르다.

■〈即·楽·快! ギタリストのための作曲術〉 지은이: 나루세 마사키

이 책을 기타리스트에게만 권하기에는 아깝다. 기타에 대해서 더욱 알고 싶다면 꼭 읽어보기 바란다.

〈即・楽・快！ギタリスト
のための作曲術〉
지은이: 나루세 마사키

〈코드진행 스타일 북〉
지은이: 나루세 마사키
SRMUSIC, 2008년 번역발행

〈브라스&스트링스 편곡법〉
지은이: 마츠우라 아유미
SRMUSIC, 2007년 번역발행

■〈코드진행 스타일 북〉 저자: 나루세 마사키

현장에서는 이론보다 코드진행을 잘 알고 있으면 작곡에 도움이 된다. 직업 작곡가 중에도 멜로디만 쓰는 사람은 거의 없다. 이 책은 최소한의 코드진행이 멜로디와 함께 표기되어 있어 매우 실전적이다.

■〈最後まで読み通せるジャズ理論の本〉 저자: 미야와키 토시로

어른이 된 후에 음악이론을 배운다면 록, 팝스 곡을 만든다 하더라도 재즈이론으로 해석하는 것이 좋다. 코드 네임이라는 발상도 재즈에서 온 것이며, 재즈이론은 클래식 이론에 비해 많은 부분을 연주자에게 맡기고 있다. 곡의 구성과 코드를 단시간에 이해하고 아이디어를 기록하기에 재즈이론은 효과적이다.

■〈브라스&스트링스 편곡법〉 저자: 마츠우라 아유미

곡을 어느 정도 만들 수 있게 된 후에는 역시 브라스와 스트링스를 어레인지에 추가하고 싶어진다. '관현악법' 교본을 읽어보아도 쉽게 이해를 하기란 어렵다. 따라서 처음에는 이 책을 권한다.

끝으로 뭐든 좋으니 비틀즈의 스코어, 악보, 음원을 갖추도록 하자. 비틀즈의 음악은 팝스와 록의 근원인 필수 아이템이다.

▶▶ 인터벌을 느끼자(완전1도~완전5도)　　　P014

바탕을 어디에 둘 것인가?

클래식인가? 재즈인가?

클래식은 가로의 흐름이 중요하다

작곡 지식을 넓히고 싶다면(특히 직업으로 삼는다면) 클래식 또는 재즈 중 어느 하나의 이론을 확실하게 자신의 바탕으로 삼는 것이 좋다. 나는 처음에는 록, 다음은 재즈, 퓨전에 흥미를 가지고 악기를 연주했다. 따라서 재즈의 코드 시스템을 바탕으로 생각하고 있다.

클래식을 바탕에 두고 있는 사람은 무엇이 다를까? 클래식을 전공했다면 코드 네임을 모르는 경우가 많다. 클래식은 코드라는 세로의 울림보다 가로의 흐름을 중요시하는 음악이다. 그래서 코드 네임의 시스템으로는 어려움을 느끼는 것이다. 예를 들어 극단적인 경우, **악보 예①**의 ⓐ(♪1)와 ⓑ(♪2)는 코드 네임이 같다. 화성을 공부한 사람이라면 '이렇게 노트의 연결에 차이가 있는데 표기가 같아도 되는 건가?'라고 생각하게 된다.

예전에 음대의 피아노과 친구에게 드럼과 베이스의 악보를 주며 적당히 피아노를 연주해달라는 부탁을 했다. 그 친구의 반응은 악보가 없으면 연주를 못한다는 것이었다. 당시 나는 들어보면 알 수 있을 거라고 생각했다. 악보가 없어도 연주하고 싶은 대로 연주하면 될 것이라 생각했던 것이다(웃음). 그 친구는 '최

종적으로 어떤 악기가 들어갈지 모르는 상태에서 가로의 흐름(하모니의 연결)을 생각하지 않고 무책임하게 연주할 수는 없다'고 생각했을 것이다.

언어의 문제

작곡 일을 시작한 후, 어느 날 스트링스를 어레인지할 기회가 생겼다. 현악기 곡을 쓸 수 있냐는 질문에 자신있게 쓸 수 있다고 답했다. 하지만 당시에는 비올라의 역할을 잘 이해하지 못하고 있었다. 높은음자리표와 낮은음자리표가 아닌 가온음자리표가 왜 존재하는지도 몰랐었다. 음역에 대해서는 책을 읽어서 알 수 있었지만 비올라의 사운드에는 익숙하지 않았다. 레코딩 중 비올라 연주자에게서 '4소절째 2번째 음이 Fis(F#)인가요?'라는 질문을 받은 적이 있다. 음대 친구들 중에 종종 독일어로 음이름을 말하는 경우가 있어 번거롭다고 생각하고 있었다. 게다가 팝스의 레코딩 현장에서도 독일어를 사용한다. 21세기인 지금도.

미국, 영국, 프랑스, 인도에도 레코딩을 위해 방문한 적이 있다. 하지만 일본처럼 음악용어에 일본어, 영어, 독일어, 이탈리아어, 그리고 약간의 프랑스어까지 섞여있는 나라는 못 본 것 같다. 어떻게 정리를 좀 했

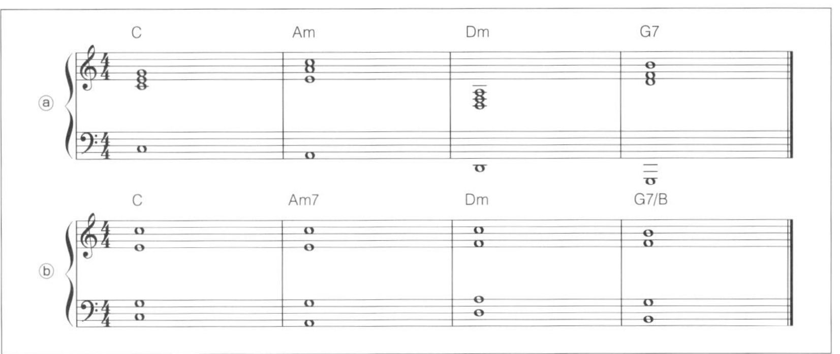

▲악보 예① 코드 네임이 같아도 음의 연결은 완전히 다르다.

으면 좋겠다.

화성의 금칙

스트링스의 스코어를 쓰면서 가로의 흐름에 주의하게
되었다. 주의하지 않으면 레코딩 후에 1st 바이올리니
스트에게 한 마디 들을 수도 있다(실화).

　클래식의 화성에는 '대사(對斜)'라는 밟으면 안 되
는 지뢰가 있다. 이것은 특히 현 어레인지에서는 사용
하지 않는 것이 좋다(**악보 예②**). 이것도 코드 네임에
서는 절대로 피할 수 없는 문제다. 하지만 재즈의 빅
밴드 어레인지에서 대사는 자주 일어나며, 팝스 어레
인지에도 제법 많이 있다. 이런 부분도 음악적 바탕이
무엇인지와 관계가 있다고 생각된다.

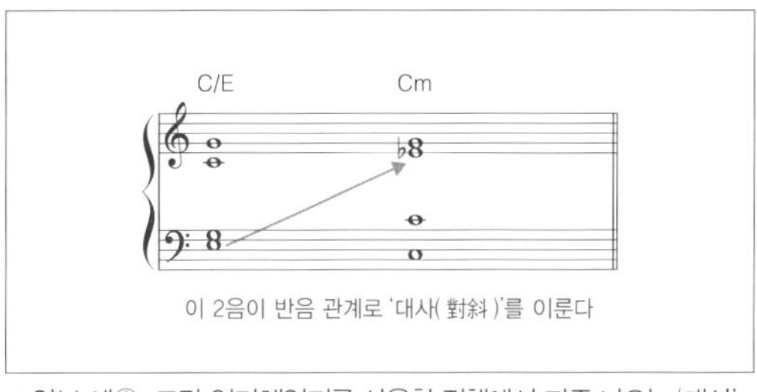

▲악보 예② 모달 인터체인지를 사용한 진행에서 자주 나오는 '대사'.

◀)) 음원 TRACK

87 **노트의 연결 차이를 들어보자**

♪1　1성+3성
♪2　2성+2성

▶▶　모달 인터체인지　　　　　　　　　　　　P124

진짜를 듣고, 진짜를 본다
음원만으로는 알 수 없는 것

생음악에서만 얻을 수 있는 것

라이브에 가지 않는 사람이 의외로 많다. 그럼에도 멋진 곡을 쓰는 작곡가가 있어서 이런 이야기는 하고 싶지 않지만(웃음), 역시 콘서트를 비롯한 라이브 연주는 자주 접해야 한다.

나는 재즈를 좋아해서 전 세계 어디를 가든 미리 인터넷으로 흥미로운 라이브가 있는지 찾아본다. 재즈 음반은 애드리브가 많은 곡이라도 수록시간의 제한 때문에 1곡에 5분 정도가 일반적이다. 하지만 뉴욕이나 유럽의 재즈 페스티발에서는 1곡에 20분도 흔히 볼 수 있다. 이때의 애드리브와 엔딩 방법은 음원과는 완전히 다르다. 나처럼 광고음악을 하다보면 인트로나 엔딩을 만들 일이 거의 없다(웃음). 그런 이유로 라이브의 곡과 곡의 연결 부분이 많은 참고가 된다. 그리고 해외의 라이브 티켓은 저렴해서 좋다. 지금은 인터넷으로 티켓을 예매할 수 있어 라이브를 보기 쉬워졌다. 만약 영어가 어렵다면 어느 나라든 티켓구입을 대행해주는 업자가 있을 것이다.

오페라도 해외에서 보는 것은 많은 부분에서 다르다. 같은 푸치니라도 로스엔젤레스와 이탈리아는 브라스가 다르고, 바그너도 다르다. CD로 들어서 알 수 있을 정도가 아닌 큰 차이가 있다. 역시 선진국은 예술을 소중히 대하는 것이 느껴진다.

나는 어른이 된 후에야 클래식에 흥미가 생겼다. 출장이나 여행 중에 클래식 콘서트를 보고 싶어 하는 분들을 위해 작은 어드바이스를 하나 하겠다. 해외의 오페라 극장과 클래식 홀은 회원제인 경우가 많다. 회원이라도 모든 공연을 보지는 않으므로 공연 직전에 자신의 자리를 판매한다. 인터넷으로 판매하는 것이 아니라, 공연 며칠 전에 공연장의 티켓 카운터에서 직접 판매한다. 유럽의 오페라 극장도 마찬가지로 당일권을 판매하는 시간이 있다. 호텔에서 전화를 해서 티켓을 구하지 못했더라도 그 시간에 회원이 내놓은 티켓이 나오는 경우가 있다.

참고로 복장에 대해서다. 블로그 등에서 '빈의 오페라 극장에 갔습니다. 청바지를 입고 갔지만 별 문제 없었어요'라는 글을 본 적이 있다. 들어가서 보는 것에는 문제가 없지만 눈에 띄면 다른 관객들이 좋지 않게 생각한다. 특히 오페라와 발레는 복장에 주의해야 한다.

작곡에 유용한 정보수집

작곡적인 면에서 좀 더 생각해보자. 클래식 스코어

▲그림① 무엇이든 좋으니 생음악을 경험하자.

는 공부하기에 좋다. 하지만 오선지에 모든 것을 표현할 수는 없으며, 베토벤 이전의 스코어에는 지시사항이 많지 않다. 그리고 극의 배경음악으로 오케스트라 편성의 MIDI 모크업(mock up)을 만들 기회가 많다면 공연장에서 클래식 연주를 보는 것이 가장 좋다. 악기의 배열, 거리, 어느 악기와 어느 악기가 유니즌으로 움직이는지를 한 눈에 알 수 있다. 무소르그스키가 작곡한 '전람회의 그림'의 모리스 라벨 편곡 버전에서는 모두가 엔딩을 향해 연주하는 상황에서 혼자

만 연주하지 않는 파트가 있다. 색소폰(눈물)이다. 라벨이 악보에 쓰는 것을 잊지는 않았을 것이다. 아마도 의도적이라고 생각되지만 스코어로는 알 수 없는 풍경이다. '전람회의 그림'은 원래 피아노곡이다. 이것을 라벨이 어떻게 오케스트레이션을 했는지 비교해보는 것도 재미있을 것이다.

▶▶ 누구를 위한 음악, 음악가인가?　　　　　P214

남에게 들려준다는 것

음악은 기호품이다

누구에게 들려줄 것인가?

자신의 곡을 남에게 처음 들려주는 것은 긴장되는 일이다. 하지만 자기만족을 위해 쓴 곡이 아닌 이상, 모두 누군가에게 들려주기 위해 만든 것이다. 따라서 이 부분은 각오를 하자. 처음에는 누구에게 들려주는 것이 좋을까? 팻 매스니의 인터뷰 중에 '처음 기타 연주를 들려준 상대는?' 이라는 질문이 있었다. 답은 '우리 집 개'였다. 이것도 좋은 방법 같다.

내 경험상 남자는 반응이 소프트하다. 여자는 대체적으로 느낌을 확실하게 말해준다. 여자에게 들려줄 때 더욱 마음의 준비가 필요한 것일까? 특히 여자 친구에게 들려줄 때에는 운명의 갈림길이 될 수 있으므로 주의해야 한다. 마커스 밀러는 '당신의 라이브에 여성이 적게 왔다면 당신의 음악은 틀렸다는 의미'라고 단언했을 정도로 여성의 감상은 직관적인 경우가 많다고 생각한다.

비판과 비평은 다르다

어떤 상황에서든 명심할 것이 '곡이 혹평을 받았다고 해서 인격이 혹평을 받은 것은 아니다'라는 것이다.

몇 시간, 며칠이 걸려 만든 곡에 대해 부정적인 평가를 받으면 자신의 인격 자체가 부정된 듯한 기분이 들 수도 있다. 하지만 이건 곡에 대한 감상이지 당신 자신에 대한 비판은 아니다. '비판'과 '비평'의 차이에 대해서도 알아두자. 대부분의 경우, 당신의 곡은 비평을 받는 것이지 비판을 받는 것이 아니다. 작곡은 감정과 뗄래야 뗄 수 없는 행위이므로 상대의 비평이 비판으로 들릴 수 있다.

비판과 비평의 차이는 요리에 대한 평가와 비슷하다. 라면과 비교한다면 '나는 A지점보다 B지점의 맛이 좋다'라는 이야기를 한다. 이것은 A지점의 주인을 부정하는 것이 아니라 '맛'에 대해서 이야기를 하는 것이다. 음악과 요리는 '기호품'이라는 점에서 많은 공통점이 있다. 상대의 입장에서 우선시 되는 것은 단순히 '좋은가'와 '좋지 않은가'다(**그림①**). 나처럼 라면을 싫어하는 사람도 있다. 라면을 싫어하는 사람에게 라면의 맛에 대한 감상을 물어보는 것 자체가 잘못이다. 곡을 들려줄 때에도 재즈만 듣는 사람에게 다른 장르의 곡을 들려주며 감상을 물어보는 것은 잘못된 선택이다.

좋은 반응이 나왔다면 10배로 증폭시켜 몸으로 기억하자. 그 이외에는 그냥 흘려버려도 된다. 감상은 사람마다 다르고, 악평 한두 가지에 신경을 쓸 필요

▲그림① 음악과 요리에는 개인적인 취향이 있다. 따라서 나머지 한쪽을 부정하는 것이 아니다.

는 없다. 어느 음악 프로덕션의 사장님도 '10명이 모두 좋다고 하는 음악을 만들면 안 된다. 10명 중 1~2명이 '최고'라고 하는 음악을 만들어야 한다!'라고 했다. 맞는 말이다. 이 명언에 따르면 당신의 곡을 들은 사람은 10명 중 취향이 다른 8명이었을지도 모른다.

들은 사람의 반응을 기억한다

남에게 몇 곡을 들려주고 악평에도 어느 정도 적응이 되었다면 각각의 감상에 좀 더 귀를 기울여보자. 남의 감상에 따라 나의 작곡 스타일을 바꾸는 것은 권장하지 않는다(상업음악의 경우는 예외. 이에 대한 내용은 196페이지에). '이 곡을 들었을 때, 이런 반응을 하는 사람이 있었다', '이런 반응을 했다'의 포인트를 기억해두기 바란다. 즐거운 마음을 전달하려고 쓴 곡이 상쾌한 인상으로 받아들여졌다면, 완전히 틀린 것은 아니지만 뭔가 다르다. 그 차이를 자각한다면 실력이 크게 향상될 수 있다. 나도 수많은 곡을 썼지만 예상 밖의 반응이 나오는 경우는 지금도 있다(웃음). 만약 주위에 라이브를 많이 한 뮤지션이 있다면 그 사람의 감상은 상당히 정확할 것이다.

관객이 눈앞에 있을 때의 반응은 어디서도 얻기 힘들다. 그런 의미에서 유튜브도 직접적인 반응이다.

다시 한 번 말하지만 음악은 '기호품'이다.

▶ 남이 내 음악을 듣는다는 것 P196

남이 내 음악을 듣는다는 것

상업음악 제작의 포인트

감정을 표현하는 단어

상업음악은 100% 주문에 따라 작곡된다. 곡을 모아 두었다가 보여줄 수도 있지만, 각각의 조건에 맞춰 제출하게 되므로 실질적으로는 수주를 하는 것과 같다.

프로의 경우는 마감을 지키는 것이 중요하다. 마감을 지키지 못한다면 일을 할 수 없다. 요즘에는 mp3를 첨부해서 보내는 경우가 대부분이어서 마감 직전까지 작업이 가능하다. 그래도 마감은 마감이다.

제출 후에는 한 방에 OK/수정/처음부터 다시 쓰기(눈물)의 3가지 길이 있다. '한 방에 OK'는 정말 만세! 오더한 사람의 의향을 잘 파악해서 원하는 곡을 만들어준 것이다. '수정'은 템포를 약간 수정하거나 악기를 바꾸는 정도면 비교적 간단하다. 처음에 회의한 내용과 나의 해석이 크게 다르지 않았다는 것이기 때문이다. 다음으로 덜 힘든 것이 밝음과 어두움의 분위기 문제다. 광고음악 회의 중에는 감정을 표현하는 단어가 나올 때가 있다. 감정을 표현하는 단어는 사람마다 다르게 느끼는 경우가 있다. 이런 경우에는 그 단어가 정확히 어떤 의미인지 파악하고 확인하는 것이 중요하다. 따라서 직접 만나서 얼굴을 보면서 회의를 하는 것이 가장 효과적이다.

내 경험상 광고음악의 경우는 '차분하게', '애절하게' 와 같은 키워드로 의뢰를 받았더라도 너무 어둡지 않게 해야 좋은 반응을 얻은 경우가 많았다. 광고음악은 기업광고=기업의 이미지를 나타내기 때문에 밝은 요소가 필요하다. TV 드라마의 경우에는 주인공의 '밝은 기분'을 표현하는 장면에 사용된 멜로디를 마이너 어레인지로 표현하는 경우도 많다.

여기서 주의할 점이 광고와 TV 드라마 모두 '매스미디어'를 통해서 리스너와 시청자에게 전달된다는 것이다. 즉 불특정다수의 남녀노소가 전제조건이다. 누가 들을지 정확하지 않다=누가 듣더라도 주문한 대로의 감정이 느껴져야 할 필요가 있다는 것이다.

특정 소수를 위한 음악

인터넷을 매스미디어로 생각한다면 상황이 조금 다르다. 최근 패션기업의 인터넷광고는 디자인도 음악도 대부분 멋지다. TV 광고에도 이렇게 멋진 곡을 사용하면 좋을 것이라 생각할 수 있다. 하지만 인터넷은 기본적으로 '흥미와 관심을 가지고 있는 사람', '브랜드 이미지를 좋게 보고 호감을 가지고 있는 사람'이 검색을 하고 링크를 따라와서 본다. 따라서 음악과 영상 모두 TV보다 타겟 범위가 좁은 구성과 스타일로

▲그림① 감정을 표현하는 단어는 사람마다 다르게 느낀다.

만들 수 있다. TV 광고가 '불특정다수의 남녀노소'를 상대로 하는 것에 비해 인터넷은 '특정 소수의 세대한 정'을 노리는 것이 분명하므로 음악도 대상인 커스터머가 좋아하는 장르에 초점을 맞출 수 있다.

영화와 아트에 가까운 영역일수록 관객에게 '도전적인' 어프로치를 할 수 있다. TV보다 더 예술적인 경험을 하고 싶어서 돈을 내고 극장과 미술관을 찾은 것이므로 참신한 해석으로 제작을 해도 된다. 극단적이지는 않아도 일반적인 생각을 버리고 작업할 수 있는 기회인 것만은 분명하다.

같은 상업음악이라도 업종과 형태에 따라 다르다. 따라서 어디에서 들을 음악인지에 주의해야 한다. 그러면 '이렇게까지 하고 싶었을까?', '나도 이렇게 곡을 썼으면 좋았을까?'라는 식으로 제작하는 사람의 다양한 기분을 추측할 수 있다. 사실 음악에서 그런 뒷사정까지 느껴질 정도라면 아직은 한참 부족한 수준일 것이다.

▶▶ 남에게 들려준다는 것　　　　　　　　　　　P194

독학을 하면서 부딪치는 문제

조옮김 악기에 익숙해지자

브라스의 이미지를 파악하는 방법

나도 거의 독학을 했었고 여러분 중 상당수는 독학을 한다고 생각한다. 아니라면 이 책을 구입하지 않았을 것이다(웃음).

내 경험상 독학에서 가장 어려웠던 점은, 한 가지 문제를 만나고 그것을 책을 통해서 이해했더라도 과연 그것이 정답인지는 알 수 없다는 것이었다. 고등학생 때 봤던 재즈 교본에 4way(관악기 4관의 4성 보이싱. 클래식의 4성부와는 다르다)를 작성하는 법에 대한 해설이 있었다. 각 항목의 마지막에는 예제가 있었다. '다음의 멜로디를 코드진행에 따라 4way로 어레인지 하세요'라는 물음에 내 나름대로 답을 했다. 하지만 과연 그것이 정답이었는지 아닌지는 알 수 없었다. 당시에는 신서사이저가 없어서 기타와 피아노로 음표를 따라 연주했다. 하지만 브라스의 이미지와는 상당히 달랐다.

실제로 소리를 낼 수 있는 환경이 가까이에 있는 것이 좋다. 만약 당신이 학생이고 주변 환경이 허락된다면 밴드부에 들어가도 좋다. 나도 타임머신이 있다면 과거의 나에게 이 조언을 할 것이다. 트럼펫, 색소폰, 트롬본, 클라리넷, 플루트 등의 다양한 악기를 연주하고 듣는 것이 어레인지 공부에는 가장 좋다. 니콜라이 림스키=코르사코프도 독학의 노력가였으며, 최대한 많은 악기를 연습했다고 한다. 그 집대성으로 〈관현악법원리〉라는 책을 남겼으며, 후배작곡가에게 많은 영향을 주었다. 〈관현악법원리〉를 읽을 것인가는 별개의 문제로, 자신이 만든 악보를 실제로 연주해보는 것이 '정답'을 찾는 지름길이다.

조옮김의 의미

다음으로 내가 부딪힌 문제는 악기의 음역이다. 기타와 피아노는 특수주법을 제외하고는 연주 가능한 음역은 누가 연주하든 같다.

피아노는 오늘 배우기 시작한 사람과 40년을 연주한 사람과의 음역에 차이가 없다. 하지만 악기에 따라서 음역에 개인차가 있는 것도 있다.

기타를 연주한 나는 조옮김 악기의 이유에 대해서 몰랐었다(웃음).

어떤 악기든 높은음자리표부터 낮은음자리표까지 처음부터 연습하면 된다고 생각했던 것이다. 이것은 악보의 구조만 생각한 것이므로 오답이다.

'구조'가 아니라 '악기의 음색' 측면에서 생각해보면 어째서 조옮김을 해야 하는지 쉽게 알 수 있다. 악기

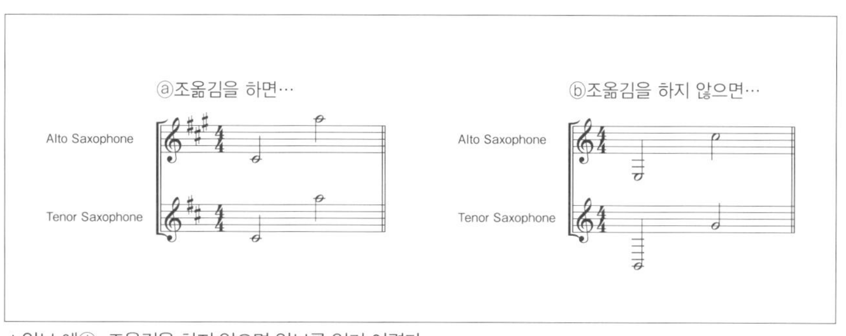

▲악보 예① 조옮김을 하지 않으면 악보를 읽기 어렵다.

제작자는 관악기로 같은 C3의 음을 연주하기 위해 관의 길이가 어느 정도면 되는지를 생각한다. 배음으로 생각해보자. C3를 연주하는데 2차 배음으로 연주한다면 C2를 연주(1차배음)하고, 4차배음으로 연주한다면 C1을 연주해야만 한다. 길이가 다른 2개의 관으로 발음된 C3의 음색은 당연히 다르다. 이것을 사운드면에서 깊이 들어가면 B♭관, E♭관, A관의 차이가 생긴다. 조옮김악기는 이렇듯 사운드를 중요시하는 배경이 있다.

조옮김 악기의 악보를 읽는 것은 처음에는 번거롭지만 장점도 있다. 조옮김을 한 상태에서 오선악보 아래 제1선~위 제1선 사이에 프레이즈가 들어가면 어떤 악기로도 무리 없이 연주할 수 있다. 즉 이 범위를 벗어나면 연주자에게 부담을 준다. 부담을 주는 부분

에는 작곡가가 원하는 '음질과 사운드'가 악보에 적혀 있을 것이고, 달리 보면 이곳은 실수하기 쉬운 포인트 이기도 하다. 만약 모든 악기를 조옮김 하지 않고 악보로 적는다면 **악보 예①ⓑ**처럼 하선과 상선에서 벗어나 악보를 읽기 매우 힘든 상태가 될 것이고, 어느 곳이 어느 정도로 연주자에게 부담을 주는지도 알기 힘들어진다. 그래서 조옮김 악기와 조옮김된 악보가 생긴 것이다.

요즘에는 악보작성 소프트웨어가 조옮김을 도와주고 있어 이전에 비해 훨씬 쉬워졌다.

▶▶ 브라스에서 주의할 점　　　　　　　　　　*P172*

독학으로는 알 수 없는 것

오케스트레이션의 룰

악기마다의 특성

신서사이저를 사용하면서 클래식의 스코어를 DTM
으로 재생하며 공부한 나는 도저히 알기 어려웠던 것
이 있었다.

스코어에 **악보 예①ⓐ**와 같이 오케스트레이션이 되

어있는 경우, **악보 예①ⓑ**(TRACK88)가 실제 오케
스트레이션에 가까운 뉘앙스다. 스코어에서 바순은
피아니시모다. 이것이 상당히 어렵다. 바순뿐만 아니
라 더블 리드의 악기(오보에, 잉글리시 호른)는 높은
음역에서는 음량이 작고, 낮은 음역에서는 음량이 커
지는 특성이 있다(무리해서 피아니시모로 연주하면

▲악보 예① 진짜 오케스트레이션에 가까운 뉘앙스가 되도록 한다.

목관악기

*는 같은 계열 악기의 연주자가 바꿔들고 연주한다

	플루트	피콜로	오보에	코 · 앙글레	클라리넷	베이스 · 클라리넷	파곳	콘트라 · 파곳
2관 편성	2	1*	2	1*	2		2	
3관 편성	3	1*	2	1	3	1*	2	1
4관 편성	3	1	3	1	3	1	3	1

금관악기

	호른	트럼펫	트롬본	튜바
2관 편성	2~4	2	(3)	(1)
3관 편성	4~8	3~4	3	1
4관 편성	6~8	3~4	3	1

현악기　※2관 편성의 경우는 A 또는 B, 3관 편성의 경우는 B 또는 C가 일반적이다

	1st 바이올린	2nd 바이올린	비올라	첼로	콘트라 베이스
A	12	10	8	6	4
B	16	14	12	10	8~10
C	20	18	16	14	10

▲그림① 오케스트라의 일반적인 편성표.

음이 뒤집어질 위험이 있다).

　그래서 실제로는 한 사람은 피아노로 시작하고 다른 한 사람은 페이드인해서 앙상블로 피아니시모에서 크레셴도하는 느낌을 낸다. 다른 목관도 마찬가지로 바순의 피아노에 대비시킨 음량으로 소절 시작부터 나오면 **악보 예①ⓐ**의 스코어 본래의 오케스트레이션의 의도에 맞지 않는다. 따라서 **악보 예①ⓑ**처럼 조금씩 어긋나게 해서 연출한다. 이것이 진짜 오케스트레이션이다.

　이렇게 신서사이저로 스코어를 시뮬레이션할 때에는 뉘앙스에 주의해야 한다. 이런 지식은 직접 가서 오케스트라의 연주를 듣는 것이 최고의 지름길이다.

인원수를 연출한다

악보 예①을 사용해서 한 가지를 더 해보겠다. 악보와 신서사이저만 다루고 있다보면 실제 인원수를 잊

을 수 있다. 2관 편성의 경우, 평균적인 인원은 1st 바이올린 14명, 2nd 바이올린 12명으로 연주한다(**그림①**/즉 같은 C3 음을 현 26명+오보에 2명+클라리넷 2명=30명이 연주한다). 그에 비해 콘트라베이스 6명+파곳(바순)2명=8명이 C1 노트를 연주하는 것이다. 악기 하나의 음량은 바이올린보다 콘트라베이스가 크다. 하지만 피아니시모에서 크레셴도하는 앙상블에서는 바이올린 그룹 30명의 다이내믹스가 압도적으로 유리하다. 그러므로 DTM으로 제작할 때에도 인원수를 고려해서 바이올린의 크레셴도가 콘트라베이스보다 약간 늦게 시작되도록 한다. 그리고 포르테에 도달하기 전에 콘트라베이스를 마스킹하도록 페이더를 사용하는 것이 자연스럽다.

◀)) 음원 TRACK

88　**실제 오케스트레이션의 뉘앙스**

▶▶ 스트링스 MIDI 입력 노하우　　　　　*P142*

나는 이것으로 배웠다

작곡을 배울 수 있는 아이템

교육을 목적으로 쓰여진 곡

나는 음대에 가지 않고 어떻게 오케스트레이션 공부를 했냐는 질문을 받곤 한다. 이것을 위해서는 클래식뿐만 아니라 여러 장르의 연주를 실제로 보러 가는 것이 좋다.

　나도 많은 관현악 관련 서적을 읽었다. 하지만 악기의 조합에 관한 실제의 경험이 없었기 때문에 처음에는 느낌이 잘 오지 않았다. 그래서 참고한 것이 영국의 작곡가 벤자민 브리튼의 〈청소년을 위한 관현악입문〉('퍼셀 주제에 의한 변주곡과 푸가'라는 부제가 붙어있다)이다. 이 스코어를 입수했을 때 나는 이미 청소년이 아니었다(웃음). 이 곡은 17세기의 영국 작곡가 헨리 퍼셀이 'Abdelazer'라는 곡 안의 주제를 인용해서 만든 변주곡(어레인지)이다. 1945년 영국의 방송국 BBC가 제작한 음악교육영화 〈Instruments of the Orchestra〉를 위해 쓴 곡이다. 참고가 되는 곳은 Tutti(전원이 동시에 연주하는 것)의 테마부 연주 후, 목관 앙상블, 금관 앙상블, 현, 타악기와 악기의 조합이 바뀌면서 진행되는 부분이다. 이 CD를 구입할 것이라면 해설이 있는 버전을 추천한다. 해설에는 솔로악기와 악기 간의 조합에 대해서 설명하고 있다.

　이밖에도 교육목적으로 쓰여진 심포니와 2가지의 조곡을 소개한다.

■교향적 이야기 〈피터와 늑대〉(세르게이 프로코피예프)

이 곡은 프로코피예프가 교육목적으로 만든 것이다. 1관 편성이며 〈청소년을 위한 관현악입문〉보다 작다.

■조곡 〈동물의 사육제〉(생상스)

이것도 어린이용으로 분류된다. 개인적으로 음악적인 위트가 풍부한 훌륭한 작품이라고 생각한다. 제7곡째 '수족관'은 영화의 예고편 등에 다양하게 사용되어 들어본 적이 있을 것이다.

영상작품을 본다

진짜 연주를 보러가는 것이 가장 좋지만 티켓 가격 등의 이유로 클래식 콘서트에 자주 가기란 쉬운 일이 아니다. 하지만 영상은 여러 번 볼 수 있다.

　클래식 DVD는 초판이 나오자마자 절판이 되는 경우가 많다. 자료로 가지고 싶은 것이 있다면 발매 즉시 구입하는 것이 좋다. 내가 추천하는 영상작품을 소개하겠다.

▲그림① 샘플링 음원으로는 악기에 대해서 알 수 없다. 보고 만지고 들어보는 것이 가장 좋다.

■레너드 번스타인 〈Young People's Concert〉(수입판 DVD)

번스타인이 어린이용 클래식, 재즈, 발레, 미국의 음악을 오케스트라 연주와 함께 해설한다. 번스타인의 해설은 정말 훌륭하며, 이 사람의 인간적인 카리스마도 특별하다.

흑백영상이지만 그런 부분은 전혀 문제되지 않게 만드는 번스타인의 열기를 느껴보기 바란다.

■〈베를리오즈: 환상교향곡〉(일본판 DVD)

존 엘리어트 가디너가 지휘하는 베를리오즈의 '환상교향곡'을 수록한 DVD. 베를리오즈는 시대적으로 베토벤 후에 나온 프랑스의 작곡가다. 당시의 스코어에는 오피클라이드(프랑스에서 만들어진 악기로 멘델스존과 바그너의 곡 일부에 나온다. 튜바의 시조격이다)와 세르팡 등 지금은 사용되지 않는 악기가 기재되어 있으며 실제로 그 악기들을 연주하고 있다.

▶▶ 독학으로는 알 수 없는 것　　　　　　　P200

매일 매일 작곡한다

작곡가에게는 시간이 필요하다

악기를 만지는 시간이 필요하다

연주가에게 연습은 일과이며 매일 악기를 만진다. 반면에 작곡가는 악기를 만질 기회가 적다. 작곡가도 뮤지션이라서 손가락이 굳으면 안 된다. 일이 계속 이어지면 악기 연습시간, 새로운 음악과 흥미 있는 테마를 깊이 있게 들여다 볼 시간이 줄어든다. 대부분의 작곡가는 악기 연주 실력이 상당하다. 그 중에는 나처럼 매일 마감과 싸우며 작곡활동을 하는 사람도 있다. 여러분 중에도 매일의 일과 때문에 다른 것을 할 시간을 내기 힘든 사람이 많을 것이다.

작곡가 중에는 디지털 피아노가 아닌, 어쿠스틱 피아노만 고집하는 경우가 있다. 맞는 말이다. 어쿠스틱 피아노로 작곡을 하면 나도 작업이 잘 된다. 리얼한 울림에 직감적인 터치, 게다가 무엇보다 레이턴시가 없다(웃음). 내 집에는 어쿠스틱 피아노가 없지만 레코딩, 믹스 작업 중의 남는 시간에 스튜디오의 피아노 부스를 빌려서 다른 곡을 만드는 경우는 많다.

대도시에서 밤늦게까지 어쿠스틱 피아노를 연습하거나 작곡할 수 있는 환경을 갖추기는 어렵다. 어쿠스틱 피아노를 고집하다가 연습시간과 작곡시간이 줄어드는 것은 곤란하다. 특히 작곡을 막 시작했다면 가능한 많은 곡을 만들어보는 것이 좋으므로 악기에 대한 고집은 일단 접어두자.

작곡작업의 모든 것

직업으로 작곡가가 되어 드라마나 애니메이션 일을 하게 되었다고 하자. 현재 일본에서 많이 볼 수 있는 패턴은 작곡 기간은 30~40일. 그 사이에 40~50곡 정도를 써야 한다. 쉬지 않고 하더라도 하루에 1곡으로는 마감을 맞출 수 없다.

최근의 스탠더드는 한 사람의 작곡가가 작곡, 어레인지(오케스트레이션 포함), 일부 악기 연주, DAW 트래킹(MIDI 데이터를 오디오로 스트라이프한다), 그리고 어쿠스틱 악기의 레코딩이 있는 경우는 그에 필요한 스코어와 파트 악보를 작성한다. 이 중에서 순수한 작곡 이외의 것은 외부에 맡기는 '외주'라는 방식도 있다.

여러분 중에는 프로가 되고 싶은 사람도 많을 것이다. 그런 분들을 위해 말씀드리면 처음부터 외주 예산을 받을 수 있는 가능성은 없다고 생각하기 바란다. 앞에서 말한 작업들을 혼자서 해낼 수 없다면 일을 의뢰받기 어렵다는 것이다. 실제로 나와 같은 작곡가 사무소에 소속되어있는 작곡가 중에서 이 일련

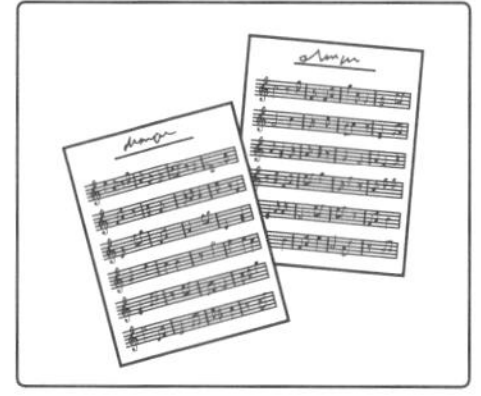

▲그림① 작곡은 공부해야 할 것이 많다.

의 작업 중 하나라도 할 수 없는 사람은 한 명도 없다. 모두가 MIDI 입력부터 어레인지, 악보 제작까지 할 수 있다. 시간 효율의 문제로 마지막의 파트 악보나 현장에서 사용하는 스코어의 인쇄를 사보업자에게 발주하는 경우는 있지만, 그 밖의 작업은 모두 혼자서 해야만 한다.

작곡을 위해서는 악기를 연습하고, DAW를 배우고, 악보를 쓰는 방법과 조옮김을 하는 방법, 파트 악보 작성까지 공부할 것이 많다. 이 모든 것을 할 수 있더라도 좋은 곡을 쓸 수 없다면 일이 들어오지 않을 정도로 이 세계는 냉정하다.

직업 작곡가에게는 매일 할 일이 넘쳐난다. 장비 마니아로 불리는 나도 솔직히 DAW의 업데이트를 따라가는데 소비되는 시간을 작곡과 악기 연주에 사용하고 싶다.

여기서 소개한 작곡가의 작업 중에서 자신 없는 부분이 있다면 지금 당장 단련시켜야 한다.

▶▶ 작곡가는 장인이어야 한다　　　　　　　　P210

슬럼프 극복방법
슬럼프는 누구에게나 있다

슬럼프를 내 편으로 만든다

Slump(슬럼프)의 사전적인 의미는 '몸과 마음의 상태가 일시적으로 좋지 않은 상태'다. 우리 같이 마감을 지켜야 하는 직업에서 '슬럼프'라는 변명은 통하지 않는다. 그런 생활을 계속해서인지 솔직히 슬럼프가 어떤 상태를 말하는지 잘 모르겠다. 그래도 졸립지도 않은데 효율이 크게 떨어지거나, 집중이 안 되거나, 같이 지내던 고양이가 죽거나, 예정된 입금이 안 되거나… 일상생활 속에서 힘이 빠지는 요소는 누구에게나 있다. 특별히 창작활동에 지장이 없다면 '그대로 내버려 두는' 방법도 있기는 하다.

뮤지션끼리의 대화 중에 '이번에는 ○○라 아쉬웠습니다. 하지만 그런 기분을 예술로 승화시키죠!'라는 말을 하곤 한다. 작곡은 사람의 마음 속 감정에 호소해야 하는 것으로, 어떤 기분으로 어떤 것을 표현하고 싶다는 순간이 언젠가는 온다. 그렇게 생각하면 슬럼프도 미래의 나에게 귀중한 시간이다.

광고음악의 경우, 내일까지 2곡을 써야 하기도 하고, 드라마의 배경음악은 2~3주 동안 20~40곡을 써야하는 경우도 있다. 이렇듯 빡빡한 제작기간에 영감이 떠오를 때까지 기다릴 여유는 없다. 이럴 때에는 자신의 깊은 곳에 자리 잡고 있는 이미지나 과거에 겪

었던 일을 떠올려보자. 새벽과 노을의 풍경이 나와 내 친구에게 같아 보일까? 내가 푸르다고 생각한 하늘보다 더 푸른 하늘이 세상에는 있을 수 있다. 연인에게 차인 경험이 없다면 그런 장면에 어울리는 음악을 쓰기 힘들 것이고, 가족을 잃은 경험이 없다면 경험한 사람과 같은 깊은 감정을 상상하기는 어려울 것이다. 충격적인 감정의 기복 없이도 자신의 생활에서 느끼고 경험한 일상을 음악으로 만들어 남에게 전달할 수 있는가는 자신의 '감수성'에 달려있다.

슬럼프에서 탈출하자

슬럼프에 빠지지 않는 방법을 생각해두는 것도 좋다. 내 경우, 프로 뮤지션치고는 악기 연주가 별로라서(눈물), 매일 매일 연습을 해야 한다. 게다가 배우는 속도가 느려서 새로운 것을 배울 때에는 많은 연습을 해야 한다.

지금도 공부하고 싶은 것, 배우고 싶은 것들이 너무나 많다. 작곡 틈틈이 시간을 내서 공부를 해두면, 돌아보니 매일 좋은 곡들을 만들 수 있었던 것 같다. 가장 오래 연주한 악기는 기타지만 비올라를 연습하거나 드럼이나 베이스를 연주하는 것만으로도 큰 기

▲그림① 7전8기의 정신으로 슬럼프를 극복하자!

분전환이 된다. '취미가 없나요?'라는 말을 듣기도 한다. 나는 일도 음악이고 취미도 음악이다(웃음).

스포츠에서 자주 말하는 초심으로 돌아간다는 것도 음악에서는 약간 다르다. 항상 무언가 신선함이 없으면 계속 하는 것 자체가 힘들고, 때때로 자기 위치에서 앞을 보는 편이 능동적이고 긍정적이다. 어느 정도 스킬을 익힌 후에 '원래는 여자한테 인기를 끌고 싶어서 음악을 시작했었지!'라고 해도 이제 와서는 어쩔 수 없는 일이다(계기로서는 상당히 좋은 예다).

단순히 초심으로 돌아간다는 의미가 아니라면 기분을 어떤 위치로 되돌려 놓을 수 있는 CD를 듣는 것도 좋다고 생각한다. CD가 사라져가는 시대지만 꼭 가지고 싶은 음악이라면 작곡을 하는 여러분은 가지고 있을 것이다. 레코드판을 접해본 적이 없다면 약

간 무리해서 턴테이블을 구입해보는 것도 좋다. 내가 어렸을 때에는 한 장의 레코드판과 마주앉아 음악을 들었다. 그런 기분을 느껴보는 것도 좋다고 생각한다. 다운로드로 1곡씩 구입할 수 있는 시대에 새삼스럽다고 생각할 수도 있다. 단순한 음악 애호가라면 그것만으로도 충분하다. 하지만, 이 책을 읽고 있다는 것은 적어도 음악을 만들어 내보내는 일을 하고 싶어할 수도 있다는 것이다. 그렇다면 효율을 잊어버릴 필요도 있다. 마음이 원래의 위치로 돌아오면 슬럼프에서 탈출할 수 있다. 원래의 위치, 그것은 바로 음악을 듣는 것이다.

⏩ 매일 매일 작곡한다   P204

버리는 용기

필요한 것인지 아닌지 판단한다

작업 시간은 영양분이 된다

시간을 들여, 여러 번 생각하고 생각해서 곡을 만들어도 1주일 후에 들어보니 영 아닌 경우는 누구에게나 있는 일이다. 그럴 때에는 과감하게 버리자. 탁 떠오르고 쓰윽 써내려가서 '난 멋지다'라고 생각했는데 며칠 뒤에 들어보니 이미 들어본 곡과 비슷하다. 이럴 때에도 과감하게 버리자. 요즘에는 곡도 악보가 아닌 데이터로 관리하고 있는 경우가 많다. 그런 경우에는 NG폴더에 넣어서 버리자.

곡이 아니더라도 어레인지를 나중에 다시 들어보았을 때 아닌 부분이 있다면 과감하게 버리자(**그림①**). 'Less is More'라는 영어 속담이 있다. '지나침은 모자란 것만 못하다'와 비슷한 의미다. 이것을 '음수가 적으면 더 많은 진리를 포함하고 있다'라고 해석하는 사람이 있는데, 나도 그렇게 생각한다. 작곡 중에는 코드진행을 복잡하게 하거나 베이스음을 바꿔서 분수코드로 하거나, 그다지 필요 없는 파트를 추가해서 자기만족에 빠지기 쉽다. 시간이 지난 후에 필요 없는 부분이라고 느껴지면 이틀 동안 작업한 스트링스 어레인지라도 과감하게 버리자.

거기에 들인 시간과 곡의 좋고 나쁨은 현실적으로 전혀 관계가 없다. 작곡에 들인 시간은 이미 자신의 일부가 되어있다. 따라서 모든 것이 쓸모 없는 것은 아니다.

이론은 몸으로 익힌다

작곡책에서 이런 말을 하기는 좀 그렇지만, 이론 서적에서 배운 것도 몸에 익고 귀에 기억되었다면 의식 속에서 지워버리자. 이 책에서 여러 번 투 파이브를 강조했다. 하지만 이것도 몸으로 익혔으면 일일이 의식할 필요가 없으므로 머릿속에서 지우자.

프랭크 자파는 '나에게 II-V-I은 백인음악의 나쁜 에센스다'라고 자서전에서 말했다. 투 파이브 원 없이 음악을 만들기란 불가능하지는 않다. 하지만 그런 곡을 일반 리스너가 즐기도록 할 생각이라면 엄청난 각오가 필요하다.

이야기가 길어졌다. 아무튼 프랭크 자파에게 있어서 기존의 수법을 버린다는 것은 그 정도로 큰 일이었을 것이다.

▲그림① 곡, 어레인지의 일부를 버리면 더 좋아질 수도 있다.

다음 단계를 생각한다

'버리는 각오'라고 하니 꼭 절벽 끝에 선 검객 같다. 달리 말하면 여하튼 많은 곡을 써보자는 의미다. 나는 광고음악으로 1,500 프로그램 이상(한 프로그램에 A와 B의 2가지 타입을 쓰기도 했고 수정과 개정을 포함해서)을 썼다. 이렇듯 독학해서 작곡가로 먹고 살 수 있었던 이유는 아무튼 많이 쓰고, 고민하고, 버리고, 쓰고, 고민하고, 버리고, 가끔은 칭찬도 들으면서(웃음), 그런 마음으로 계속 이 일을 해왔기 때문이다.

광고음악은 항상 신선함이 요구된다. 따라서 자주 사용했던 악기와 라이브러리도 너무 많이 사용했다는 생각이 들면 팔아버리거나 봉인했다. 특정 악기나 음색이 없어도 주문을 받았고 나의 표현이 필요하면 곧바로 반응할 수 있도록 노력했다. MIDI 발음 타이밍이 좀 더 정확한 제품이 나오자마자 익숙해진 DAW라도 바로 교체했다. 내가 어떤 기자재, 어떤 DAW를 사용하는가는 음악을 즐기는 리스너와 프로듀서에게는 아무런 상관이 없는 일이다. 이들의 귀에 전해지는 것은 '음악'뿐이다.

'버린다'에는 다양한 측면이 있다. 항상 자신의 음악에 필요한지 아닌지를 기준으로 판단한다면, 버리는 것은 음악적으로 매우 당연한 행위다.

▶▶ 작곡가는 장인이어야 한다　　　　　　P210

작곡가는 장인이어야 한다

직업 작곡가라는 직업에 대해서

직업 작곡가에 대해서

예전에 DAW에 대한 세미나를 한 적이 있다. 기자재에 대한 질문을 마치고 다음 준비를 하면서 쉬고 있으면 어김없이 상업음악 작곡가 지망생이 말을 걸어온다. 그 질문의 대부분이 '일의 의뢰는 어떻게 받나요?'다. 사실은 이것이 직업 작곡가 지망생의 가장 큰 의문이자 질문일 것이다. 작곡 테크닉과 관계 없는 질문이라고 생각할 수 있다. 하지만 여기에도 테크닉이 필요하다. 아무리 곡을 잘 쓰더라도 일감이 저절로 생기지는 않는다. 일반적인 작곡관련 도서에 이것에 대한 내용은 전혀 없다. 따라서 집필 당시를 기준으로 내 시점에서 말할 수 있는 것을 써보겠다.

내가 말하는 직업 작곡가는 '발주를 받아서 작곡에 들어가고(또는 미리 만들어둔 곡 중에서 제출) 클라이언트의 요구에 맞춰 곡을 고쳐서 납품하는 작곡가'다. 곡을 만들어서 리스너에게 들려주는 '아티스트'와 중복되는 부분이 있지만 기본적인 정신구조가 완전히 다르므로 구분해서 생각할 필요가 있다. 아티스트는 자신의 작품, 품질, 성질을 지키기 위해 리스너의 의견을 참고할 필요는 없다. 하지만 직업 작곡가는 클라이언트의 요구에 맞추어 곡을 수정해야 한다.

극단적인 예를 들면 미용사가 '이 손님에게는 세미롱이 어울리겠는걸~'이라고 과거의 경험과 자신의 센스로 느꼈다고 해도, 돈을 지불하는 손님이 퍼머를 해달라고 하면 그 주문에 맞춰 손님이 감격할 정도로 멋지게 퍼머를 해주어야 한다. 그리고 마음에 들어하고, 다음에 또 의뢰를 하겠다는 평가를 받을 수 있을 정도의 기술을 가지고 있어야만 한다. 즉, '장인'이어야 한다. 어떤 사람은 스피드를, 어떤 사람은 퀄리티를, 또 어떤 사람은 특정 장르가 아니라 다양한 장르를 다룰 수 있는 능력을 자신의 장점으로 내세워 일을 받고 있는 것이다(**그림①**).

직업 작곡가의 현재 상황

여러분도 느끼고 있듯이 현재 음악산업은 쇠퇴하고 있다. 세상에서 엔터테인먼트가 사라지지는 않을 것이므로 작곡가의 일이 완전히 없어지지는 않겠지만, 우리를 둘러싼 환경은 엄청난 속도로 변화되고 있다.

현장에서 달라진 점은 예산이 줄어들었으며, 보수는 인세 또는 일에 따라서는 바이아웃(buyout) 형태가 늘어났다. 예전에는 우선 제작비가 있었고, 작곡료와 음원제작비, 연주료는 먼저 받았다. 인세와 2차 사용료는 별도였다. 지금은 무조건 음원에 대한 댓가

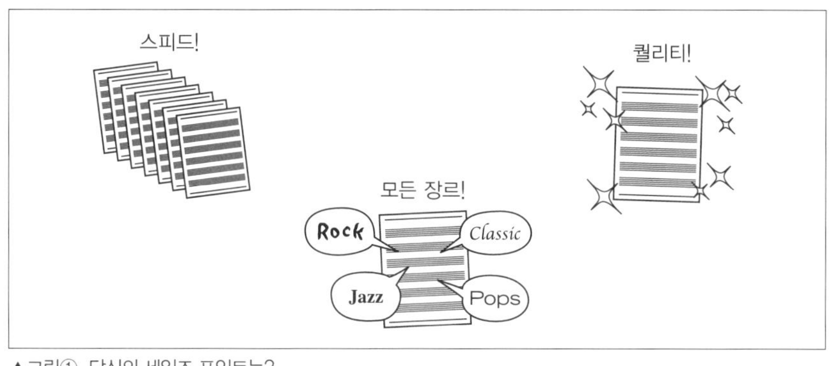

▲그림① 당신의 세일즈 포인트는?

를 받는다. 그리고 음원을 제작하기 위한 기자재는 모두 자신이 갖추고 있어야 한다.

어레인지도 당연히 해야 하는 일이다. MIDI 입력을 할 수 있어야 하고, 악보와 스코어는 각 악기용 파트 악보도 만들 수 있어야 한다. 악기는 기타 또는 피아노(요즘은 일반적으로 2가지 모두 연주한다) 이외에 몇 가지 악기를 더 연주할 수 있어야 한다. DAW의 트래킹을 하고 믹스를 해서 mp3로 클라이언트에게 주어야 한다. 일단 이 정도는 되어야 스타트 라인에 설 수 있다. 달리 말해서 이 모든 것을 할 수 있는 작곡가는 이미 넘쳐난다. 지금은 이러한 조건과 환경을 갖추는 것에 추가로 '작가성'이 요구된다.

힘든 업계다. 규모가 작아지고 있으며, 여러분이 이 업계에 들어가려고 한다는 것은 현재 활동 중인 누군가의 일이 줄어든다는 것을 의미한다. 현역 작곡가는 젊은 재능에 추월당하지 않도록 매일 열심히 공부하고 있으므로 이보다 앞서려면 정말 많은 노력이 필요하다. '작사, 작곡을 하는 아티스트가 되고 싶습니다. 하지만 그게 어렵다면 광고음악 같은 작업으로 먹고 살면 되지 않을까 생각합니다'라는 말을 실제로 내 눈앞에서 하는 사람이 있었다. 그런 마음가짐으로는 절대로 살아갈 수 없을 것이다.

남이 내 음악을 듣는다는 것　　　　　P196

지금은 하우스 작가의 시대
효율적인 작곡 시스템

최근의 직업 작곡가

앞으로의 작곡가는 업계에서 '하우스 작가'라 부르는 형태가 많아질 것 같다. 이것은 게임회사의 음악부문처럼 사원으로 고용하는 것과 프리랜서의 중간 정도의 계약으로, 예를 들어 광고음악은 A사와 하우스 작가의 계약이지만, 광고음악 이외의 것은 B사 또는 C사에서 발주를 할 수 있는 계약 상태다(**그림①**). 회사의 사원이 아니므로 건강보험은 자신이 내야 한다. 개런티는 완전 프리랜서 작곡가보다 비교적 낮게 설정되어 있지만 우선적으로 일을 받는다는 조건이 붙어있는 경우가 많다.

내 경우에는 5년 전 뉴욕의 모 광고음악 프로덕션의 외부 프리랜서 계약 작곡가로 등록되었던 적이 있었다. 회사 안에는 중소규모의 스튜디오가 5~6개 있고, 항상 10명 정도의 작곡가가 스튜디오에서 끊임없이 작업을 하고 있었다.

최근 미국의 광고음악 프로덕션은 발주를 받은 후 3일 정도에 50곡의 데모 트랙을 제작하는 것이 당연시되고 있다. 그것을 클라이언트에게 들려주고 범위를 좁혀 수정 작업을 하는 시스템이 주류가 되고 있다. 하우스 작가 10명이 3타입씩의 데모곡을 제출하고 회사의 스톡 라이브러리에서도 몇 곡을 고른다. 외부의 프리랜서 계약 작가에게서도 몇 곡을 받아 총 50곡을 3일 만에 마련한다. 흥미로운 것은 첫 프레젠테이션에서 떨어진 하우스 작가들이 이번에는 프레젠테이션을 통과한 작가들을 지원하며 작업에 참여한다는 것이다. 완전한 팀으로 작곡작업을 하는 것이다. 프레젠테이션을 통과한 곡에 스트링스 어레인지가 필요하다면 하우스 작가 중에서 현 어레인지를 잘하는 사람이(모두가 어느 정도의 어레인지와 오케스트레이션을 할 수 있다) 신속하게 스트링스의 어레인지를 하는 매우 효율적인 시스템이다.

할리우드의 영화음악도 분업화가 되었다. 일본의 경우 오케스트레이션을 할 줄 아는 작가는 선생님 대접을 받는 경향이 있다. 하지만 미국에서는 오케스트레이션을 어레인지 기술의 일부분으로 보고 있다. 작곡가가 작곡한 골격에 여러 명의 오케스트레이터와 여러 명의 목업 어시스트가 팀을 이루어 작업하는 경우가 많다.

'목업(mock up)'이라는 말은 일본에서는 아직 대중적으로 사용되고 있지는 않다. 목업 작업을 잘 하는 작가는 MIDI 입력을 잘 하는 작가로, 오케스트레이션된 스코어를 실제의 음으로 만드는 작업을 한다. 당연히 MIDI와 DAW의 테크닉뿐만 아니라 오케스트레이션과 작곡을 잘 하지 못하면 진짜 어쿠스틱 악기의

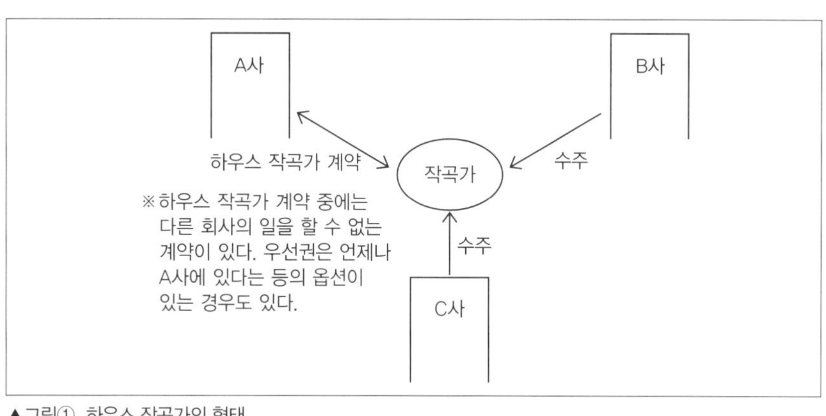

▲그림① 하우스 작곡가의 형태.

연주와 구분이 어려울 정도의 퀄리티로는 만들 수 없다.

　DAW를 사용하는 시점에서 보아도 Pro Tools로 제작하는 편이 효율적인 곡과 Ableton Live로 제작해야 효율적인 곡이 있다. 한 사람의 작곡가가 두 가지 모두를 잘 하기란 시간적으로도 어렵다. 두 가지 모두를 어중간한 수준으로 하는 것보다는 각각의 전문가와 손을 잡고 일하는 편이 더욱 효율적이다.

프로의 세계

나는 현재의 예산과 스케줄의 효율을 보면(예산이 적어지는 만큼 같은 기간에 많은 일을 해야 한다), 이러한 팀으로 작업을 하는 시스템이 일본에서도 앞으로 늘어날 것이라는 예상을 해볼 수 있다. 그리고 '하우스 작곡가'의 팀에 참여하려면 우선 작곡 실력이 상당한 수준이 아니면 안 되고, 악기 연주도 프로의 레코딩 현장에서 통하는 수준은 되어야 한다.

　그리고 자신의 작곡기술에 자신이 생길 때까지는 프로의 문은 두드리지 않는 것이 좋다. 어중간한 데모 트랙을 들은 상대가 다시 한 번 당신의 데모를 들어줄 가능성은 거의 제로에 가깝기 때문이다. 프로의 세계는 냉정하다.

▶ 남이 내 음악을 듣는다는 것　　　　　P196

누구를 위한 음악, 음악가인가?

항상 노력하자!

나를 위해 작곡한다

처음에는 당연히 자기 자신을 위해 시작했을 것이라 생각한다. 누군가의 라이브를 보고 멋지다는 생각에 악기를 구입해서 음악을 시작한다. 그러는 동안 실력이 향상되면 곡을 쓰게 되고, 곡이 완성되면 누군가에게 들려주고 싶어져 오디션에 응모하게 된다. 항상 그때의 '들려주고 싶다. 들어줬으면 좋겠다!'는 마음을 떠올리기 바란다.

마지막 항목에서 내가 여러분에게 전하고 싶은 말은 계속 작곡하라는 것이다. 계속 작곡을 한다는 것에는 연주자가 계속 악기를 연주하는 것과는 다른 어려움이 있다. 세상의 악기가 12평균율로 정착되고 100년 정도 지난 지금, 작곡의 수법은 어느 정도 완성된 측면이 있다. 물론 '수법'을 통해서 새로운 것을 해볼 여지는 항상 있지만, 일반인(작곡가가 아닌 일상생활에서 음악을 듣고 즐기는 사람)이 만족할 수준에서 '새로운' 것은 중요하지 않다. 리스너의 생활 속에서 즐길 수 있어야 한다(즐길 수 없다면 슬픈 일이다). 그렇기 때문에 어려운 것이다.

한편 자기 자신을 위해 작곡을 지속적으로 해야 하는 면도 있다. 내가 만든 가장 최근의 작곡과 어레인지는 1950년대 후반의 편성이 큰 재즈다. 하지만 실제로 이런 일이 들어오는 경우는 거의 없다(웃음). 아주 가끔 그런 오더가 들어오더라도 화려함이 요구되면 내 취향대로의 작곡이 어렵다. 그러므로 CD를 듣고, 악보를 모으고, 트랜스크라이브를 하는 작업은 나를 위한 것이라 생각한다. 이것은 타인의 평가가 아닌 내가 만족할 때까지 추구해야 하는 부분이다.

작곡가는 이와 같은 양면을 함께 가지고 일을 한다.

라이브에서 얻을 수 있는 것

현재 음원 판매의 표준은 인터넷 스트리밍이다. 라이브에서는 관중이 늘어났다는 조사결과가 있다. 디지털 미디어의 장점 중 하나로 들 수 있는 것이 균일한 품질이다. 누가 어디서 구입하든 같다는 것이다. 따라서 아티스트의 퍼포먼스와 카리스마를 느끼려면 라이브에 가야만 한다. 라이브에는 그런 매력이 있다. 리스너가 원하는 것은 음원 자체보다 '체험'에 가까운 감각으로 바뀌어가고 있다.

그렇다면 작곡가도 이 점을 알고 만들어야 한다.

상업음악(광고음악, 인터넷 음악 등) 일의 결과에 대한 평가는 발주처에서 내린다. 하지만 최종적으로는 TV 시청자와 컴퓨터 앞에서 인터넷 광고를 보는 사람

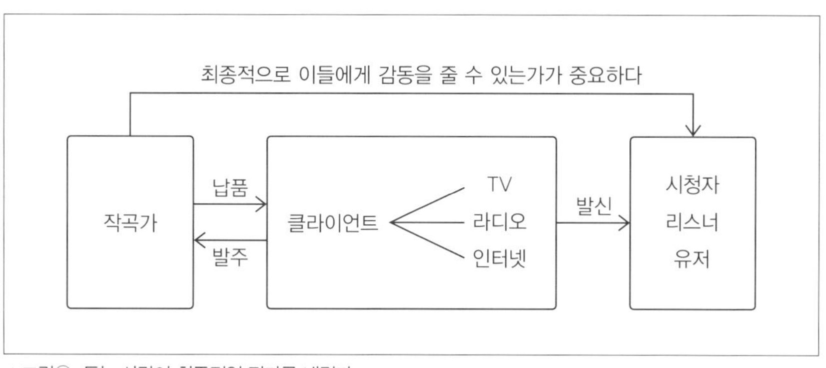

▲그림① 듣는 사람이 최종적인 평가를 내린다.

들에 의해 평가된다. 비트를 좀 더 넣어달라거나, 조금만 더 밝게 해달라는 등의 세밀한 주문이 들어오고, 마감이 얼마 남지 않았다면 작곡만으로도 힘들 것이다. 그래도 역시 최종의 아웃풋, 실제로 듣는 사람의 마음을 생각해야 한다(**그림①**). 이를 위해서라면 라이브 콘서트에 가봐야만 한다.

별로 관심이 없는 장르의 음악이지만 잘 팔리고 인기가 좋다면 인기의 궁금증을 해소하기 위해서라도 라이브에 가보아야 한다. 자신의 취향은 아니지만 굉장한 경험을 해본 적은 없는가? 그 느낌을 파악한 것만으로도 작곡에 활용될 수 있다. 일본(특히 도쿄)은 비싼 티켓 가격에 비해 전 세계의 뛰어난 아티스트를 비교적 쉽게 볼 수 있는 혜택을 받은 곳이다.

끝으로 내 경험 중, 가장 까다로운 오더에 대해 소개하겠다. 어느 지방의 술자리에 갔을 때였다. 갑자기 '저~ 세가와 씨는 작곡가라고 하셨는데, 뭔가 좀 해보세요'라는 말이 나왔다. 악기도 없었고, 나는 음치라서 정중히 거절을 했다. 상대는 상당히 실망한 것 같았다. 일반인이 생각하는 작곡가, 또는 예능(연예인의 예능과는 다르다)의 가장 원초적인 부분이 바로 이 오더가 아닐까 생각한다.

▶▶ 남에게 들려준다는 것   P194

Q1 작곡을 시작하게 된 계기는?

A 원래는 기타를 연주하는 스튜디오 뮤지션이 되고 싶었습니다. 하지만 스튜디오 일을 하기에는 치명적으로 리듬감이 좋지 않아서 포기했습니다. 당시에는 광고음악에 흥미가 있었으며 다양한 타입의 곡을 만들고 싶었던 것이 계기입니다.

Q2 공들여 만든 곡이 NG가 되었을 때, 어떻게 기분 전환을 하나요?

A 처음에는 제 인격이 부정당한 듯한 큰 충격을 받았습니다. 하지만 우리 같은 미디어 콤포저의 일은 발주를 받아서 작곡을 하는 것입니다. 따라서 어디가 마음에 들지 않는지를 명확하게 한 후, 가능한 클라이언트의 입장에서 생각합니다. 레스토랑에서 주문한 것과 다른 음식이 나오면 클레임을 걸겠죠? 기본적으로는 그와 같은 일이라고 생각합니다. 물론 작곡가의 입장에서는 내 나름대로 이렇게 하는 것이 좋다는 것은 있습니다. 하지만 프로 작곡가는 장인이어야 하므로 상대의 마음을 최대한 파악하고 반영해야 합니다.

Q3 음악을 오래 하기 위한 좌우명이 있다면?

A 저는 제 자신을 위해 음악을 하는 부분이 있고 그것은 일과 완전히 분리시키고 있습니다. 판매나 남의 평가와 상관없이 순수하게 나를 위해 음악을 합니다. 나를 만족시키는 것만큼 힘든 일은 없으며, 그것이 있는 한 영원히 음악을 할 수 있습니다. 저는 정말 평범한 사람이라 지금도 나의 'Voice'를 찾지 못하고 있습니다.

Q4 곡에 자신감이 없을 때(슬럼프)에는 어떻게 극복하나요?

A 일단은 잠을 잔 후에 컨디션을 조절합니다. 일어나서 다시 듣고 자신이 없는 이유를 침착하게 생각합니다. 내가 쓴 곡에 대해서 내 몸의 어딘가가 위화감을 느끼고 있을 것입니다. 그게 어딘지 냉정하게 내 자신에게 물어봅니다. 컨디션이 좋을 때의 느낌을 기억해두는 것도 중요합니다.

Q5 초보자에게 해주실 말씀이 있다면.

A '귀'를 소중히 다루시기 바랍니다. 우리들이 '음악'이라는 공기를 진동시키는 놀이를 즐길 수 있는 것도 모두 '귀'라는 기관이 있기 때문입니다. 귀에 감사하면서 매일 열심히 노력합시다.

작곡가 10인 10색

- Q&A 로 알아보는 작곡가의 마음 -

기초용어해설

도수

2개의 음정의 폭을 도수로 나타낼 수 있다.

- **1도** 같은 음이다. 2개의 음의 임시기호/조표가 같으면 완전1도다.

- **2도** 2개의 음 사이가 반음 차이면 단2도다. 반음이 2개면 장2도다.

- **3도** 2개의 음 사이가 반음 3개 차이면 단3도다. 반음이 4개면 장3도다.

- **4도** 2개의 음 사이가 반음 5개 차이면 완전4도다.

- **5도** 2개의 음 사이가 반음 7개 차이면 완전5도다.

- **6도** 2개의 음 사이가 반음 8개 차이면 단6도다. 반음 9개의 차이면 장6도다.

- **7도** 2개의 음 사이가 반음 10개 차이면 단7도다. 반음이 11개 차이면 장7도다.

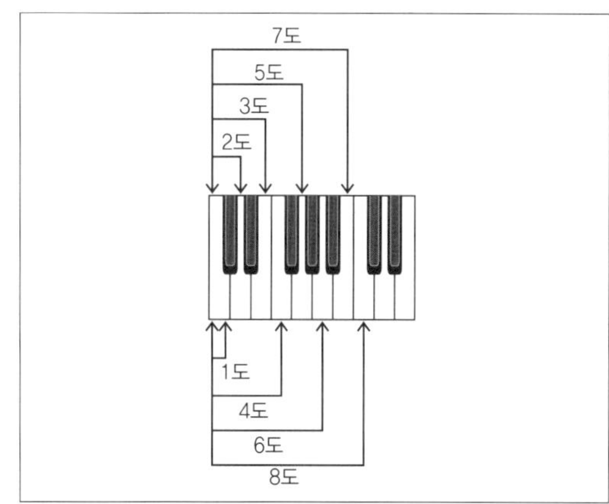

▲그림① 건반 그림으로 보는 도수 관계.

- **8도** 2개의 음 사이가 반음 12개 차이면 완전8도다. 완전8도는 '옥타브'라고도 한다.

로마숫자의 도수표기

도수는 로마숫자로 나타낸다. C메이저의 경우, 악보 예① 과 같은 로마숫자의 관계다.

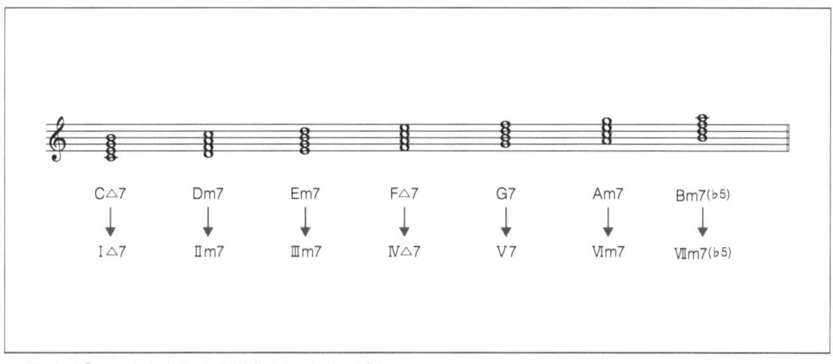

▲악보 예① C메이저를 로마숫자로 표기하는 경우.

Ⅱm7→Ⅴ7 진행을 '투 파이브'라고 부르는 것도 로마 숫자 표기에서 온 것이다. 로마숫자를 사용하면 코드진행(Ⅰ△7-Ⅵm7-Ⅱm7-Ⅴ7/1625 등/그림②)을 키에 대해

서 상대적인 관계로 파악할 수 있다. 현장에서는 보컬리스트의 음역에 따라서 키를 변경할 때에도 대처하기 쉽다는 장점이 있다.

$$Ⅰ△7 \longrightarrow Ⅵm7 \longrightarrow Ⅱm7 \longrightarrow Ⅴ7$$
（일）　　　　（육）　　　　（이）　　　　（오）

● C메이저의 경우　　C△7 $\longrightarrow$ Am7 $\longrightarrow$ Dm7 $\longrightarrow$ G7
● D메이저의 경우　　D△7 $\longrightarrow$ Bm7 $\longrightarrow$ Em7 $\longrightarrow$ A7
● A메이저의 경우　　A△7 $\longrightarrow$ F$^\#$m7 $\longrightarrow$ Bm7 $\longrightarrow$ E7

▲그림② C메이저/D메이저/A메이저의 '1625 진행'.

조성음악

기능화성에 의한 장조(메이저), 단조(마이너)를 동반한 음악. 이에 반해 조성을 특정할 수 없는 음악을 '무조음악'이라고 한다.

기능화성

서양음악 화성의 진행. 성부를 이끄는 방법. 음악을 3가지 요소로 나눴을 때의 '멜로디', '리듬', '하모니(화성)' 중 하나. 각 성부의 움직임을 기능적으로 설명할 수 있는 조성음악의 화성. 데스메탈 등의 록은 기능화성으로는 설명할 수 없지만 그렇다고 '무조음악'이라고 하지도 않는다.

선법/모드

음계(스케일)의 형태로 나타내며 음정 간격에 따라서 창법이 달라진다.

〈대표적인 선법〉

■서양음악

　·고대 그리스 선법　·교회선법

■중동(악보 예는 오선악보로 나타내므로 서양음계의 근사치다)

　·아랍 계열: 후마윤, 마깜

■그 외

　·인도음악의 라가(서양적인 해석으로는 옥타브를 24로 분할하고, 낮과 밤이 다른 라가(모드)를 사용하는 예도 있다)

　·중국의 조식　·일본 아악의 조(음음계(陰音階))

　·류큐(오키나와)의 음계　·가믈란 음계

▲악보 예② 다양한 선법.

교회선법/처치 모드

서양음악의 모드 중 하나. 재즈와 팝스의 '모드'는 대부분의 경우 처치 모드를 말한다.

여기서는 '현대적인 교회선법'으로 한정한다(재즈의 처치 모드와 같은 의미).

■**아이오니안**

■**도리안**

■**프리지안**

■**리디안**

■**믹솔리디안**

■**에올리안**

■**로크리안**

이상 7가지의 선법(악보 예③)이 있다. 엄밀하게 말해서 아이오니안은 교회선법에 포함되지 않지만 일반적으

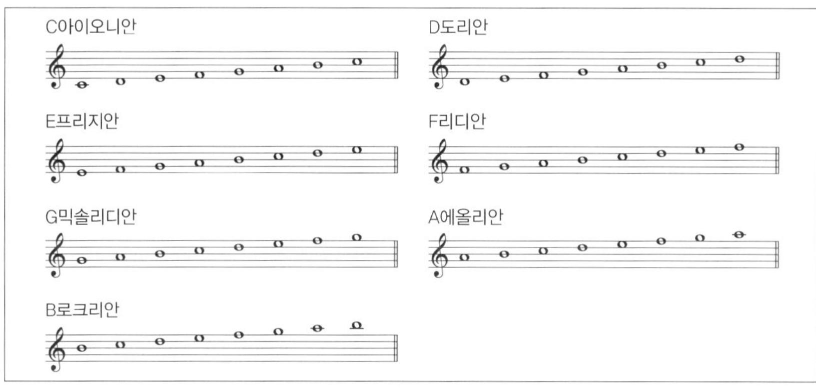

▲악보 예③ 처치 모드의 스케일.

로는 포함된다.

　확실히 모달한 수법을 취하면 악보 예④처럼 된다. 세로의 코드가 아닌 가로의 모드라고 생각하면 처음에는 이해하기 쉬울 것이다. 모달한 구성 안에 이끎음부터 토닉 코드(G7→C)로의 해결 또는 코드진행이 나타나는 경우는 없다.

▲악보 예④　모달한 수법.

　이에 비해 코달한 경우는 악보 예⑤처럼 되어, 수직방향인 세로의 해석이 강해진다. 각각의 코드에는 처치 모드가 표기되어있다. 이 경우는 어베일러블 노트 스케일이라 불리는 각각의 코드에 적용되는 스케일이 적혀있을 뿐, 모드 수법의 개념과는 다르다.

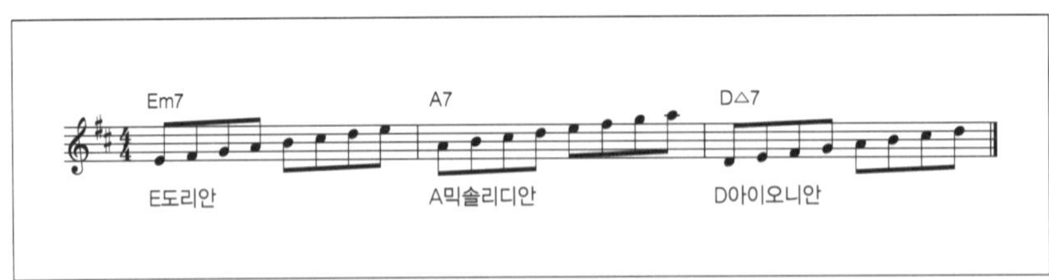

▲악보 예⑤　코달한 수법.

토닉

스케일의 시작점이 되는 음. 기능화성에서 나오는 '토닉 코드'도 줄여서 토닉이라고 한다.

트라이어드(3화음)

3가지 다른 피치의 화음. 일반적으로 루트, 제3음, 제5음의 3도를 쌓은 화음을 말한다. 대표적인 것으로는 장3화음(메이저 트라이어드), 단3화음(마이너 트라이어드), 증3화음(어그먼티드 트라이어드), 감3화음(디미니시 트라이어드)이 있다.

4화음

3화음에 제7음을 더해 4가지 다른 피치로 이루어진 화음. 세븐스 코드(메이저 세븐스, 마이너 세븐스, 도미넌트 세븐스)라고도 부른다. 3화음에 6번째 음을 더한 식스 코드도 4화음에 포함된다.

케이던스/카덴츠

화성진행/코드진행의 종지형이며 코드진행의 최소단위. 예를 들어 G7→C의 형태.

조옮김악기

악기의 구조상(관의 길이 등) 음의 높이가 in C와는 다른 높이로 울리는 악기.

예를 들어 B♭ 관의 트럼펫은 C조로 쓰인 악보의 도(C

음)를 연주하면 시♭ (B♭ 음)이 난다. 호른은 F, 알토 색소폰은 E♭, 알토 플루트는 G다(악보 예⑥).

▲악보 예⑥ 가장 위의 플루트에 맞추어 조옮김한 경우.

집필에 도움을 주신 분들

이 책의 '작곡가 10인 10색 −Q&A로 알아보는 작곡가의 마음−' 코너에서 귀중한 이야기를 해주신 작곡가 분들을 소개한다.

타다 아키후미   *Akifumi Tada*

1989년 테츠카 오사무의 원작 〈불의 새〉 연극의 신서사이저 연주로 데뷔. 그 후에는 투어 뮤지션으로 연주활동을 했다. 일본대학 문리학부 영문학과 재학 중 작곡, 편곡 활동을 시작해, 드라마, 애니메이션, 게임 등의 음악을 제작했다. 키보드, 기타, 베이스는 물론 목관, 금관, 바이올린, 퍼커션부터 대정금까지 수많은 악기를 연주하고 지휘했다. **[대표작]** 〈극장판 짱구는 못말려〉, 〈はっけん たいけん だいすき! しまじろう〉, 〈キッズ·ウォ−5〉, 〈사이보그00〉 등 다수.

호코야마 와타루   *Wataru Hokoyama*

16세 때 미국으로 건너가서 인터라켄 예술고등학교, 클리블랜드 음악원, 남 캘리포니아 대학(USC) 영화음악작곡학과 졸업. 엘머 번스타인, 크리스토퍼 영 등에게 영화음악작곡법을 사사. UCLA 익스텐션 코드에서 오케스트레이션(관현악법)을 배웠다. 지휘법은 스즈키 타카요시, 알란 길버트(현 뉴욕 필하모닉 상임지휘자) 두 사람에게 사사. ''08년 할리우드 뮤직 어워드', '우베다 영화음악제 골드스피릿 어워드', ''09년 GDC−갱 어워드'에서 '베스트 오리지널 스코어상' 등을 수상. 현재 로스엔젤레스 거주 중.

미츠다 야스노리   *Yasunori Mitsuda*

작곡가. 특히 민족음악과 오케스트라에서 뛰어난 작풍을 보여주며 지금까지 게임음악을 중심으로 많은 작품을 맡았다. 제작에 런던 필하모니를 기용하기도 했고 아일랜드, 불가리아에서 작업을 하는 등 해외에서의 작업을 적극적으로 하고 있다. 최근에는 TV애니메이션, 영화 등의 멀티미디어로 전개 중인 '이나즈마 일레븐' 시리즈를 담당하며, 다방면으로 활약하고 있다.

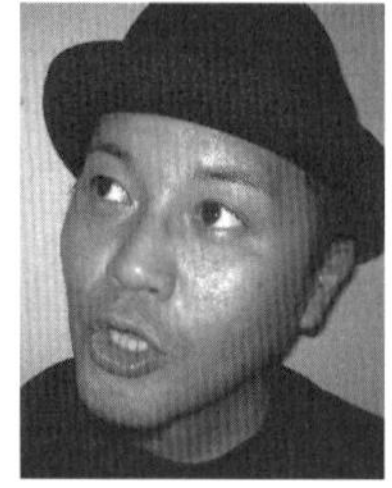

무라마츠 테츠야   *Tetsuya Muramatsu*

요코하마 출생. 아티스트에게 곡을 제공하며 활동하고 있다. **[곡 제공 작품]** Buono! 'ガチンコでいこう!', 'こころのたまご', 'Blue−Sky−Blue'/노스리브스 'キスの流星'/와타리로카 하시리타이 'やさしくさせて'/BoA 'Share your heart(with me)'/류시원 'LIMIT', '君がいた季節'/타마키 히로시 '踊ろうよ'/가정교사 히트맨 REBORN!', '아마가미SS', '세일러문' 등 애니메이션 캐릭터 송을 담당하기도 했다.

맺음말

이 책에 담긴 내용 중에 인류의 역사상 새로이 발견된 내용은 하나도 없습니다. 다른 작곡 도서와 어레인지 도서에도 설명방법은 다르지만 같은 내용이 있을 것입니다. 그래도 이 책을 쓰게 된 이유는 독학을 한 나의 시점이라면 여러분이 처한 어려움을 몇 개라도 해결해드릴 수 있을 것이라 생각했기 때문입니다. 이 책이 여러분의 이해에 조금이라도 도움이 되었기를 바랍니다.

슬픈 일이나 좋지 않은 일이 있었다면 그 기분을 꼭 기억해두시기 바랍니다. 작곡에 필요 없는 감정은 하나도 없습니다. 작곡의 폭을 넓힌다는 것은 이론을 많이 안다는 것이 아닙니다. 이것은 듣는 이와 공통된 감정을 얼마나 잘 끌어내서 작곡을 하는가에 달려있습니다.

이론은 잊어버리라는 말로 마무리를 하는 작곡책도 있습니다. 하지만 그 경지에 도달하기란 매우 어렵습니다. 나는 '몇 번이든 다시 공부합시다'라는 말로 마무리를 하고 싶습니다.

작곡을 하면 출구라고 생각했던 문이 입구였던 경우가 여러 번 있을 것입니다. 그때마다 다음의 문을 위해 공부하면 되지 않을까?라고 생각합니다. 음악과 길게 함께 합시다.

세가와 에이시

PROFILE

세가와 에이시●이와테현 모리오카시 출생. 1986년 광고음악 작곡가로 활동을 시작했으며, 지금까지 1,500건 이상의 광고음악을 담당했다. 1993년 밴드 'Hooper' 결성. 앨범 2장, 싱글 5장을 발표했다. 1998년 밴드 'fleming pie' 결성. 앨범 2장, 싱글 3장을 발표. 광고음악을 중심으로 활동하면서 배경음악과 편곡 등의 작업도 함께 했다. Rittor Music(일본)에서 발행 중인 〈Sound&Recording Magazine〉에 자신의 레코딩에 관한 노하우와 해외 레코딩 상황을 연재하고 있다.

작곡가가 직접 가르쳐주는

작곡 테크닉 99

2018년 8월 1일 발행
2021년 10월 31일 3쇄 발행

지은이 | 세가와 에이시 *Segawa Eishi*
펴낸이 | 하성훈
펴낸곳 | 서울음악출판사
주소 | 서울시 서초구 반포대로22길 85 에덴빌딩 3층
인터넷 홈페이지 | www.srmusic.co.kr
등록번호 | 제2001-000299호 · **등록일자** | 2001년 4월 26일

COMPOSER GA OSHIERU SAKKYOKU TECHNIC 99
ⓒ 2010 Eishi Segawa
ⓒ 2010 Rittor Music, Inc.
All rights reserved.
Original edition published in Japanese by Rittor Music, Inc.

Rittor Music

값 18,000원
ISBN 979-11-86471-85-2

※잘못 만들어진 책은 교환해 드립니다.